Bauwelt Fundamente 82

Herausgegeben von
Ulrich Conrads und Peter Neitzke

Beirat:
Gerd Albers
Hansmartin Bruckmann
Lucius Burckhardt
Gerhard Fehl
Herbert Hübner
Julius Posener
Thomas Sieverts

Klaus Jan Philipp (Hrsg.)

Revolutionsarchitektur

**Klassische Beiträge
zu einer unklassischen Architektur**

Friedr. Vieweg & Sohn   Braunschweig/Wiesbaden

Erste Umschlagseite: Etienne-Louis Boullée, Bibliotheksentwurf (Detail),
vierte Umschlagseite: J. N. L. Durand, Partie graphique des cours d'architecture ...,
Paris 1821, pl. 14 (Detail)

Der Verlag Vieweg ist ein Unternehmen der Verlagsgruppe Bertelsmann International.

Alle Rechte vorbehalten
© Friedr. Vieweg & Sohn Verlagsgesellschaft mbH, Braunschweig 1990
Umschlagentwurf: Helmut Lortz
Druck und buchbinderische Verarbeitung: Lengericher Handelsdruckerei, Lengerich
Printed in Germany

ISBN 3-528-08782-X   ISSN 0522-5094

Inhalt

Vorwort 7

1 Der Beginn 9

Emil Kaufmann
Architektonische Entwürfe aus der Zeit der französischen Revolution 17

2 Traditionslinien 31

Fritz Baumgart
Ägyptische und klassizistische Baukunst 34

John Harris
Le Geay, Piranesi und der internationale Neoklassizismus
in Rom 1740–1750 56

3 Theorie 81

Ein Nachwort als Vorwort 84

Antonio Hernandez
Französische Architekturtheorie von Briseuy bis Ledoux 87

4 Ideologie 123

Hans Sedlmayr
Die Kugel als Gebäude, oder: Das Bodenlose 125

Adolf Max Vogt
Die französische Revolutionsarchitektur und der Newtonismus 155

Bibliographie 160

Die Autoren 170

Drucknachweise 172

Abbildungsnachweise 173

Vorwort

Begriff und Forschung zur Revolutionsarchitektur sind jung: Genau vor 60 Jahren eröffnete der Wiener Kunsthistoriker Emil Kaufmann die von Beginn an kontrovers geführte wissenschaftliche Diskussion um das Œuvre von Etienne-Louis Boullée (1728—1799), Claude-Nicolas Ledoux (1736—1806) und Jean-Jacques Lequeu (1757—1825 ⟨?⟩).
Die hier wiederabgedruckten Texte spiegeln einen wesentlichen Teil dieser Forschungsgeschichte, indem sie wichtige Einschnitte im ‚Gang der Forschung' markieren, gleichsam Pionierarbeiten sind und der weiteren Forschung als Grundlage und Stimulanz dienten.
Während Emil Kaufmann Ledoux und Boullée als traditionslose Protagonisten der Moderne des 20. Jahrhunderts feierte, war es der englische Architekturhistoriker John Harris, der als einer der ersten sich um die Einbindung von deren Architektur in die Architekturgeschichte des 18. Jahrhunderts bemühte. Sein 1967 erschienener Aufsatz *Le Geay, Piranesi and the International Neo-Classicism in Rome 1740—1750*, der erstmals das Œuvre Jean-Laurent Le Geays vorstellte und auf die Bedeutung der französischen Akademie in Rom hinwies, löste die Diskussion um die Traditionslinien der Revolutionsarchitektur aus.
Einer anderen Traditionslinie galt das Interesse Fritz Baumgarts, der in einem an entlegener Stelle 1953 publizierten Aufsatz die Einflüsse der archäologischen Publikationen des 18. Jahrhunderts auf die Revolutionsarchitektur analysierte. Auch dies eine Pionierleistung, die erst durch Nikolaus Pevsner und Suzanne Lang unter den Stichworten ‚Doric-' und ‚Egyptian-Revival' ins allgemeine kunsthistorische Bewußtsein geführt wurde.
Als sich noch kaum jemand mit französischer Architekturtheorie beschäftigte, legte Antonio Hernandez 1964 seine Dissertation *Grundzüge einer Ideengeschichte der französischen Architekturtheorie von 1560— 1800* vor. Das hier abgedruckte vierte Kapitel, *Von der Mitte des 18. Jahrhunderts bis zum revolutionären Klassizismus*, stellte erstmals die Architekturtheorie von Boullée und Ledoux in den historischen Zusammenhang.
‚Revolutionsarchitektur als Reibungsfläche ideologisierender Architekturgeschichtsschreibung' könnte der gemeinsame Nenner der Aufsätze

von Hans Sedlmayr, *Die Kugel als Gebäude — oder: Das Bodenlose* (1939), und von Adolf Max Vogt, *Revolutionsarchitektur und Newtonismus* (1967), sein. Sedlmayrs als Kritik an Kaufmann abgefaßter Text parallelisiert die Revolutionsarchitektur mit der Architektur der russischen Revolution von 1918; ein Ansatz, den später Vogt aufnahm, im Gegensatz zu Sedlmayr jedoch positiv begriff und nach den Einwirkungen des Newtonismus (für das 18. Jahrhundert) und des Marxismus (für das 20. Jahrhundert) auf die Architektur fragte.

Selbstverständlich hätte diese Liste von wichtigen ‚historischen' Publikationen zur Revolutionsarchitektur, die trotz ihres Alters keineswegs überholt und noch immer von stimulierender Brisanz sind, noch erweitert werden können. In meinen einführenden Texten, die als kommentierte Bibliographie verstanden sein wollen, habe ich die jeweiligen Beiträge in ihren forschungsgeschichtlichen Zusammenhang gestellt und verweise zugleich auf die neuesten Forschungen zum jeweiligen Gegenstand. Die Bibliographie selbst legt den Schwerpunkt auf neuere Publikationen, über die sich die ältere Literatur leicht erschließen läßt.

Klaus J. Philipp   Marburg, im Frühjahr 1989

1 Der Beginn

Es ist in der wissenschaftlichen Literatur üblich geworden, den Begriff *Revolutionsarchitektur* nicht nur mit einem ‚sogenannt' einzuschränken, sondern zur Sicherheit auch noch mit Anführungsstrichen zu belegen, um auch den letzten Verdacht auszuschließen, man gebrauche ihn im eigentlichen Sinne. Daß trotzdem jedermann weiß, was gemeint ist, wenn von der sogenannten ‚Revolutionsarchitektur' die Rede ist, teilt der Begriff mit anderen – vereinbarten – Begriffen der kunstgeschichtlichen Terminologie ebenso, wie er nicht mehr auszurotten ist. Und es wäre auch nicht einsehbar, warum ein Begriff, der sogleich drei exponierte Architekten – *Boullée, Ledoux, Lequeu* – und deren in der Architekturgeschichte einzigartige Projekte evoziert, der Terminologie verwiesen werden sollte. Kritik im Begriff muß dort einsetzen, wo er synonym mit den gesellschaftspolitischen Zielen der Französischen Revolution von 1789 gebraucht wird, denn *Boullée, Ledoux* und *Lequeu* waren weder Revolutionäre, noch sind alle ihre Entwürfe und Projekte in dem Sinne revolutionär, daß sie mit der überlieferten Architektur brechen. Auch der Urheber des Begriffs, *Emil Kaufmann* (1929/1930), hatte keineswegs die Architektur der Französischen Revolution im Sinn, sondern hatte den Terminus lediglich als Ersatz für das „unfruchtbare Schema" der Königsstile gewählt. Um der Architektur um 1800 nach dem Zeitpunkt ihrer Entstehung und ihrem Wesen gerecht zu werden, führte *Kaufmann* den Begriff ein, den bereits vor ihm, mehr oder weniger unkommentiert, *François Benoit* (1897) und *Siegfried Giedion* (1922) gebrauchten.
Ohnehin war die Architektur der drei Protagonisten während des 19. Jahrhunderts nicht vergessen worden; zahlreiche ihrer Bauten waren zu sehen, Künstlerlexika erwähnen ihre Namen, *Ledoux'* Schriften wurden 1847 neu ediert; viele ihrer Ideen lebten in ihren Schülern fort. Nur war das kunsthistorische Urteil ein immer Negatives: *Benoit* (1897) etwa sieht nur „bizarrerie", „curiosité" und „monstruosités". Im Umfeld eines Stilpluralismus konnten eine teils phantastische, teils auf stereometrische Grundformen reduzierte Architektur nicht auf Verständnis stoßen.

Das kunsthistorische Auge konnte diese Architektur stereometrischer Grundformen erst wieder goutieren, als sich die moderne Architektur auf diese Formen berief und einen Neubeginn forderte. *Emil Kaufmann*s Stilkriterien der Revolutionsarchitektur sind ohne *Le Corbusier*s 1923 auf französisch, 1926 auf deutsch erschienenes Traktat ‚Vers une architecture' nicht denkbar. *Le Corbusier*s zentrales Diktum erinnert nicht nur an *Boullée*s Abhandlung ‚Architecture. Essai sur l'art', es lieferte *Kaufmann* auch das Vokabular, die formalen Strukturen der Revolutionsarchitektur zu benennen: „Die Baukunst, als Sache der Formensprache, muß [...] ZUM AUSGANGSPUNKT ZURÜCKKEHREN UND SICH JENER ELEMENTE BEDIENEN, DIE FÄHIG SIND, AUF UNSERE SINNE ZU WIRKEN UND DIE WÜNSCHE UNSERER AUGEN ZU ERFÜLLEN; sie muß mit diesen Elementen auf solche Weise schalten, DASS IHR ANBLICK UNS EINDEUTIG ANFÜHRT durch Feinheit oder Brutalität, durch Aufruhr oder heitere Ruhe, durch Gleichgültigkeit oder Interesse [...]. Diese Formen, primär oder verfeinert, voll Zartheit oder brutaler Kraft, wirken physiologisch auf unsere Sinne (Kugel, Würfel, Zylinder, Waagerechte, Senkrechte, Schräge u.s.w.) und beziehen sie in ihre eigene Bewegung hinein." (*Le Corbusier* 1963, S. 32, vgl. *Oechslin* 1988)

Folgerichtig stellte *Kaufmann* dann 1933 auch *Le Corbusier* in die Tradition von *Ledoux*, indem er diesen zum Begründer einer autonomen Architektur stilisierte, die in *Le Corbusier* ihren zeitgenössischen Antipoden gefunden habe. Mit dem Begriffspaar „heteronome Architektur" – als welche *Kaufmann* die mit anthropomorphen und plastischen Vorstellungen durchsetzte Architektur der Renaissance und des Barock apostrophierte – versus „autonome Architektur" – deren oberstes Ziel die reine Darstellung von Konstruktion und Zweck unter Ausschaltung jeglicher Traditionsbeziehung sei – griff er parteiisch in die aktuelle Architekturdiskussion der dreißiger Jahre ein, mit der Folge, daß sich seine Rezensenten weniger an *Ledoux'* Architektur als an *Kaufmann*s Parteinahme für die Moderne rieben (*Meyer-Schapiro* 1936, *Hoeltje* 1935, *Sedlmayr* 1939/1940).

Es war aber gerade diese Parteinahme, die, jenseits allen antiquarischen Interesses, der Moderne einen Traditionsbezug verschaffte, was moderne und postmoderne Architekten auf *Ledoux* und *Boullée* aufmerksam werden ließ und dafür sorgte, daß in einem nicht unbeträchtlichem Teil der heutigen Architektur Ideen dieser beiden einzigartigen Architekten aufgehoben sind (Beispiele bei *Oechslin* 1971, *Hederer* 1976, *Rykwert* 1983, *Steinhauser* 1983).

Von wenigen Ausnahmen abgesehen, blieb *Emil Kaufmann* bis weit in die fünfziger Jahre hinein die einzige wissenschaftliche Instanz für

Revolutionsarchitektur. Seine zahlreichen Aufsätze über *Boullée*, *Ledoux* und *Lequeu* mündeten 1952 in seiner Schrift ‚Three revolutionary architects ...' und 1955 in sein noch heute gültiges Standardwerk ‚Architecture in the Age of Reason', worin er auch die bis dahin vernachlässigten Traditionslinien der Revolutionsarchitektur ansatzweise aufzeigte. Das aktuelle Interesse hatte sich in ein antiquarisches gewandelt. Mit der Etablierung des ‚Internationalen Stils' büßten die Entwürfe *Boullée*s und *Ledoux'* ihre Reibungsfähigkeit mehr und mehr ein; die Kunsthistoriker begannen sich mit anderen Augen und neuen Schwerpunkten ihrer Architektur zu nähern.

Daß dabei bis in die späten fünfziger Jahre hinein allein anglo-amerikanische Architekturhistoriker die Forschung bestimmten, während in Deutschland und Frankreich ein beredtes Desinteresse vor allem an *Boullée*s Entwürfen zu beobachten ist, kann zumindest für den deutschsprachigen Raum mit den Erfahrungen der Nazi-Architektur und ihren megalomanen Projekten begründet werden. Hatte *Hans Sedlmayr* (1939–1940) in den Kugelbauentwürfen der Jahre 1784 bis 1800 nicht nur ein architektonisches Indiz für den *Verlust der Mitte* in den Künsten gesehen, sondern diese zugleich in eine geistesgeschichtliche Reihe mit „bodenlosen" Entwürfen aus der Zeit der russischen Revolution gestellt, so waren damit in Deutschland *Boullée*s Entwürfe kunsthistorisch – nicht jedoch als Vorbild und Maßstab für Architekten – zu einer ‚architectura non grata' disqualifiziert. Ihre Rehabilitierung nach 1945 gleicht dann auch eher einer Verdrängung: *Ernst Schlee* (1952) verniedlichte die Kugelhausentwürfe, indem er sie als monumentalisierte Apparate (Globen) identifizierte, ideologische Aspekte kategorisch ausschloß und sich wie *Fritz Baumgart* (1953) bei der Untersuchung des Einflusses der ägyptischen Architektur auf *Boullée*s Grabmalentwürfe des Problems der Megalomanie durch bloße Formanalyse entledigte. Erst *Adolf Max Vogt* hat 1970 in aller Deutlichkeit, basierend auf den 1969 erschienenen Erinnerungen *Albert Speer*s, auf die Konnotationen zwischen Revolutionsarchitektur und Nazi-Klassizismus aufmerksam gemacht.

Hält sich die deutsche *Boullée*-Forschung bis heute recht bedeckt, so war das Œuvre *Ledoux'* leichter zugänglich, fehlt hier doch einerseits die Megalomanie und kommt es andererseits einer stilgeschichtlich orientierten Architekturhistoriographie mehr entgegen. Gewiß nicht zufällig ist die erste deutsche Dissertation über *Ledoux* dessen Frühwerk (*Langner* 1959) gewidmet; sie endet dort, wo es brisant zu werden beginnt.

In Frankreich blieb es, trotz der *Ledoux*-Monographien von *Levallet-Haug* (1934) und *Raval/Moreux* (1945) sowie des fünften Bandes

(Revolution et Empire) von *Louis Hautecoeurs* ‚L'architecture classique en France' (1957), lange Zeit still. 1962 fragte *Jean-François Revel* in einem Sonderband der Zeitschrift L'Oeil zur Architektur des 20. Jahrhunderts (!) ‚Précurseurs ou utopistes?' und spielte dabei die Positionen von *Sigfried Giedion* (1922) und *Henry-Rusell Hitchcok* (1958) — romantischer Klassizismus, utopische, phantastische Architektur — gegen *Kaufmanns* Präfigurationsthese aus: Beide Ansätze gingen an der historischen Wirklichkeit vorbei, und *Ledoux, Boullée* und *Lequeu* seien einem internationalen Phänomen der Architektur der zweiten Hälfte des 18. Jahrhunderts zu subsumieren. Diesen Integrationsversuch hob dann allerdings eine in Paris konzipierte, weltweit gezeigte Ausstellung weitgehend wieder auf. Zusammengestellt von *Jean-Claude Lemagny*, wurde sie unter dem Titel ‚Les Architectes Visionnaires de la Fin du XVIIe siècle' zunächst 1964/1965 im Cabinet des Estampes der Bibliothèque Nationale in Paris gezeigt, wanderte in den folgenden Jahren nach Genf und Zürich, 1968/1969 in die USA (Houston, St. Louis, New York, Chicago und San Francisco) und 1970/1971 nach Deutschland (Baden-Baden, Berlin, Hamburg, München, Düsseldorf). Zusammen mit der Europarats-Ausstellung ‚The International Neoclassicism' (London 1972) löste sie ein breites internationales Interesse und eine weitgefächerte Differenzierung der Forschung aus.
Ein thematischer Schwerpunkt blieb die monographische Aufarbeitung des Œuvres der drei Protagonisten, wobei besonders das umfangreiche Werk *Ledoux'* Beachtung fand (*Stoloff* 1977/1983, Ledoux et Paris 1979, *Gallet* 1980/1983, *Vidler* 1988). *Lequeu* erhielt nach Aufsätzen von *Guillerme* (1965) und *Metken* (1965, 1968) eine umfassende Würdigung durch *Philippe Duboy* (1986), und nach der Entdeckung unbekannter Entwürfe *Boullées* in den Uffizien (*Lankheit* 1968) und *Jean-Marie Pérouse de Montclos'* *Boullée*-Monographie (1969/1974) entfaltete die Forschung hier das breite Spektrum dieses doch oft zu sehr auf seine monumentalen Entwürfe eingeschränkten Architekten (*Vogt* 1969; *Madec* 1986; *Rosenau* 1976; *Szambien* 1981).
Monographien und Ausstellungen über lange vernachlässigte Lehrer, Zeitgenossen und Schüler schlossen sich an, sofern sie noch nicht bearbeitet waren: *J. Stern* über *François-Jeseph Bélanger* (1930), Ausstellung über *Charles de Wailly* (1979), Ausstellung und Kolloquium über *Soufflot* (1980), *Werner Szambien* über *Jean-Nicolas-Louis Durand* (1984), *G. Erouart* über *Jean-Laurent Legeay* (1982), *M. K. Deming* über die Halle au Blé in Paris (1984), Ausstellung über *Alexandre-Théodore Brogniart* (1986) und eine Vielzahl von Aufsätzen, die hier zu nennen zu weit führen würde, die aber die Lücken zeigen, welche die Forschung in ihrer einseitigen Konzentration auf *Boullée, Ledoux* und *Lequeu* gelassen hat.

Die Einbindung ihres Œuvres in die Architekturgeschichte des 18. Jahrhunderts und damit die Relativierung ihrer besonders von *Kaufmann* behaupteten Einmaligkeit hatte bereits *Meyer-Schapiro* (1935) angemahnt und etwa auf *Palladio* als wichtige Quelle für *Ledoux* hingewiesen. Basierend auf dem hier wiederabgedruckten Aufsatz von *John Harris*, hat *Werner Oechslin* in seiner Dissertation (1972) wie in zahlreichen Aufsätzen dann diese Relativierung im historischen Kontext fast bis hin zu einer Nivellierung getrieben (vgl. die Einführung zum Kapitel „Traditionslinien"). Die epochale Bedeutung des ‚Entwurffs einer historischen Architektur' von *Johann Bernhard Fischer von Erlach* (1721), die Theaterdekorationen der *Bibiena* und anderer, *Piranesi*s Architektur-Capricios, zahlreiche andere bildhafte Architekturentwürfe französischer Akademiestipendiaten in Rom, die megalomanen Entwürfe *Marie-Joseph Peyre*s (Œuvres d'Architecture, Paris 1765) und die unleugbaren Traditionlinien, die sich zwischen all diesen und den Entwürfen von *Ledoux* und *Boullée* spannen, relativieren zwar deren Architektur im historischen Kontext, mindern aber keineswegs deren überragende Rolle.

Auf eine weitere Quelle besonders *Ledoux'* Architektur hat *Johannes Langner* (1963) aufmerksam gemacht, indem er nachweisen konnte, daß manche Ideen *Ledoux'* in der Landschaftsgartenarchitektur vorgeprägt sind. Auch die seit der Mitte des 18. Jahrhunderts forciert betriebenen archäologischen Studien in Süditalien, Griechenland, Kleinasien und Ägypten, die von der neueren Forschung unter den Begriffen ‚Doric' und ‚Egyptian-Revival' aufgearbeitet worden sind, haben einen nicht zu unterschätzenden Anteil an der Ausbildung und Wertschätzung bestimmter Formen gehabt (vgl. die Einführung zum Kapitel „Traditionslinien").

Der Rekurs auf Landschaftsgartenarchitektur wie auf das durch neue Ausgrabungen und Ausmessungen veränderte Antikenbild verweist zugleich auf Entwicklungen in der Architekturtheorie des 18. Jahrhunderts, die mit den Stichworten ‚Abbau des Vitruvianismus' und ‚Wirkungsästhetik' überschrieben werden können. Grundlegendes war hier schon in der „Querelle des anciens et modernes", dem Disput zwischen *Claude Perrault* und *Charles François Blondel* in den achtziger Jahres des 17. Jahrhunderts, diskutiert worden. Theoretiker wie der Abbé *Jean-Louis Cordemoy*, der Abbé *Marc-Antoine Laugier*, der Franziskanerpater *Carlo Lodoli*, *Germain Boffrand*, *Le Camus de Mezières*, die englischen Sensualisten *David Hume* und *Edmund Burke* sowie eine Reihe deutscher Architekturtheoretiker formulierten die Ideen, die dann in den Entwürfen (und Schriften) von *Boullée*, *Ledoux* und *Lequeu* Gestalt annehmen sollten (vgl. die Einführung zum Kapitel „Theorie").

Neben den monographischen, architekturgeschichtlichen und architekturtheoretischen Forschungen, und von diesen im Grunde nicht zu trennen, setzte schon relativ früh die Beschäftigung mit einzelnen Motiven und Bauaufgaben der Revolutionsarchitektur ein. Wegweisend waren hier die Aufsätze des schwedischen Kunsthistorikers *Oskar Reutersvärd* (1959, 1960), der die „eingesunkenen" Bögen und die „eingesunkenen" Kenotaphen bei *Ledoux, Cellerie, Moreau, Fontaine* und *Boullée* behandelte. *André Corboz* (1970) wies das Motiv der „eingesunkenen" Bögen beim Maler *Hubert Robert* nach, während *Johannes Langner* (1978) es auf *Piranesi* zurückführte. Andere Motive, wie die immer wiederkehrende, mit Schiffsschnäbeln verzierte („rostrierte") Säule, Fels und Säule oder Fels und Sphäre als Themen der architektonischen Ikonographie waren Gegenstand von Aufsätzen von *Manfred F. Fischer* (1969), *Monique Mosser* (1982/1983) und *J. Langner* (1984). Besondere Aufmerksamkeit, da mit damaligen konstruktiven Mitteln wahrscheinlich nicht realisierbar und deshalb als visionär charakterisiert, beanspruchte natürlich der berühmteste Entwurf *Boullées*, das Newton-Kenotaph (1784), und andere Kugelhausentwürfe seiner Zeitgenossen (vgl. die Einführung zum Kapitel „Ideologie"). Grab- und Ehrendenkmäler waren ohnehin — geht man die Preisaufgaben der Bauakademien durch (*Marconi* 1974, *Pérouse de Montclos* 1984) — eine der wichtigsten Bauaufgaben der zweiten Hälfte des 18. Jahrhunderts. *Alfred Neumeyer* hat hier die wichtigsten deutschen Beispiele zusammengestellt (1938/1939); extreme Gedanken über Bestattung und Grabmal behandelte *Wilhelm Messerer* (1963), *Jacques de Caso* (1976) stellte *Boullées* Œuvre in einen Bezug zur Grabmalsarchitektur im Frankreich der Aufklärung, und *John D. Bandiera* (1983) verweist auf französische Friedhofsentwürfe vom Ende des 18. Jahrhunderts. Zusammenfassende Arbeiten zu diesem Problemkreis liegen von *James Steven Curl* (1980) und *Richard A. Etlin* (1984) vor.

Die Theaterentwürfe von *Ledoux* und *Boullée* (*Steinhauser* 1975) müssen im Licht der überaus starken Bautätigkeit auf diesem Gebiet in der zweiten Hälfte des 18. Jahrhunderts betrachtet werden. Wichtig sind hier das Pariser Odéon von *Charles de Wailly* und *Marie-Joseph Peyre* (*Rabreau/Steinhauser* 1973) und die Projekte von *Boullée* und *Peyre* für die Pariser Oper, die 1781 durch Brand zerstört worden war (*Rambaud* 1976). *Ledoux'* Theaterbau in Besançon und weitere seiner Theaterentwürfe sind monographisch von *Jacques Rittaud-Hutinet* (1982) abgehandelt worden.

Die Kirchenprojekte von *Boullée* und *Ledoux* stehen als reine „Säulen-Architrav-Bauten" in der Tradition des wichtigsten Pariser Kirchenbaus der zweiten Hälfte des 18. Jahrhunderts: *Jacques-Germain Soufflots* Sainte-Geneviève (Panthéon) (*Petzet* 1961, *Braham* 1971, Actes colloque Soufflot 1980).

Der private Wohnungsbau (Hôtels, Mietshäuser), der auch während der Revolutionsjahre nicht stagnierte, sondern durch Bau- und Bodenspekulation eher einen Aufschwung erlebte, ist in seiner ganzen Breite von *Michel Gallet* (1964, 1972) aufgearbeitet worden. Dezidiert mit den Revolutionsjahren beschäftigt sich ein Aufsatz von *Georges Poisson* (1970), während *George Gromort* (1981) „Handliche Häuser" aus der Zeit um 1800 (Architekten: *Bélanger, Bruyère, Chalgrin, Ledoux, Seheult* und andere) zusammenstellte. Die Mietshäuser der Rue des Colonnes in Paris würdigten *David Rabreau* und *Werner Szambien* (1987). Daß *Boullée*, der in seinem Essai den Privatbau völlig außer Acht läßt, von 1792 bis 1796 an einem ‚Receuil d'architecture privée' arbeitete, dessen Entwürfe durch Kopien seiner Schüler *A. M. Peyre, J.-N.-L. Durand* und *C. W. Coudray* überliefert sind, hat *Werner Szambien* (1981) dargelegt.

Ledoux' Projektreihe für die Salinenstadt Chaux (Arc et Senans) nutzte *Emil Kaufmann* (1933), seinen Begriff von „autonomer" Architektur zu erläutern, indem er die Entwicklung in *Ledoux'* Entwürfen als Ablösung des „barocken Verbandes" durch das „Pavillonsystem" beschreibt, welches in seiner Isolierung der einzelnen Gebäude die kommende Architektur antizipiere und zugleich die Befreiung des aufgeklärten Menschen aus der festen Hierarchie des Absolutismus versinnbildliche. Wie tief *Ledoux* dennoch absolutistischer Städteplanung verhaftet blieb, wie gering die emanzipatorisch-utopische Intention seines endgültigen Projektes ist, hat *Mechthild Schumpp* (1972) kritisch angemerkt. Im Gegensatz zu *Ledoux'* auf Isolierung der einzelnen Gebäude angelegten Stadtplanung hat *Helen Rosenau* (1964) in *Boullée* einen Urbanisten auf der Suche nach der Ensemble-Wirkung seiner Bauschöpfungen ausgemacht.

Gerade dort, wo sich — wie bei der Stadtplanung, bei Theaterentwürfen und Kirchenbauten — unmittelbare Traditionsbezüge aufzeigen lassen, muß nochmals die eingangs gestellte Frage nach der Berechtigung des Begriffs Revolutionsarchitektur aufgeworfen werden. Wie baute die Revolution?

Revolutionär im Sinne der Entwürfe von *Boullée, Ledoux* und *Lequeu* sicherlich nicht, eher in einem von absolutistischen Gehabe gereinigten, mit moralisch-erzieherischem Impetus belegten Klassizismus, der das Realisierbare der Vision voranstellte. Die Projekte für die Neubauten des „Conseil des Cinq-Cents", der „Salles pour les assemblées révolutionnaires" oder die Umbaupläne für die Tulerien (*Boyer* 1933, 1935,

1952) verlassen den vorgegebenen Rahmen akademisch-klassizistischer Architektur kaum. Auch die Projekte des „L'an II" (*Szambien* 1986) mit den Aufgaben Triumphbogen, Versammlungshallen, einem Monument für den „Place des Victoires", einem Tempel der Gleichheit und weiteren öffentlichen und privaten Bauten verbleiben stilistisch auf der Höhe der vorrevolutionären Entwürfe (so etwa der „Concours d'Académie d'Architecture"), ohne je die visionäre Kraft von *Boullées* Projekten zu erreichen. Ausnahmen bestätigen auch hier die Regel, und während sich in Paris die Architekten *Molinos* und *Legrand* für öffentliche Gebäude zur Ausstellung der Gesetzestexte des Modells des Turm der Winde in Athen bedienen (*A. G. Kersaint*, Discours sur les monuments publics ..., Paris 1792), plant der spätere Architekt Napoleons, *François Verly*, für die Provinzstadt Lille ein revolutionäres Zentrum, das auch aus der Feder *Boullées* oder *Ledoux'* stammen könnte (*Duthoy* 1972, *Leith* 1983).

Architektonische Entwürfe aus der Zeit der französischen Revolution

Emil Kaufmann

So mannigfach die Deutung der architektonischen Entwicklung des ausgehenden 18. Jahrhunderts bisher gewesen ist, immer hat man in ihr ein Ende erblickt, von dem kein Weg in die Zukunft führt. Selbst als man in der Kunst des Klassizismus nicht bloß ein Nachlassen der bildnerischen Kraft oder ein schwächliches Anklammern an die antiken Paradigmen, sondern das frühe Vorhandensein romantischen Empfindens bemerkte, begann zwar eine bessere Erkenntnis der Epoche, nur bis zu ihrem eigensten Wesen war man damit noch immer nicht vorgedrungen.
Man ist längere Zeit gewohnt gewesen, die Entwicklung der neueren französischen Kunst in das unfruchtbare Schema der Königsstile einzuzwängen und hat diese bequeme Einteilung fortgesponnen, indem man dem Louis-Seize das Directoire und das Empire folgen ließ. Diese Gliederung hat unwesentliche äußere Momente in den Vordergrund geschoben und den eigentlichen Verlauf der Entwicklung entstellt wiedergegeben. Die französische Baukunst der Neuzeit ist zunächst eine Rezeption der italienischen Renaissance gewesen, deren Motive die heimische Bauweise immer stärker durchsetzt und schließlich verdrängt haben, und ist dann um die Mitte des 17. Jahrhunderts zu einer nationalen Modifizierung im Sinne der Klarheit, der Gesetzmäßigkeit, des ansprechenden Maßes gelangt.
Die folgenden hundert Jahre, die von den Franzosen selbst als ihre klassische Epoche betrachtet werden, haben mit der gleichzeitigen Barockkunst des übrigen Europa eine Reihe von Gemeinsamkeiten. Der französischen Klassik wie dem Barock eignet die organische Auffassung des Grundrisses, der Fassade und der Details, die malerische Verlebendigung durch die reiche Dekoration, das freie Schalten mit dem antiken Formenerbe und als bedeutsamstes Symptom verwandter künstlerischer Gesinnung die gleiche Stunde des Dahingehens.
Die gesteigerte Vorliebe für das durch die Wissenschaft neuerdings nähergebrachte Altertum hat nach bisheriger Anschauung das Ende der Settecento-Kunst herbeigeführt. In Wirklichkeit hatte man die Antike

nie vergessen, wie sowohl die Werke als auch die Schriften des 17. und 18. Jahrhunderts bezeugen, und die verstärkte Hingabe an die griechischen und römischen Vorbilder, der höchst bezeichnend ein lebhaftes Interesse für Ägypten und den fernen Osten parallel ging, war im letzten Grunde nur eine romantische Regung, der die Zeitmode willig folgte, die aber den gewaltigen Umschwung im künstlerischen Empfinden der letzten Jahrzehnte vor 1800 gerade nur ahnen läßt. Der Untergang von Barock und französischer Klassik ist nicht das Werk der Reflexion, der Sentimentalität oder der antiquarischen Begeisterung gewesen, sondern die Folge des Auftauchens einer jugendfrischen Strömung, die in ihrem späteren Verlauf, in der ersten Hälfte des 19. Jahrhunderts, als gewaltige latente Kraft immer wieder zur Oberfläche drängte, in voller Deutlichkeit aber nur in ihren Anfängen erkennbar ist. Diese Strömung hat ihren Ausgang in Frankreich genommen und hat, um ihren wichtigsten Charakterzug vorwegzunehmen, sich in bewußten Gegensatz zur Vergangenheit gesetzt, so daß man ihre Hervorbringungen nach dem Zeitpunkt ihrer Entstehung und nach ihrem Wesen als *Revolutionsarchitektur* bezeichnen könnte, mit weit besserem Recht, als man von Königsstilen gesprochen hat.

Die neuen Gedanken haben sich in voller Reinheit fast nur in *Entwürfen* ausgesprochen, sie haben aber ihren Niederschlag nicht bloß in den Plänen zu eigentlichen Revolutionsbauten — Tempeln des Gemeinwohles, Tempeln der Unsterblichkeit, Häusern der Brüderlichkeit und ähnlichen — gefunden, sondern das architektonische Schaffen jener Tage im weitesten Umfang durchsetzt. Saint-Philippe du Roule und Odéon sind aus ihnen geboren. Ein Irrtum wäre es, dies sei nebenher festgehalten, zu meinen, daß die Architekten der neuen Richtung Revolutionäre im politischen Sinn gewesen seien. Einer der künstlerisch Radikalsten unter ihnen, *Claude-Nicolas Ledoux,* hat sich mit Nachdruck als Royalist bekannt.

Man kann aber dem Wesen der neuen Strömung ebenso gerecht werden, wenn man ihre künstlerische Oppositionsstellung stärker hervorhebt und sie nicht als Revolutionsarchitektur, sondern als das bezeichnet, was sie in erster Linie gewesen ist, als die *antibarocke Strömung innerhalb der klassizistischen Architektur.* In dieser Benennung wird man sowohl ihren Charakter als auch die Zeit ihres ersten Aufscheinens und die Bewußtheit, mit der sie sich von aller Überlieferung losgesagt hat, vorfinden.

Die frühesten Anzeichen eines Umschwunges des architektonischen Empfindens machten sich bald nach der Mitte des 18. Jahrhunderts bemerkbar. Als steinerner Zeuge des tiefgehenden Wandels, der damals vor sich gegangen ist, steht heute noch das Kleine Trianon von

Jacques-Ange Gabriel; als ein Entwurf, in dem sich zu gleich früher Stunde die neuen Gedanken ankünden, sei hier ein Grabmal gezeigt, das *M. J. Peyre* 1765 in seinen Oeuvres d'architecture veröffentlicht hat. Klein-Trianon hat — völlig verschieden von dem vorangegangenen Schloßbau mit seinen weitausgreifenden Flügeln — schlichte Würfelform, *Peyres* Monument, zu dem, wie er selbst sagt, das Caecilia-Metella-Grab das Vorbild abgegeben hat, ist von zylindrischer Gestalt und gleichfalls gliederlos. Beide Bauten haben sich von der Tradition des plastisch empfundenen Baukörpers abgekehrt, sind streng in sich abgeschlossen, suchen keine Verbindung mit der Umwelt: isolierte geometrische Körper, fast ohne Gliederung, mit sich bescheidendem Dekor, blockartig, wuchtig, unbelebt und unlebendig. Das wenige schmückende Detail, das noch vorhanden ist, ist zur bedeutungslosen Nebensache herabgesunken, wird bei *Peyre* schon als überflüssige Zutat zur *reinen* Fläche empfunden. Beide Architekturen, die ausgeführte wie der Entwurf, lassen die neuen Tendenzen bereits in voller Klarheit erkennen. Es konnten sich diese sobald nicht durchsetzen, aber sie konnten auch nicht mehr völlig untergehen. Das Symbol ihrer Jugendzeit ist das Pariser Pantheon. Noch herrscht die Kuppel mit ihren tausendfältigen Erinnerungen an die Vergangenheit und verleiht dem Bau, im Verein mit den Säulen des Einganges, den äußeren Glanz, der ihn zum Tempel der Nation geeignet machte. Unten aber an den Seiten dienen die schmucklosen Mauern, die in ihrer herben Größe sich dem ans Gefällige gewöhnten Auge nur schwer erschließen, aber alle Verheißungen einer fernen Zukunft in sich tragen. Rascher als diese Zukunft vor den Blicken der Menschen in Stein erstehen sollte, ist sie in den *Entwürfen* einiger kühner Neuerer sichtbar geworden.
Zahlreiche Blätter überliefern die ersten Äußerungen der neuen Baugesinnung der Nachwelt. Die hier vorgeführten Stiche entstammen der 1804 erschienenen „Architecture" des *C. N. Ledoux* — dem Vermächtnis des vielbeschäftigten Architekten der Generalpächter und der Pariser Gesellschaft, der „Architecture civile" (1803) seines Schülers *Dubut* und den Vorlesungen des *J. N. L. Durand*. Die Zeichnungen des 1799 verstorbenen *Boullée* befinden sich in der Nationalbibliothek zu Paris.
Wie immer der Ausgangspunkt des Schaffens jedes einzelnen gewesen ist — *Ledoux* als *Blondel*-Schüler hat mit typischer Klassik begonnen —, sie alle sind schließlich dahingelangt, Bauten zu konzipieren, in denen nicht die leiseste Überlieferung zu spüren ist.
Der erste Schritt, den sie auf ihrem Wege getan haben, war der *Verzicht auf allen Dekor*, auf jede Verkleidung des Baukörpers. Sie entsagten aller Maskierung, vor allem auch der Maskierung mit den Formen der

1 M.-J. Peyre, "Chapelle Sepulcrale", ca. 1756, aus: "OEuvres d'Architecture", (1765)

2 E.-L. Boullée, Stadttor

3 C.-N. Ledoux, Pacifière

4 C.-N. Ledoux, Haus der Strombehörde

Antike, sie entsagten, weil sie durchdrungen waren, daß die Architektur nur durch ihre eigensten Mittel zu wirken habe, nur durch diese allein überhaupt wirken könne.

„On ne doit," meint *Durand*, „ni s'attacher à ce que l'architecture plaise, vu qu'il lui est impossible de ne pas plaire: ni chercher à donner de la variété, de l'effet et du caractère aux édifices; puis qu'il est impossible qu'ils n'aient pas ces qualités." Die gleiche Verachtung alles zusätzlichen Schmuckes, der „ornements de mode qui fatiguent les yeux et corrompent la pureté des lignes" äußert auch *Ledoux*, dessen lapidares Wort von den „hors-d'oeuvre qui atténuent la pensée principale" den neuen Geist treffend widerspiegelt.

Mit der Ächtung der Dekoration war noch lange nicht alles getan, was den Revolutionsarchitekten als ihre Aufgabe erschien. Hätten sie sich
2, 3 mit ihr begnügt, so hätten ihre Entwürfe nie die Großheit aufweisen können, wie sie *Boullées* Stadttor oder *Ledoux'* Haus des Friedens eignet. Das Verlangen nach dem unverhüllten Baukörper war nicht nur Opposition gegen die Vorgänger, es hatte vielmehr auch seinen positiven Sinn, war ein Ringen um Reinheit und Wahrheit im Geiste *Rousseaus*. Wenn dieser tadelte, daß niemand mehr wage zu scheinen, was er ist — die Konzepte unserer Architekten gehörten zu den ersten, die es wagten.

Die Selbstbesinnung, die einer der wichtigsten Züge der aus jahrhundertealter traditioneller Befangenheit erwachenden Zeit ist, führte zur elementaren Erkenntnis: Bauen ist nicht Bilden. Damit war, ohne daß man in die extreme Gleichsetzung: „Bauen ist Konstruieren", verfallen mußte, das nächste Ziel gegeben, die *Reduktion des Baukörpers*, der bislang als Organismus aufgefaßt wurde, sich bewegte und lebte, *auf einfachste geometrische Formen*. So weit gingen die Architekten auf dem neuen Weg, daß sie ihre Bauten nicht bloß als Würfel oder Prismen gestalteten, sondern alle einfachen stereometrischen Gebilde architektonisch verwendbar fanden. Wie *Henry* seiner Maison Vassalle (Krafft-Ransonette, Tafel 16), so hat *Ledoux* einem seiner Entwürfe zylindrische Form gegeben, hat das Tor in einem anderen mit einem Halbzy-
4 linder überwölbt und einen solchen als Abschluß seines Hauses für eine Strombehörde erdacht. Dieser seltsam-eindrucksvolle Entwurf darf übrigens nicht nur formal erklärt werden. Er verdankt seine Gestalt auch dem echt klassizistischen Wunsch, durch Symbole zu sprechen. Die Herrschaft des Menschen über das Wasser soll durch ihn veranschaulicht werden. Das reizvolle Holzfällerhaus von *Ledoux* ist ein Pyramidenstumpf, während *Boullée* eine auf wuchtigem, prismatischem Unterbau sich erhebende, von einem Räucheraltar gekrönte Denksäule aus übereinandergestellten Kegelstümpfen gebildet hat. Dem gleichen Empfin-

den, das *Boullée* bei diesem Projekt beseelt hat, ist das bei *Ledoux* und *Dubut* so häufig wiederkehrende Motiv der aufeinandergetürmten, sich verjüngenden Prismen zu verdanken. Selbst jene stereometrische Form, die aller architektonischen Verwendung völlig widerstrebt, die Kugel, bildet den Kern einiger Entwürfe der Zeit. So hat *Sobre* sie für seinen Tempel der Unsterblichkeit benützt, *Boullée* für seinen „Cénotaphe de Newton".

5a, b

6a, b, c

Mit den glatten Wänden, an denen selbst die Türen und Fenster jeglicher Umrahmung entbehren, dem flachen Dach, das *Ledoux* propagiert, und den schlichten Körpern war ein Letztes und Höchstes an Einheitlichkeit und Beruhigtheit erreicht, wie es keine frühere Epoche gekannt hatte. Ein Ganzes von unerhörter Geschlossenheit ist jeder einzelne dieser Bauten, ähnlich dem Menschheitsganzen, von dem die besten Köpfe der Zeit geträumt haben, das an Stelle der Verworrenheit von Millionen Individuen treten sollte.

Massenwirkung — und zwar Wirkung durch die *geschlossene*, zusammengefaßte Masse, nicht durch die gegliederte, organisierte, aus zusammengestimmten über- und untergeordneten Einzelteilen resultierende — ist das Losungswort der architektonischen Strömung gewesen, die in der Ära der französischen Revolution geworden ist. „Le jeu des masses", schreibt *Ledoux*, „... c'est le seul effet que l'on puisse tirer d'un plan qui a pour base la stricte économie." Nur dann und wann erscheinen in seinen Entwürfen an den puritanischen Körper eines Landhauses antikische Triumphalsäulen gefügt oder etwa an den nackten Wänden seines Panareteon sparsamer plastischer Schmuck, der wie der trockene Dekor des gesamten Klassizismus von dem Welken des barocken Lebensgefühles Kunde gibt.

c'

Auch die Rangunterschiede der alten Architektur sind gefallen. Es gibt nicht mehr Bauten, die künstlerischer Durchbildung würdig sind und solche, die es nicht wären. Die *barocke Architektur ist feudal begrenzt gewesen, die antibarocke ist universell*. *Ledoux'* unerfüllter Künstlertraum war es, eine Stadt mit allem, was dazu gehört, zu schaffen, von den Kultbauten angefangen, die den neuen Ideen der Menschlichkeit dienen sollten, bis zum letzten Nutzbau. Die gleichen großen naturgegebenen Prinzipien gelten für sein „Haus der Tugenden" und für das Stallgebäude des *Tardieu* (Detournelle, Recueil d'architecture nouvelle, 1804).

Im Morgenlichte des neuen Tages gibt es keine Heiterkeit, kein Spiel der in lebendiger Wechselwirkung stehenden Teile, sondern nur tiefsten Ernst, entsprechend dem Bewußtsein sittlicher Verantwortlichkeit, wie sie die Philosophie des 18. Jahrhunderts gefordert hat.

5a J. N. Sobre, Tempel der Unsterblichkeit (1802)

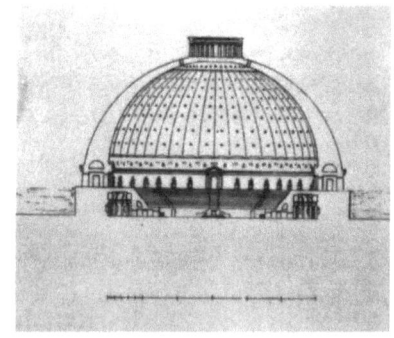

5b J. N. Sobre, Tempel der Unsterblichkeit (1802)

6a E.-L. Boullée, Newton-Kenotaph (1784)

6b E.-L. Boullée, Newton-Kenotaph (Armillarversion) (1784)

6c E.-L. Boullée, Newton-Kenotaph (1784)

Ein *organisches Ganzes* sind die Komplexe des Barock gewesen, *nebeneinandergestellte Blöcke* sind die Komplexe *Ledoux'*, zusammengesetzt statt zusammengewachsen. Der Stein war für den Barockkünstler bildsam, geschmeidig, für den Kreis der Revolutionsarchitekten ist er starr, tot. Mit Fug und Recht könnte man jetzt, das berühmte Wort umkehrend, sagen: Non nato, ma veramente murato. Es ist der gleiche Wandel, wie er sich in Plastik und Malerei verfolgen läßt. *Der Sinn für das Stoffliche ist verlorengegangen, die ideale Form darf durch keine impressionistischen Experimente verunklärt werden, die Herrschaft des isolierenden Kontur hat begonnen.* Die Künstler befaßt nicht mehr das in räumlicher Verbundenheit, in tastbarer Stofflichkeit sich offenbarende Objekt. Barocke Illusion, barocker Raumwille und barockes Pathos gehören der Vergangenheit an. Die bildende Kunst müht sich nunmehr um die reine Form, die naturgegebene, wie das Zeitalter der Aufklärung meinte. Sie strebt nicht weiter nach sinnlicher Wirkung, sondern ringt um den Typus.

Mit der gleichen Strenge wie die Fassade wurde der Grundriß behandelt. Auch hier Vermeidung aller Komplikationen, nur einfachste Ableitungen aus Viereck und Kreis. ,,L'architecture doit se régénérer par la géometrie", fordert *Dufourny* anläßlich einer im Jahre 1793 vom Konvent ausgeschriebenen Konkurrenz, und ganz ähnlich schreibt *Ledoux*: ,,Le cercle, le carré, voilà les lettres alphabétiques que les auteurs emploient dans la texture des meilleurs ouvrages." Den einfachsten, phantasiearm scheinenden Planungen hat besonders auch *Durand* das Wort gesprochen. Was den Bauten, die auf solch nüchternen Grundrissen entstanden sind oder entstehen sollten, an malerischem Effekt abgeht, das ersetzen sie durch ihre innere Größe und die Vornehmheit der Haltung — Eigenschaften, die die besten Schöpfungen des Gesamtklassizismus auszeichnen sollten.

Das gigantische Wollen der Revolutionsarchitekten hat schließlich auch in den äußeren Maßen ihrer Entwürfe sich ausgedrückt. Die Staffage, die *Boullée* oder *Ledoux* in ihren Blättern anbringen, zeigt in welch übermenschlichen Dimensionen sie sich namentlich ihre Denkmal- und Kultbauten vorstellten. Mit Recht spricht *Henri Lemonnier* von ,,Megalomanie".

Die antibarocke Strömung ist im naszierenden Zustand am stärksten hervorgetreten, wie alle Strömungen, die nicht in langsamem Wandel, in steter Entwicklung, sondern in schroffer Opposition zur Vergangenheit entstanden sind. Sie war zu eigenartig, zu kühn, als daß sie sich hätte durchsetzen können, denn kein Bauherr um 1800 hätte sich leicht entschlossen, den Anschein klassischer Bildung aufzugeben und Architekten der strengsten Observanz gewähren zu lassen. Aber die Künstler selbst konnten die neuen Errungenschaften nicht preisgeben, und so wurde die klassizistische Architektur ein ständiges Neben- und Ineinanderwirken der beiden Strömungen, der historisierenden (romantischen), die nach Griechenland und Rom, nach Ägypten und dem fernen Osten ebenso wie nach dem christlichen Mittelalter zurückblickt, und der antibarocken (rationalistischen), die in die Zukunft weist. Am leichtesten kann man sich von dieser Tatsache auf den Friedhöfen des Empire überzeugen. In engster Nachbarschaft pflegen hier die beiden Strömungen, gesondert oder in mannigfacher Vermengung, an den verschiedengestaltigen Grabmalen zu erscheinen. — Im Mobiliar des Biedermeier haben die glatten Flächen den Sieg über den altertümelnden Dekor davongetragen.

Bauten wie die Berliner Münze von *Heinrich Gentz*, die Nikolaikirche 7 *Schinkel*s in Potsdam und seine Neue Wache in Berlin, das Viewegsche Haus von *David Gilly* in Braunschweig, die Entwürfe von *Friedrich Gilly* und *Weinbrenner* zum Friedrichdenkmal, *Kornhäusel*s 8 Weilburg und Engelsbad sowie *Klenze*s späte Propyläen, aber auch *Pietro Nobile*s S. Antonio in Triest, das Teatro San Carlo in Neapel von *Niccolini*, die Zisterne des Poccianti zu Livorno und das Innsbrucker Theater des *Segusini*, schließlich die unmittelbar beeinflußten Russen sind nicht vom Aufschwung der klassischen Archäologie, sondern weit besser von den architektonischen Phantasien der Franzosen vom Ende des 18. Jahrhunderts her zu verstehen, die in ihrer schroffen Abkehr von aller bisherigen Kunstübung den Anbruch einer neuen Epoche bedeuten.

Lange genug hat man den Klassizismus als den schwächlichen Ausklang der großen Bewegung abgetan, die mit der Renaissance eingesetzt hat. Die zuletzt angeführten Bauten von Architekten verschiedener Nationalität zeigen, daß im Klassizismus ein kraftvoll Neues sich regte, dessen Anfänge — vielleicht dessen Quellen — in den vorgeführten Entwürfen zu finden sind. Der tiefen Kluft, die sich gegen Ende des 18. Jahrhunderts auftat, kann man auch gewahr werden, wenn man den gewaltigen Umschwung der Denkweise in der Kunstliteratur verfolgt. Daß aber die Entwürfe des *Ledoux-Boullée*-Kreises mit der Architektur unserer Tage so auffallende Gemeinsamkeiten haben, spricht dafür, daß der Einschnitt von 1780, wie im sozialen Leben, so auch im künstlerischen, den Anbruch einer neuen Ära bedeutet, daß die Umwälzung um 1800 dem Geschehen um 1500 an Tragweite gleichkommt.

Die Wiege unserer neuen Architektur hat in Frankreich gestanden — die zu gleich früher Stunde in England aufscheinenden ähnlichen Bestrebungen hatten nicht die Kraft und den Schwung der französischen Revolutionsarchitektur —, was aber noch weit bedeutsamer ist: das ausgehende 18. Jahrhundert war ihre Geburtsstunde. Von da ab hat sie, deren sinnfälligste Verkörperung das *Würfelhaus* ist — die Form der verhaltenen Kraft, nicht des überströmenden Gefühles, die Form des beruhigten, in sich vollendeten Seins, nicht die um die Außenwelt werbende Gebärde —, das ganze 19. Jahrhundert hindurch hinter mannigfacher Verkleidung fortgedauert, bis sie in unseren Tagen zu voller Entfaltung gelangt, zur Selbstverständlichkeit geworden ist.

7 H. Gentz, Neue Münze in Berlin (1800)

8 J. Kornhäusel, Engelsbad (1822)

9 C.-N. Ledoux, Landhaus

2 Traditionslinien

Die Frage nach den Traditionslinien der Revolutionsarchitektur ist unabtrennbar von der Genese des internationalen Klassizismus in Europa. Einstimmig forderten die Architekturtheoretiker des 18. Jahrhunderts in Frankreich, Deutschland, England und Italien „edle Einfalt" und „stille Größe", die Besinnung auf einfache architektonische Grundformen, ein „back to the roots" in der architektonischen Formensprache. Wie weit die Architekturtheorie dabei mit geplanter und gebauter Architektur parallel lief, wird noch zu behandeln sein. Sicher ist, daß es hier Zusammenhänge gibt, wie sie auch für die Architektur der italienischen Renaissance tragend waren. Wenn aber dort Vitruv und die römisch-antike Architektur mit der Unbefangenheit der Wiederentdeckung zum Maßstab wurden, so suchten sich die progressiven Architekten des 18. Jahrhunderts ihre Traditionen im breiten Spektrum der Architekturgeschichte. ‚Doric Revival' (*Pevsner/Lang* 1948, *Lang* 1950, *Wiebenson* 1967, *Mc Carthy* 1972, *Kat. Paestum* 1986) und ‚Egyptian-Revival' (*Vogel* 1928, *Pevsner/Lang* 1956, *Carrott* 1978, *Curl* 1982), unterstützt durch zahlreiche archäologische Publikationen (*Lawrence* 1938/1939, *Oechslin* 1978, 1979, *Pace* 1981), waren keine unausweichlichen Modeströmungen, mit denen sich die Architekten plötzlich konfrontiert sahen, sondern entsprangen eher dem Legitimationsbedürfnis, der neuen Architektursprache einen historisch definierten Ort zu geben.

Das Selbstverständnis des sich im historischen Kontext suchenden Architekten tritt zu Beginn des 18. Jahrhunderts nirgends deutlicher hervor als in *Joseph Bernhard Fischer von Erlachs* ‚Entwurff einer historischen Architektur' (Wien 1721), dessen tragende Bedeutung für die Architekturgeschichte des 18. Jahrhunderts *Werner Oechslin* (1972) hervorgehoben hat. *Fischers* bildhafte Architekturrekonstruktionen, die die gesamte damals bekannte Welt-Architektur gleichsam im Bild neu entstehen ließ, regten neben vielen anderen auch *Giambattista Piranesi* an (*Wittkower* 1975). In dessen Architekturphantasien, bei denen der Erlebniswert Vorrang vor architektonischer Richtigkeit genießt, und in zeitgleichen, von französischen Akademiestipendiaten in Rom gezeichneten oder ephemeren Festarchitekturen kündigen sich bereits um die Mitte des Jahrhunderts Tendenzen an, die, indem sie die klassischen architektonische Elementargrammatik ad absurdum führen und als „architecture parlante" mit moralisierender Wirkung verstanden sein wollen, gegen Ende des Jahrhunderts in der Architektur der *Boullée, Ledoux* und *Lequeu* präsent sind (Kat. Piranèse 1976, Actes Colloque Piranèse 1978, *Reudenbach* 1980).

Den prägenden Einfluß von *Jean Laurent Legeay*, auf den bereits *Emil Kaufmann* (1952) hingewiesen hatte und der von *John Harris* (1967) und *Gilbert Erouart* (1982) in seiner ganzen Breite aufgearbeitet worden ist, hat *Johannes Erichsen* in seiner materialreichen Dissertation ‚Antique und Grec' (1980) dahingehend eingeschränkt, daß *Legeay* zwar zu den ersten gehöre, die sich mit der so tragend werdenden Bauaufgabe des Denkmals auseinandergesetzt haben, doch bleibe seine Wirkung auf die allgemeine architektonische Entwicklung letztlich undeutlich.

Gemalte Architektur (Kat. Der Traum vom Raum 1986) und hier besonders Bühnendekorationen, die nicht nur den Ort der Handlung bezeichnen, sondern auch inhaltliche Qualitäten und Stimmungen übermitteln sollten, waren für den Prozeß der Ausbildung einer sprechenden Architektur nicht minder wichtig (*Zucker* 1925, *Tintelnot* 1939). Während die Bedeutung der Bühnendekorationen der *Bibiena* schon eingehend gewürdigt wurde (*Oechslin* 1975, *Busch* 1978), fehlen entsprechende Arbeiten zu den 1738 bis 1742 auf der Opernbühne der Tulerien aufgeführten Architekturschauspielen des Architekten und Bühnenmalers *Nicolo Servandoni* (1690—1766) (vgl. *Tintelnot* 1939, S. 226 f., *Bouché* 1910, *Matteo* 1971).

Pyramide, Zylinder, Kegel und Kugel als prägnanteste Formen von *Boullée*s Architektur besaßen, wie *Werner Oechslin* (1971) akribisch erarbeitet hat, eine bis mindestens in die 1740er Jahre zurückreichende Tradition. Die Steigerung dieser Formen ins Megalomane und damit ins tendenziell Unausführbare hat die Forschung fast einmütig dahingehend interpretiert, daß *Boullée* von vornherein manche seiner Projekte nicht realisiert sehen wollte, der „Bildwert" seiner Architektur — ähnlich wie bei *Piranesi* und den Bühnenmalern — vorrangig gegenüber dem „Projektwert" sei (*Vogt* 1969, *Gaus* 1969, *Oechslin* 1987).

Megalomanie zeichnet jedoch bereits die Entwürfe in *Marie-Joseph Peyre*s Stichwerk ‚Œuvres d'Architecture' (Paris 1765, Nachdruck Farnborough 1967) aus, die er zum Teil als Wettbewerbsentwürfe an der „Accademia di San Luca" in Rom während seines dortigen Aufenthaltes 1753—1757 eingereicht hatte. Überwältigt von der Größe der römisch-kaiserzeitlichen Architektur, besonders den Thermen des

Diokletian und des *Caracalla*, forderte er 1773 in einem Aufsatz (Mercure de France, 1773, S. 161—180), daß die modernen Architekturen angesichts der verbesserten bautechnischen Möglichkeiten die römische Architektur weit übertreffen könnten. Doch herrsche der Glaube, man könne über das jetzt Bekannte nicht hinausgehen. Zumal gebe es, so *Peyre* weiter, immer irgendwelche Halbgelehrten, die jederzeit bereit seien, ihr allem Einhalt gebietendes Gift zu versprühen „sur les hommes de genie qui ont le courage de sortir de la route ordinaire". Tatsächlich waren durch neue Techniken — vor allem die Eisenbauweise — Bauaufgaben zu bewältigen, die zuvor unlösbar schienen (z. B. *Coalbrookdale*, Brücke, 1779). Der Ingenieur tritt, Gleichberechtigung suchend, neben den Architekten als Garant für den Fortschritt in der Architektur, ein Fortschritt, den die Architektur im Vergleich mit dem permanenten Fortschritt in den Naturwissenschaften mit ihren traditionellen Mitteln nicht einholen konnte. Ihr blieb entweder die Flucht in das *Winckelmann*sche Paradoxon von der Nachahmung (1754) — „Der einzige Weg für uns groß, ja, wenn es möglich ist, unnachahmlich zu werden, ist die Nachahmung der Alten" —, oder sie mußte Anerkennung als Kunst („l'art proprement dit") im Kreise von Malerei und Poesie finden. Wenn *Boullée* seinem Traktat ‚L'Architecture. Essai sur l'art' (1792; ed. 1953, 1967, 1968, 1987) als Motto das *Coreggio*-Wort „Ed io anche son pittore" voranstellt, so spricht da keineswegs der verhinderte Maler, sondern ein besorgter, an zwei Fronten kämpfender Architekt, der sich vom Ingenieur bedroht sieht und seine Kunst den anderen Künsten gleichwertig gegenübergestellt sehen will.

Ägyptische und klassizistische Baukunst

Ein Beitrag zu den Wandlungen architektonischen Denkens in Europa

Fritz Baumgart

In den letzten Jahrzehnten ist der Abstand zum 19. Jahrhundert groß genug geworden, um dessen Eigenschaften deutlicher erkennen und unsere Gegenwart im Zusammenhang mit ihm sehen zu können. Je mehr verwirrende Einzelheiten zurücktreten und führende Gedanken und Bewegungen deutlich werden, desto stärker erscheint die Einheit des 19. und 20. Jahrhunderts, desto schärfer stellt sich auch heraus, daß schon im 18. Jahrhundert jene Verwandlung von Denkformen und Erlebnisinhalten des europäischen Geistes vor sich ging, die den Ansatz einer neuen geschichtlichen Epoche der Menschheit bedeutet. Die dreihunderjährige, zusammengehörige Periode von Renaissance und Barock war damit zu Ende gegangen: doch nicht nur sie, sondern auch eine tausendjährige oder, wenn man die Antike mit einbegreift, weit mehr als zweitausendjährige innereuropäische Entwicklung überhaupt. Denn was jetzt einsetzte, war die allmähliche Durchdringung der ganzen Welt mit europäischem Geist und in notwendiger Wechselwirkung die Hereinnahme der ganzen Welt in abendländisches Bewußtsein, Verständnis und Empfinden. Dieser Prozeß ist noch nicht abgeschlossen. Eingeleitet wurde er durch Auffassungen der Welt und des Menschen, Welt-Anschauung und Lebensgefühl, wie sie sich im letzten Drittel des 18. Jahrhunderts entscheidend offenbarten. Die seit dieser Zeit bis heute als Einheit zu begreifende Entwicklung wird verschieden gewertet: als Aufbruch Europas und der gesamten Menschheit zu einer neuen geschichtlichen Form des menschlichen Seins oder als Untergang des Abendlandes.

In diesem Zusammenhang gewann die klassizistische Architektur von 1770 bis 1820 neue Beachtung und Bedeutung. Es wurde in ihr eine entscheidende Veränderung architektonischen Denkens und Empfindens gegenüber der Renaissance-Barock-Epoche festgestellt, die zu einer Auffassung von Bauwerk und Raumgestaltung führte, wie sie nach

einer Zwischenperiode historisierender Baukunst des 19. Jahrhunderts in diesem Jahrhundert erneut und eindeutig bestimmend wurde. Auch hierbei fand je nach der Einstellung des Betrachters eine positive oder negative Bewertung statt.[1]
Die neue Auffassung läßt sich in Gegenüberstellung zur vergangenen in drei Punkten kurz umschreiben:
1. Hinsichtlich der Gruppierung mehrerer Bauten findet eine Verwandlung des „barocken Verbandes" in das „Pavillonsystem" statt[2], das heißt, an die Stelle der von einem beherrschenden Zentrum aus erfolgenden gebundenen Ordnung von Baugruppen tritt die mehr oder weniger freie Zusammenstellung selbständiger und gleichwertiger Einzelbauten.
2. Die Auffassung des Baukörpers als eines Organismus wird abgelöst durch die Auffassung des Bauwerks als einer stereometrischen Form.
3. Der körperhaft erlebte, bildnerisch gestaltbare, gleichsam konkret gedachte und endlich gemachte Raum wird zu einem nicht mehr faßbaren, unendlichen und abstrakten Raum.
Was in diesen drei Punkten ausgesagt wird, steht untereinander in engstem Zusammenhang. Es kann für die Renaissance-Barock-Periode unter dem Begriff des Organischen zusammengefaßt werden, für das Neue unter dem Begriff des Abstrakten.[3] Organisch bedeutet Erlebnis aus der Leib-Seele-Einheit des menschlichen Körpers heraus. Der Ausdruck Baukörper ist für diese Auffassung bezeichnend und angemessen. Die Architektur ist atmend, bewegt und körperhaft wie der Mensch, hat wie dieser eine belebende Mitte, von der aus alle Glieder beherrscht und zur Einheit gefügt werden. Sie ist durchaus proportional, wobei die Proportionen mit Hilfe des aus der Antike übernommenen Bauelementes der Säule auf das Maß des menschlichen Körpers abgestimmt sind. Der von dieser Baukunst gestaltete bzw. auf diesen Baukörper wirkende Raum unterliegt den gleichen Erlebnisformen des Körperhaften, Bewegten und Endlichen. Abstrakt bedeutet Erlebnis aus der Idee, aus dem Geist, dem Gefühl oder der Stimmung, jedenfalls nicht aus dem menschlichen Körper heraus. Das Bauwerk erstarrt zur stereometrischen Form, die in den Bereich des Geometrischen und Mathematischen gehört. Mathematische Berechnung wird mehr und mehr zur Grundlage der Architektur und erlaubt Fortschreiten von den zunächst einfachsten Formen von Kubus, Zylinder, Kugel, Kegel zu komplizierteren Gebilden, vor allem in Wölbungen und Deckenlösungen, die durch Vergleiche mit gegenständlich-organischen Formen nicht mehr umschrieben werden können. Stereometrische Gebilde sind nicht von menschlichen Proportionen abhängig, sondern können nach Bedarf oder Absicht größer oder kleiner sein und frei zusammengestellt wer-

den. Die antike Säule gibt keinen Maßstab mehr ab, da sie nicht in einem notwendigen proportionalen Verhältnis zum Bau steht, sondern entweder selbst als stereometrische Form aufgefaßt wird oder bloße Applikation bleibt. Der von stereometrischen Formen umschlossene Raum gewinnt den gleichen abstrakten Charakter. Jeder Baukubus ist in verschieden große, einzelne Raumkuben teilbar, die willkürliche Ausschnitte des unendlichen Raumes bedeuten. Auch der Außenraum wird durch die Architektur nicht zu einer endlichen, begreifbaren Form gestaltet, sondern in seiner Unendlichkeit belassen, die sogar in das Bauwerk eindringen kann, Innen und Außen miteinander verbindend.

Diese Eigenschaften kommen zuerst und am eindringlichsten in der französischen „Revolutionsarchitektur" seit 1770 und in der von ihr beeinflußten deutschen Architektur zwischen 1790 und 1820 zum Ausdruck, wo sie einen fast programmatischen Charakter erhalten. Sie sind stark fühlbar in der englischen Baukunst um 1800, hier schon länger als auf dem Festland, seit etwa 1720, vorbereitet. Es wäre noch zu untersuchen, ob England auch auf diesem Gebiet wie auf fast allen anderen der Politik, Wirtschaft, Philosophie, Literatur, Gartenkunst und selbst der Malerei zwischen 1720 und 1770 einen bestimmenden Einfluß auf Europa ausgeübt hat.[4] Am wenigsten tritt das Neue in Italien in Erscheinung, das nach der Mitte des 18. Jahrhunderts überhaupt an schöpferischer Kraft verliert und für lange Zeit keine wirklich entscheidenden Beiträge zur Bildung des Neuen mehr liefert. – Die nach 1770 in aller Deutlichkeit erscheinenden Eigenschaften der Revolutionsarchitektur werden allmählich durch die wachsende Verkleidung mit Nachahmungen antiker Bauelemente verdeckt, die aber die zugrundeliegende stereometrische Struktur nicht verändern.

Das neue Baudenken läßt sich an zwei Beispielen erkennen, die nicht unausgeführten Entwürfen entnommen sind, wie sie in den Jahrzehnten vor und nach 1800 in großer Zahl hergestellt wurden, sondern tatsächlich errichtete Bauwerke darstellen. Um 1770–1771 baute *Claude-Nicolas Ledoux* (1736–1806), der entschiedenste Vertreter der neuen Architektur, in der rue de la Chaussée-d'Antin zu Paris ein Haus für die Tänzerin Mlle *Guimard*. Dem niedrigen, sich in die Tiefe erstreckenden rechteckigen Baublock ist ein hochrechteckiger flacher Block vorgelegt, der halbzylinderförmig ausgehöhlt und mit kassetierter Wölbung versehen ist. Das jonische Peristyl bildet ein lockeres Gitter zwischen diesem stereometrischen Hohlraum und dem unendlichen, ungestalteten Außenraum. Die Baukuben stehen nicht in beweglicher, gliedartiger Verbindung zueinander, sondern durchschneiden sich mit äußerster Härte. Ebenso hart und scharf sind die profillosen rechtecki-

10 C.-N. Ledoux, Maison de Melle Guimard (1770/1771)

11 G. B. Piranesi, Caffè degl'Inglesi (1769)

gen Öffnungen in die kahlen, mauerartigen Wände geschnitten. Bezeichnungen wie atmender Organismus, lebendige Beweglichkeit oder dergleichen wären angesichts dieser Erstarrung von Baublöcken völlig unangemessen. Das stereometrische Prinzip ist von großartiger Nüchternheit, die ihre Wirkungen durch das Verhältnis der Kuben zueinander und durch den Gegensatz von Öffnungen und glatten Wandflächen erzielt. Dadurch entstehen Spannungen formaler Art, die nicht wie in Renaissance und Barock aufgelöst werden, sondern in ihren polaren Feldern erhalten und spürbar bleiben. Es sind diese Spannungen innerhalb des starren Systems, die dem Bauwerk eine geheime geistige Kraft mitteilen und es über die bloße Zweckgebundenheit in den Bereich künstlerischen Ausdrucks erheben. — Die Raumverteilung im Innern kennt ebenfalls kein organisches Verhältnis der einzelnen Zimmer und Säle zueinander. Am bezeichnendsten ist der ovale Vorraum, der in die rechte Ecke des Kubus gelegt ist, ohne daß die Außengestaltung des Gebäudes eine derartige Raumform an dieser Stelle auch nur im geringsten ahnen ließe. Der Durchgang zum zweiten Vorzimmer, durch die Planverteilung notwendig gegeben, durchschneidet das Oval, von dessen eigener Form her gesehen, an einer völlig willkürlichen Stelle, wie dies auch schon der Eingang tat. Das zweite Vorzimmer bildet mit dem Eßsaal eine Querachse, die jedoch nicht in der Mitte des Ganzen liegt und in keiner Weise als Ausgangspunkt einer organischen Raumfolge empfunden werden kann. Die Fensterverteilung an den Seitenfassaden richtet sich nach praktischen Gegebenheiten und nimmt keine Rücksicht auf gleichmäßige Folge. Die Raumanordnung innerhalb des Kubus kann so, kann aber auch, wenn die Bedürfnisse verschieden sind, anders sein. Der Würfel ist in jeder beliebigen Form unterteilbar.
Die konsequentesten Folgerungen aus dieser Baugesinnung hat in gewisser Hinsicht *Karl Friedrich Schinkel* (1781–1841) im Charlottenhofer Gärtnerhaus von 1829–1835 gezogen. Wenn man von den Einzelformen absieht, könnte man sagen, daß hier bereits das Prinzip der Villenbauten von *Frank Lloyd Wright* durchgeführt worden ist. Je nach den Verwendungszwecken der einzelnen Bauteile sind diese völlig frei zueinandergefügt. So bilden, von welcher Seite man sie auch betrachtet, niemals eine symmetrische Gruppe. In den verschieden hohen und großen Pergolen findet eine Raumdurchdringung statt, die an modernste Raumgestaltung erinnert. Und wieder ist es das Spannungsverhältnis zwischen den einzelnen Bauteilen, aber auch zwischen Horizontalen und Vertikalen, das der locker geordneten Gruppe den inneren Halt gibt. Man kann bei den Werken dieser neuen Baugesinnung von Kraftfeldern sprechen, deren polare Gegensätze von einer unsichtbaren geistigen Mitte aus zusammengehalten werden. Wo die geistige Mitte

fehlt, die hier künstlerische Begabung bedeutet, tritt Zerfall ein. Bei dem Gärtnerhaus kommt noch etwas hinzu, das für viele, ja die meisten Bauten der Zeit bezeichnend ist: die Absicht der „architecture parlante", der „sprechenden Baukunst", Zweck und Bedeutung des Werkes sollen aus seiner Gestaltung unmittelbar ersichtlich werden. Der Zweck aber greift, was schon aus der Verbindung mit dem Begriff der Bedeutung hervorgeht, über das nur materielle Nützlichkeitsprinzip hinaus. Er ist stets auf ein geistiges Prinzip, eine Idee, gerichtet und erfährt daraus eine besondere Weihe. Hier ist es die neue Idee der Natur, die allgemein seit der Mitte des 18. Jahrhunderts eine überaus bedeutende Rolle spielt, die der Gestaltung entscheidend und ganz bewußt zugrunde liegt. Zu ihr gehören neben anderen die Ideen der Unendlichkeit, der „Natürlichkeit" als Freiheit und des Pittoresken, des „Malerischen". Ihnen mußte das Gärtnerhaus seiner Bestimmung und Lage nach entsprechen und eine Gestaltung erfahren, die zur Unendlichkeit, zur Freiheit und zum Malerischen der Natur Bezug hatte. „Wie der Bau in die Natur, so dringt nun auch die Natur in den Bau ein. ... Alles ist offen und durchsichtig, Teil des unendlichen Raumes ...".[5]
Die Bauideen und Bauformen, die an den beiden Beispielen vom Anfang und Ende des Klassizismus, durch sechs Jahrzehnte voneinander getrennt, deutlich werden, sind mehr oder weniger für die ganze Zeit gültig. Sie bedeuten die entscheidende Grundlage einer neuen Baukunst, die ebenso für die gleichzeitig entstehende neugotische Architektur gilt. Diese unterscheidet sich von der klassizistischen nur durch den äußerlichen Formenapparat, nicht aber in der Struktur. „Weder der klassizistische noch der neugotische Bau gewinnt seine Gestalt von einem von innen drängenden spezifischen Volumen, keiner weiß von organischer Körperlichkeit, sondern in beiden Fällen können wir nur von stereometrischer Setzung sprechen." Über die Umwertung des Baukörpers in der Neugotik heißt es: „Wenn die Wand nur als sich spannende abstrakte Fläche und nicht als in sich erfüllte, aus der Tiefe ihrer Materialität lebende Stofflichkeit erkannt wird, wird der Baukörper nicht leibhaftig sinnfällig sein, sondern eher als stereometrisches Gefüge oder gar schachtelartig erscheinen".[6] Auch die vielen historisierenden Bauformen des weiteren 19. Jahrhunderts sind nur ein äußerlicher Behang von Bauwerken, die in ihrem Kern demselben abstrakten Baudenken gehorchen. In voller Klarheit tritt dieses seit der Mitte des 19. Jahrhunderts an großen technischen Bauten zutage, zunächst an Ausstellungshallen (Kristallpalast von 1851), bis sich zu Anfang dieses Jahrhunderts „Baukunst" und technischer Bau vereinen. Den Anstoß dazu gaben zunächst vielfach Rückgriffe auf die klassizistische Architektur um 1800. Wo in den letzten Jahrzehnten bis heute aus reaktionärer Gesinnung

oder aus völligem Mißverständnis der „Baukunst" immer noch oder wieder ein — völlig äußerlich bleibender — Unterschied zwischen dieser und technischem Bau gemacht worden ist, wurde bezeichnenderweise stets auf den Klassizismus und nicht auf die Antike oder auf andere historische Baustile zurückgegriffen. Da sich aber auch der moderne „Repräsentationsbau" weder dem heutigen Baudenken noch den technischen Gegebenheiten entziehen kann, bleiben die verwendeten antiken Bauelemente mehr denn je reine Applikation, ohne die stereometrische Grundstruktur auch nur im geringsten zu verändern oder körperhafte und menschliche Maßstäbe proportionaler Gliederung zu liefern. Ungewollt bestätigte man damit nur, daß bereits die Architekturauffassung des Klassizismus wenig mit der Antike zu tun, umgekehrt in ihr aber schon das echte Baudenken der Gegenwart Ausdruck gefunden hatte.

Aus dieser besonderen Situation unserer Zeit heraus wird es noch deutlicher, daß die stereometrische Gesamtstruktur klassizistischer Baukunst nicht aus der Antike abzuleiten ist, mochte diese auch durch die Entdeckung der griechischen Architektur im 18. Jahrhundert zahlreiche Einzelformen „richtiger" zur Verfügung stellen und vielfach zur reinen Kopie antiker Tempel führen. Es wäre daher zu fragen, ob die neue Auffassung seit 1770 sich unter der Hülle der Antike völlig selbständig als Ausdruck einer neuen Welt-Anschauung und eines neuen Lebensgefühles ausgebildet oder ob eine andere Formenwelt bei der Geburt zumindest Pate gestanden hat.

Die einzige historische Baukunst, die mit dem Baudenken des Klassizismus vergleichbar und damals auch bekannt war, ist die ägyptische. Ihre Entdeckung für Europa wird irrtümlicherweise noch heute oft mit dem ägyptischen Feldzug *Napoleons* von 1798—1799 in Zusammenhang gebracht. Doch war ihre Kenntnis bereits seit Jahrzehnten durch umfangreiche Reiseberichte, die mit zahlreichen Stichen versehen waren, verbreitet und hatte das lebhafteste Interesse aller Gebildeten gefunden.[7]

Im September 1787 berichtete *Goethe* aus Rom über Zeichnungen des französischen Landschafts- und Architekturmalers *Louis-François Cassas* (1756 bis 1827), der gerade von einer Reise nach dem Orient und Ägypten zurückgekehrt war: „10. Eine Pyramide, nach einigen Urkunden, Anlässen und Mutmaßungen restauriert. Sie hat von vier Seiten vorspringende Hallen mit danebenstehenden Obelisken; nach den Hallen gehen Gänge hin, mit Sphinxen besetzt, wie sich solche noch in Oberägypten befinden. Es ist diese Zeichnung die ungeheuerste Architekturidee, die ich zeitlebens gesehen, und ich glaube nicht, daß man weiter kann."

Schon 1769 waren *G. B. Piranesis* (1720—1778) „Diverse Maniere d'adornare i cammini etc." in Rom erschienen, die zahlreiche Stiche *11* mit ägyptischen Motiven enthielten. Wenn sie auch keine Bauwerke darstellten, so verwendeten sie doch viele einzelne Bauelemente und drückten in der harten Zusammenstellung stereometrischer Gebilde vor allem die neue Gesinnung aus. Der Ruhm *Piranesis* ließ seine Werke in viele Hände gelangen. Außerdem sorgten seine ägyptischen Dekorationen im Caffè degl'Inglesi an der Piazza di Spagna in Rom, das von allen Fremden besucht wurde, für das Bekanntwerden dieser Formenwelt. Das abgebildete Beispiel zeigt ein Gefüge aus scharfgeschnittenen erstarrten Teilen, auf das die Kennzeichnungen der kommenden Architektur vollauf zutreffen. Wenige Jahre zuvor, 1764, hatte *Piranesi* mit den Arbeiten an S. Maria del Priorato auf dem Aventin begonnen, wo er vor allem bei der Gestaltung des Vorplatzes, aber auch an der Fassade, neben antiken viele ägyptische Motive verwertete: „lauter Fragmente im gegenständlichen, lauter zerhackte Splitter im formalen Sinne".[8] Die Veröffentlichung der „Diverse Maniere" wurde eingeleitet durch ein Vorwort und einen „Apologetischen Versuch zur Verteidigung der ägyptischen und etruskischen Architektur". *Piranesi* griff darin auf sein „Parere su l'Architettura" von 1765 zurück, in dem er die Unabhängigkeit der etruskischen von der griechischen und die Bedeutung der ersteren für die römische Kunst beweisen wollte. Italienischer Nationalstolz wandte sich hier gegen die wachsende Schätzung der griechischen und die damit verbundene Abwertung der römischen Kunst.[9] Das Ägyptische und das Etruskische als die Ursprünge oder Grundlagen der Antike zusammenzusehen, war seit der Mitte des 18. Jahrhunderts verbreitete Gewohnheit geworden. In dem 1752—1768 erschienenen „Recueil d'antiquités" des Grafen *Caylus* (1692—1765) wurde diese Anschauung zwar unsystematisch, aber deutlich ausgesprochen. *Carl Justi* faßt sie ein Jahrhundert später zusammen: „*Caylus* schwebt eine große Kette vor, deren Hauptglieder sich folgendermaßen gestalten. Die Künste bilden sich aus in Ägypten, und zwar mit dem vollen Charakter der Großheit; sie setzen von da hinüber nach Etrurien, wo sie in den Detailpartien sich bereichern, freilich auf Kosten der Größe ... Ägypten ist die Quelle, aus der das Altertum die Anfänge des Geschmacks geschöpft hat, nicht bloß Griechen und Italer, auch Perser, Juden, Chinesen vielleicht ... Der Charakter dieser ägyptischen Originalkunst ist Größe und Gediegenheit ...".[10] Das Werk des Grafen *Caylus* erregte bedeutendes Aufsehen und wurde, wie die Arbeiten *Piranesis*, weithin bekannt. Das Ägyptische gewann dadurch eine vorher nicht vorhandene ästhetische Achtung, so daß seine Wirkung auf Gedanken und Gemüter der Menschen nicht wundernimmt. Es galt als erste machtvolle Äußerung menschlicher Kultur.

Diese Wirkung gewann auf bildkünstlerischem Gebiete schon früh, um 1760, einen Ausdruck, der alle bis dahin durch die gelegentliche Verwendung ägyptischer Monumente erreichten Ausdrucksmöglichkeiten weit übertraf: auf *Hubert Roberts* ,,Pyramiden" im Smith College Museum zu Northampton, Mass. In der maßstablosen Übersteigerung der vorderen, von Wolken umzogenen Pyramide werden grandeur, Monumentalität und urtümliche Gewalt erster menschlicher Schöpfung zum ästhetischen Erlebnis. In den Treppenanlagen am Fuß der Pyramide klingen Baugedanken an, die später in *Gillys* Friedrichdenkmal die großartigste Form finden sollten und bis zu *Klenzes* ,,Walhalla" wirkten.[11]

Wenn eben das ästhetische Moment betont wurde, so geschah es im Hinblick auf die seit der Renaissance bis zur Mitte des 18. Jahrhunderts geltende Art der Beschäftigung mit Ägypten, die nicht ästhetischer, sondern wesentlich phantastischer Natur war, sich auf antike literarische Quellen stützte und zum geringsten Teil aus unmittelbarer Anschauung stammte. Vor allem interessierte nicht die Architektur, sondern ausschließlich die figürliche Götterwelt, die Anlaß zu ausschweifenden Spekulationen über ägyptische Weisheit und Religion bot. Nur ausnahmsweise entzündete sich an ihr auch die künstlerische Phantasie, wie in *Johann Melchior Dinglingers* (1661–1731) Apis-Altar von 1731 (bis 1945 in Dresden, Grünes Gewölbe). Was dagegen gleichzeitig einer der größten europäischen Architekten, *Fischer von Erlach* (1656–1723), aus Ägypten machte, zeigt sein ,,Entwurff einer historischen Architectur" von 1721. Während er für alle anderen fremden Länder gewaltige Architektur-Rekonstruktionen entwirft, beschäftigt er sich bei Ägypten, abgesehen von einigen Grabbauten, nur mit barock umgebildeten Vasen, ,,die er als üppige Schmuckgefäße in Landschaften mit Obelisken, Palmen und Pyramiden stellt".[12] 1721 war von ägyptischer Architektur außer Pyramiden und Obelisken nichts bekannt. Ein halbes Jahrhundert später hatte sich die Lage durch die zahlreichen Darstellungen in den Reisewerken völlig geändert. Zum erstenmal war das Ägyptische authentisch vertraut und zum ästhetischen Erlebnis geworden.

Seine stets wiederkehrenden Kennzeichnungen lassen sich in den Begriffen ,,Grandeur" und ,,Geheimnis" zusammenfassen. Grandeur bedeutet Großartigkeit, Erhabenheit, Monumentalität und auch das Kolossale. Die andere Seite des Düsteren und Geheimnisvollen kennzeichnete *Winckelmann* 1764 in kurzen Worten: ,,Was zum zweiten die Gemüts- und Denkungsart der Ägypter betrifft, so waren sie ein Volk, welches zur Lust und Freude nicht erschaffen schien ... Ihr Denken ging das Natürliche vorbei und beschäftigte sich mit dem Geheimnis-

12 F. Gilly, Friedrichs Monument (1797)

13a E.-L. Boullée, Friedhofseingang

13b E.-L. Boullée, Grabmonument

vollen".¹³ Im Geheimnis spielt der Todesgedanke die erste Rolle, mit dem das Problem des Weiterlebens in menschlicher Erinnerung gestellt ist, das durch das ewigdauernde Monument der Grabpyramide gelöst erscheint. Todesgedanke und Weiterleben, aus der Sicherheit des christlichen Erlösungsglaubens herausgenommen, beschäftigten die Menschen zwischen 1770 und 1820 in besonderem Maße. Pyramide und Obelisk boten sich als die Jahrtausende besiegenden Monumentalformen für den Gedächtniskult an.¹⁴ Wie stark sie die Zeit beeindruckten, geht daraus hervor, daß *Ledoux* das Zeitwort „pyramider" gebrauchte. Auch *Goethe*, obwohl er nach 1787 — durch den dritten Teil von *Herders* „Ideen zur Geschichte der Menschheit" beeinflußt — zu einer Abwertung des Ägyptischen kam, konnte sich selbst dann nicht den früher empfangenen Eindrücken entziehen. In „Wilhelm Meisters Lehrjahren" (II, 8, Kap. 5) findet sich die bezeichnende Stelle: „Sie führte ihn durch einen geräumigen Gang auf eine Türe zu, vor der zwei Sphinxe von Granit lagen. Die Türe selbst war auf ägyptische Weise oben ein wenig enger als unten und ihre ehernen Flügel bereiteten zu einem ernsthaften, ja zu einem schauerlichen Anblick vor. Wie angenehm ward man daher überrascht, als diese Erwartung sich in die reinste Heiterkeit auflöste, indem man in einen Saal trat, in welchem Kunst und Leben jede Erinnerung an Tod und Grab aufhoben." Zweierlei geht aus dieser Schilderung hervor: die in der Zeit allgemein gültige Verbindung des Ideenbereiches von Tod und Grab mit dem Ägyptischen und die Anschauung *Goethes*, durch **Winckelmann** und *Herder* vorbereitet, von der Überwindung dieser schauerlichen Todeswelt durch die spätere Entwicklung der Menschheit. Aber noch einmal taucht Ägyptisches als Metapher bei ihm auf, wenn er 1810 in der Farbenlehre („Überliefertes" II/3, 142) *Aristoteles* und *Platon* mit Pyramide und Obelisk vergleicht: „(*Aristoteles*) umzieht einen ungeheuren Grundkreis für sein Gebäude, schafft Materialien von allen Seiten her, ordnet sie, schichtet sie auf und steigt so in regelmäßiger Form pyramidenartig in die Höhe, wenn *Plato*, einem Obelisken, ja einer spitzen Flamme gleich, den Himmel sucht".
Pyramide und Obelisk waren dem Europäer schon immer aus Rom bekannt und hatten seit dem 16. Jahrhundert gelegentliche Darstellung in Malerei und Graphik und auch in der Grabplastik gefunden. Die neuartige monumentale Verwendung aber setzt erst in den letzten Jahrzehnten des 18. Jahrhunderts ein, wobei die bedeutende Wirkung von *Piranesis* Radierungen römischer Denkmäler und die neue Kenntnis der Monumente in Ägypten selbst fördernd und sich gegenseitig steigernd zusammentrafen. Beide Formen kamen in ausgesprochenem Maße der Auffassung der Zeit von der „architecture parlante" entgegen, die deutliche und große Gedanken im Bauwerk darzustellen hatte. In-

folgedessen war die Verwendung im ägyptischen Sinne als Grabmal, Denkmal und Mahnmal durchaus gegeben. Ihr konnte sich selbst ein Architekt wie *Jean-François Neufforge* (1714—1791) nicht verschließen, der noch überwiegend spätbarocker Auffassung verpflichtet war. In den beiden 1772—1780 erschienenen Ergänzungsbänden zu seinem „Reeueil élémentaire d'architecture" von 1758—1768 ist eine ganze Reihe von Entwürfen für Grabdenkmäler in Form von Pyramiden oder Obelisken enthalten („Pyramide propre à l'usage de Sepulture" von 1777, Taf. 178). Daneben erscheint auch eine „Façade de Bâtiment propre pour une Prison" (Taf. 172), die „sprechende Architektur" für einen bestimmten Zweck, für den immer wieder ägyptische Formen als die geeignetsten bevorzugt wurden, weil sie das Düstere und Gruftartige eines Gefängnisses betonen konnten. Das Düstere und Geheimnisvolle, in die Nähe des Todes gehörig, waren weitere Kennzeichen des Ägyptischen. Welche Rolle es in diesem Zusammenhang für *Mozart-Schikaneder*s „Zauberflöte" von 1791 spielte, ist bekannt. In den Gebräuchen der Freimaurerlogen nimmt es auch in späterer Zeit noch einen bedeutenden Platz ein.

Was bei *Neufforge* in spätbarockem Gewand erscheint, tritt bei der jüngeren Generation gleichzeitig oder kurz danach bereits in reiner Form auf, durch die es an grandeur und zugleich an stereometrischem Charakter gewinnt. *Étienne-Louis Boullée* (1728—1799), neben *Ledoux* der ideenreichste und folgerichtigste Vertreter der neuen Baugesinnung, entwarf eine „Totenkapelle", die — den ägyptischen Pyramiden entsprechend — auf jeden Schmuck verzichtet und allein durch ihre Massigkeit den Eindruck der Größe und Majestät erwecken will. 1791 zeichnet *Friedrich Gilly* (1772—1800) eine Pyramide mit vier dorischen Tempelfronten auf niedrigem Sockel, dessen Ecken mit Sphinxen geschmückt sind; über den Giebeln sind rahmenlose rechteckige Öffnungen eingeschnitten. Daß diese Zeichnung durch einen Entwurf von *Carl Gotthard Langhans* (1732—1808) aus dem Jahre 1784, der noch durchaus in der spätbarocken Tradition *Neufforges* steht, angeregt wurde, ist wenig wahrscheinlich. Eher ist zu vermuten, daß sie auf die ähnlichen Ideen der französischen Revolutionsarchitekten zurückgeht. *Gilly* kann sich aber auch unmittelbar auf ägyptische Vorlagen gestützt haben. *Konrad Levezow*, Freund und erster Biograph *Gillys*, berichtet in seiner „Denkschrift auf Friedrich Gilly" (Berlin 1801): „Er kam sehr bald auf die Vermutung, daß in dem Geiste der alten Völker ... eine gewisse Übereinstimmung des Gefühls und des Charakters gewesen sein müsse, die wir vergeblich bei den neueren Nationen in der Allgemeinheit suchen würden. Er fing an, die Geschichte des Altertums, vornehmlich der Ägypter, Griechen und Römer, mit unverdrossenem Fleiße bei Tag und

Nacht zu studieren und sich dadurch das, was ihm in dem Charakter ihrer Kunst rätselhaft war, allmählich zu lösen". Darstellungen wie die eines „Monument Sépulchral" aus der 1791 in Rom erschienenen Veröffentlichung „Monuments Égyptiens etc." konnten ihm durchaus bekannt sein; seine Bibliothek enthielt eine Reihe der wichtigsten Architektur- und Reisewerke des 18. Jahrhunderts.[15]
Diese Verwendung von Pyramiden, Obelisken und Sphinxen allein sagt aber für die Gesamtstruktur der klassizistischen Baukunst noch nicht viel aus. Sie bedeutet im Sinne der „architecture parlante" zunächst genau soviel wie die Übernahme anderer außereuropäischer Kunstformen, etwa indischer und islamischer, besonders für Gartengebäude. Gewiß kamen die reinen stereometrischen Formen von Pyramide und Obelisk dem neuen Baudenken entgegen, können aber kaum für andere Arten von Monumenten oder gar für die eigentliche Gebäudearchitektur bestimmend gewesen sein. Daß mehr gewirkt haben muß, wird schon an *Friedrich Gillys* endgültigem Entwurf für das Friedrichdenkmal sichtbar. Die Häufung von ungegliederten kahlen Baublöcken, die wangenlosen Treppen, der Triumphbogen sind nicht allein von antiken Denkmälern abzuleiten, auch nicht von *Piranesis* Darstellungen römischer Bauten oder seinen Kerkerphantasien, deren Übersteigerung der Dimensionen und unheimliche Gewalt der Baumassen noch ein starkes Element barocker Organik enthalten. Die ungegliederten, starren und leeren Wandflächen, die leichte Schrägung des Sockels von Denkmal und Triumphbogen erinnern dagegen an ägyptische Tempelanlagen mit den gewaltigen Pylonentoren, wie sie dem Europäer zum erstenmal durch die Reisewerke des 18. Jahrhunderts bekannt geworden waren. Schon 1752 zeichnete *Jérôme-Charles Bellicard* (1726—1786) für das Titelblatt der „Architecture française" von *Jacques-François Blondel* (1705—1774) einen ägyptisierenden Tempel. Das ist um so erstaunlicher, als *Blondel* im allgemeinen noch ein Vertreter der Architekturauffassung von Renaissance und Barock war. 1762 überreichte der Architekt *Cherpitel* (1736—1809) dem Baudirektor *Marquis de Marigny* die Zeichnung eines ägyptischen Tempels. 1783 gewinnt *Quatremère de Quincy* den Preis der Académie des Inscriptions et Belles-Lettres mit einer Arbeit über „L'Architecture égyptienne considérée dans son origine, ses principes et son goût et comparée sous les mêmes rapports à l'Architecture grecque" (1803 in Paris erschienen). „Die zeitgenössischen Architekten fanden in der Arbeit von *Quatremère* die Rechtfertigung ihres Geschmacks für das Massive und Kolossale. Wenn die hathorischen, lotusförmigen und papyrusförmigen Ordnungen auch nur in der Theaterdekoration, besonders durch *Desprez*, verwendet wurden, so dienen die großen kahlen Mauern, die ungeheuren Tore, die maß-

stablosen Statuen Künstlern wie *Ledoux* und *Boullée* als Modelle".[16] Doch nicht nur diese beiden wurden dadurch beeinflußt; fast alle bedeutenden Architekten dieser Generation zeigen in ihren Entwürfen und Bauten einen durch die Wirkung der ägyptischen Baukunst mitbestimmten Charakter. Es sei an das Pariser Theater L'Odéon erinnert, das 1778—1782 mit großem pyramidenförmigen Dach durch *Marie-Joseph Peyre* (1730—1788) und *Charles de Wailly* (1730—1798) errichtet wurde, nachdem beide schon seit 1767 Pläne dafür entworfen hatten. Dem gleichen strengen Geschmack folgte *Alexandre-Théodore Brongniart* (1739—1813), dessen Kapuzinerkloster mit Kapelle in Paris von 1780 (Église St. Louis-d'Antin) wenigstens genannt sei.

Welche Anschauungsmöglichkeiten den Architekten zur Verfügung standen, kann aus wenigen Beispielen ersehen werden, die zwei der berühmtesten, in den fünfziger Jahren erschienenen Reisewerken entnommen sind. Ansichten wie die des „Portail principal des Antiquités de Luxor" oder der „Antiquités de Deboude" aus *Nordens* „Voyage d'Egypte et de Nubie" von 1755 (Taf. 106 und 146) boten der neuen Architekturauffassung genügende Anregung. Gleichzeitig hatte *Pococke* seine „Beschreibung des Morgenlandes" mit ausgezeichneten Tafeln veröffentlicht, von denen „Ein Grundriß und Durchschnitt des Jupiter Tempels zu Theben und Aufriß von den Thorn desselben" (Teil I, Taf. *14* XXVIII der Erlanger Ausgabe von 1791) als Beispiel dienen kann. In diesen Darstellungen waren alle Elemente enthalten, die der neuen Baugesinnung entgegenkamen: stereometrische Baublöcke mit geschrägten, völlig kahlen Wänden, Säulenreihen an Stelle einer Wand, ohne Vor- oder Rücksprung und ohne Giebelkrönung in die Flucht der Mauerflächen gestellt, eine rein geometrisch gelöste, nicht aus einem organischen Zusammenhang erlebte Aufreihung der Baukörper entlang einer Symmetrieachse. Auch diese Anordnung, barockem Denken und Empfinden völlig widersprechend und ebensowenig aus großen römischen Bauverbänden wie Thermenanlagen und Kaiserfora unmittelbar abzuleiten, war aus Grundrissen ägyptischer Tempelanlagen wie dem „Plan des Ruines remarquables de Luxxor" aus *Norden* (Taf. 104) bekannt.

Die Kenntnis derartiger Stiche ergänzte die Erfahrungen, die die Zeitgenossen an Entwürfen und ausgeführten Bauten der französischen Revolutionsarchitekten sammeln konnten. Eine Zeichnung *Gillys* nach dem „Vestibül der Tribüne vom Saal der Alten" (alte Reitbahn) in Paris *15* zeigt, welchen Eindruck diese Baulösungen auf ihn machten, die ohne eine tiefgehende Rezeption des Ägyptischen undenkbar sind. Das unmittelbare und schwere Lasten von ungegliedertem Sturz, Gebälk oder Mauer auf glattgeschnittenen starren Stützen, die hier pylonen-

47

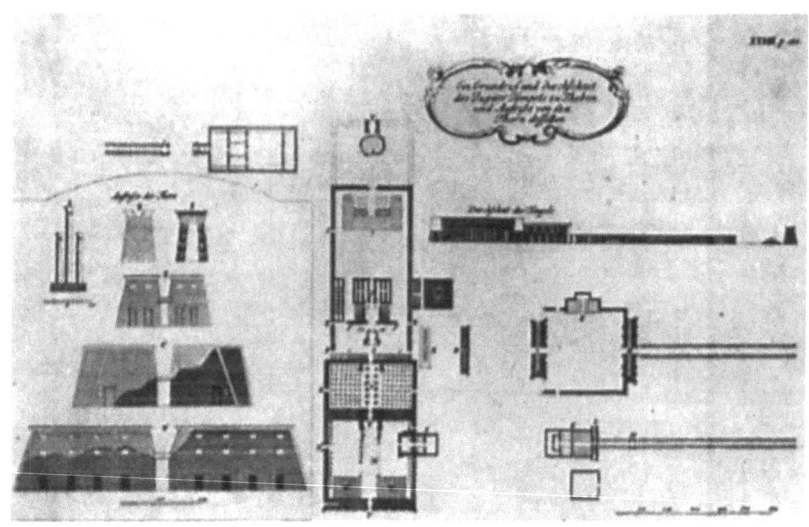

14 R. Pococke, Grundrisse und Ansichten des Jupitertempels zu Theben aus „Beschreibung des Morgenlandes" (1791)

15 F. Gilly, Saal der Alten (1797)

förmig geschrägt und noch mit einer Art von Kapitell oder Deckplatte versehen sind, fand man an ausdrucksvollen Beispielen ägyptischer Denkmäler wie den „Ruines du Palais de Memmon" bei *Norden* (Taf. 112). *Gilly* selbst hat in frühen Entwürfen zu Pfeilerhallen dieses blockartige Schichten noch kompromißloser und „ägyptischer" gestaltet, als es in dem Pariser Vestibül durchgeführt worden war. Es ist also nicht nur die auf wenige Inhalte beschränkte „architecture parlante", die dadurch bestimmt worden ist, sondern das gesamte Baudenken hat in seinem Streben nach Einfachheit, Wucht, Größe und Strenge entscheidende Anregungen durch die ägyptische Architektur erfahren. Die Bestimmung der „Bank of England" in London hat nichts mit Tod, Geheimnis und Ewigkeit zu tun, und doch gab *Sir John Soane* (1753–1837) der Fassade an der Princes Street 1802–1805 eine Form, die in der Massigkeit der kahlen Wand und den trapezförmig eingesetzten Blindfenstern „ägyptisch" wirkt. Ebensowenig ist die Idee der Münchener Glyptothek mit dem Todesgedanken in Verbindung zu bringen; trotzdem löste *Haller von Hallerstein* (1774–1817) in seinem endgültigen Entwurf von 1815 diese Aufgabe mit Hilfe ägyptischer Formen.

Schon aus diesen wenigen Beispielen spricht eine tiefgreifende Beeinflussung, die über einfache bewußte Übernahmen zu bestimmten Zwecken hinausgeht. Wenn auch das Bewußtsein der Zeit vorwiegend an der Antike haftete, die in der Tat in den meisten Fällen den „oberflächlichen" Charakter in der Form einzelner antiker Elemente bestimmte, so schloß es doch durchaus und mehr, als man heute gemeinhin annimmt, das Ägyptische mit ein. Sehr bezeichnend dafür ist eine Äußerung von *Heinrich Gentz* (1765–1811) in seiner „Beschreibung des neuen königlichen Münzgebäudes", das er 1798–1800 errichtet hatte: „Ich habe gehört, daß man sich darüber gestritten hat, in welchem Stil dieses Gebäude aufgeführt sei, ob im römischen, oder im griechischen, oder im egyptischen Geschmacke? Darauf antworte ich, daß ich mir bei der Komponierung weder ein römisches, noch ein griechisches, noch ein egyptisches Ideal gedacht habe; sondern daß, nachdem ich meinen Geist von der Bestimmung des Gebäudes lebhaft durchdrungen hatte, ich eine Fassade entworfen, die dem Ganzen nicht bloß angemessen, sondern aus ihm notwendig hergeleitet war und nicht wohl anders ausfallen konnte"[17]. Seine Antwort ist selbstverständlich richtig. Daß er weder an ein römisches, noch an ein griechisches oder ägyptisches Ideal gedacht hat, erweist der Bau. Daß aber die Baugesinnung dieses starren stereometrischen Blockes in den kahlen Wandflächen mit den scharf eingeschnittenen Öffnungen und in dem vorgesetzten Mittelteil, das unten pylonförmig geschrägt erscheint,

keinesfalls antik ist, sondern am ehesten mit ägyptischer Architektur zu vergleichen wäre, läßt die Ansicht ebenfalls erkennen. Wenn damals in der Öffentlichkeit der ägyptische Geschmack überhaupt erwähnt wird, so ist das ein Beweis dafür, wie stark das Bewußtsein der Zeit in dieser Hinsicht war. Auch die Fassade der Kaserne der bischöflichen Leibgarde in Würzburg, die *Peter Speeth* (1772—1831) 1809 errichtete, ist in ihrem Charakter weder römisch noch griechisch, sondern durchaus ägyptisch. Die spätere Verwendung als Zuchthaus hat immer wieder zu dem Irrtum Veranlassung gegeben, daß die Gestaltung durch diese Bestimmung des Gebäudes bedingt worden sei, die nach der Auffassung der Zeit am besten durch ägyptische Formen verdeutlicht werden konnte. Der Bau zeigt aber, daß diese Formen für viele Zwecke geeignet erschienen. Wie die Bank von England oder die königliche Münze, konnte auch eine Kaserne so gestaltet werden, daß sie dem Ägyptischen verwandt erschien.
Abgeschlossen sei diese Betrachtung mit einem der edelsten Bauwerke des europäischen Klassizismus, mit *Schinkels* Neuer Wache in Berlin von 1815—1816. Wenn der Künstler selbst der Meinung war, er habe sich an die Idee eines römischen Kastrum gehalten, so mag dies in der Schicht des Bewußten sich tatsächlich so abgespielt haben. Unterhalb ihrer verwandelt sich aber das Motiv von Türmen in das von Pylonen, deren strenge Mauermassen das Schmuckmotiv der dorischen Tempelfront einfassen. An den Entwurfszeichnungen ist das Herauswachsen dieser Idee aus ägyptischen Architekturvorstellungen vollends deutlich. Sie ist weder aus der Antike noch aus der Renaissance abzuleiten, mögen beide auch einzelne Gedanken zur Verfügung gestellt haben. Noch einmal wird die neue Gesinnung in der Auffassung des Bauwerkes als eines stereometrischen Gebildes deutlich. Der unbewegliche reine Kubus, an den Seiten mit rahmen- und profillos eingeschnittenen Öffnungen versehen, wird durch vier ebenso starre Baublöcke eingefaßt. Die Tempelfront geht keine organische Verbindung mit ihm ein, da hinter ihr keine Fortsetzung eines Tempelbaus vorstellbar ist, sondern bleibt angeheftetes „Zeichen". Dafür sorgt die Unterordnung unter den Baublock, die dem Giebel seinen eigentlichen Sinn der abschließenden Bekrönung nimmt — ein völlig unantiker Gedanke. Durch die Gegensätzlichkeit der Motive aber entstehen Spannungen, die dem Bau die künstlerisch-geistige Ausdruckskraft verleihen, Spannungen innerhalb der stereometrischen Gesamtformen und damit innerhalb des Baus selbst, andere zwischen Flächen oder Massen und Öffnungen und schließlich solche zwischen Bau und Außenraum. Die dem unbegrenzten Raum geöffnete Säulenfront läßt diesen wie durch ein Gitter in den Block eindringen. In Treppenhaus und Vorhalle des Berliner Alten

Museums von 1823 ff. nahm *Schinkel* in anderer Form wieder den ungestalteten, unendlichen Außenraum in den Baublock hinein. Die Beispiele lassen erkennen, daß es sich bei dem Problem „Ägypten und der Klassizismus" nicht um dasselbe handelt wie bei der Frage „Antike und Klassizismus" oder „Gotik und Romantik". Die gleichsam wissenschaftliche Übernahme antiker und gotischer Formen, die bis zur Kopie gehen konnte, stellt die ersten Schritte einer Rekapitulation alles europäischen Kunstgutes von der Antike über Byzanz bis zum Barock dar, die während des 19. Jahrhunderts unternommen wurde. Die sie bedingenden Ursachen sind vielfältig, liegen alle aber mehr oder weniger an der Oberfläche und berühren nicht den Kern der darunter vor sich gehenden Verwandlung. Sie könnten sogar aus einer geheimen Furcht vor dieser Verwandlung erklärt werden, die an Entwürfen und Bauten der Zeit von 1770—1820 bereits in ihrem revolutionären Charakter deutlich geworden war und jetzt mit historischen Gewändern verkleidet werden sollte. Dagegen geht es bei dem Ägyptischen nicht um eine Verkleidung, um eine bewußte Nachahmung, die nur bestimmte Aufgaben der „architecture parlante" betraf, sondern um eine echte Rezeption, die aus verwandten Absichten eines völlig neuen Baudenkens stammt. Damit stellt sich diese Aneignung fremder Vorstellungsformen durch den abendländischen Menschen zwischen 1770 und 1820 als erstes Beispiel einer Reihe von Rezeptionen außereuropäischer Kulturen dar, die bis in die Gegenwart reicht. Die „Chinoiseries" des Rokoko bedeuteten in diesem Sinne noch keine Einverleibung ostasiatischer Formen, obwohl sie als ein unmittelbar vorhergehendes erstes Anzeichen des kommenden Prozesses zu werten sind. Wirklich fruchtbar für die europäische Formenwelt wurde das Ostasiatische erst nach 1860. Was dabei vor sich ging, war wiederum keine historisierende Nachahmung, sondern ein Aufgeschlossenwerden für das völlig Fremde aus eigener Entwicklung und Entfaltung heraus. Nicht anders ist das Verhältnis von Kubismus und Expressionismus zur Kunst der primitiven Völker im ersten Jahrzehnt dieses Jahrhunderts zu verstehen. Wie jedesmal der Blick für das Fremde sich öffnete, als das Eigene zu verwandten Ausdrucksmöglichkeiten strebte, jenes dann aber klärend und fördernd einwirkte, so geschah es zum erstenmal bei der Rezeption des Ägyptischen. Das kann also nicht heißen, daß jetzt die Wirkung der europäischen Tradition im Klassizismus einseitig durch ägyptischen Einfluß ersetzt werden soll, genau so wenig wie bei Impressionisten und Nachimpressionisten bis zu *Toulouse-Lautrec* und zum Jugendstil das Ostasiatische etwa die europäische Tradition der Malerei verdrängt hat. Wohl aber muß man deutlicher sehen, als es bisher geschah, daß das Europäische in der klassizistischen

Baukunst sich über sich selbst hinaus erweiterte und zu einer Auffassung gelangte, die aus der eigenen Vergangenheit allein nicht mehr zu erklären ist. Sie erschloß Ausdrucksmöglichkeiten, die man in der ägyptischen Kunst vorgebildet fand. Mit der ägyptischen wurde die etruskische Kunst eng zusammengesehen und in gewissem Sinne auch der dorische Stil, den man weniger als klassische Antike betrachtete denn als ursprüngliche und urtümliche Äußerung des Menschengeschlechts, die zur unverdorbenen Natur zurückzuführen vermochte. Diese aber wurde gesucht, um für den aus den festen Bindungen der christlichen Weltordnung herausgetretenen europäischen Menschen neue Grundlagen im Sinn und Sein des Menschlichen überhaupt zu finden. Denn was jetzt nicht mehr aus dem Glauben an die Objektivität einer Offenbarung gewonnen werden konnte, mußte der Geschichte der Menschheit entnommen werden. Indem man auf deren Anfänge zurückging, glaubte man, die den Menschen bestimmenden Kräfte der Natur, der Vernunft und der Empfindung in ihrer Reinheit aufdecken und neu wirksam machen zu können. *Gilly*s Vermutung, ,,daß in dem Geiste der alten Völker eine gewisse Übereinstimmung des Gefühls und des Charakters gewesen sein müsse", zeigt, was er suchte. Je älter die Ausdrucksformen menschlicher Kultur waren, desto unverhüllter schienen sie für die ewigen Fragen des Menschseins Zeugnis abzulegen.
Im ,,Mythos der ewigen Wiederkehr" sagt *Mircea Eliade* einleitend: ,,Wir sind seit langem davon überzeugt, daß die abendländische Philosophie — wenn das Wort gestattet ist — in der Gefahr schwebt, provinziell zu werden: einmal indem sie sich eifersüchtig auf ihre eigene Tradition beschränkt und sich zum Beispiel um die Probleme und Lösungen des orientalischen Denkens nicht kümmert. Dann aber auch dadurch, daß sie nur die ,Situationen' des Menschen der geschichtlichen Zivilisationen anerkennen will und dabei die Erfahrungen des ,primitiven' Menschen unterschätzt, der aus den archaischen Gemeinschaften hervorgeht. Wir halten es nämlich für möglich, daß die philosophische Anthropologie einiges von der Wertung lernen könnte, die der vorsokratische Mensch (mit anderen Worten: der frühzeitliche Mensch) seiner Stellung im Universum gibt. Besser gesagt: die Grundprobleme der Metaphysik könnten durch die Kenntnis der archaischen Ontologie erneuert werden"[18]. — Was hier als neue Forderung an die Philosophie erhoben wird, ist von der europäischen Kunst seit fast zwei Jahrhunderten praktisch in wachsendem Maße erfüllt worden. Die klassizistische Baukunst leitete um 1760—1770 eine Bewegung ein, die das ,,Musée imaginaire" der Menschheit für das Abendland öffnete.[19] Die europäischen Künstler verarbeiteten es und tun dies weiter, um die Grundlagen einer Sprache für die ganze Welt zu schaffen.

Anmerkungen

1 Zur neuen Auffassung und Bewertung der klassizistischen Baukunst sind vor allem folgende Arbeiten zu vergleichen: *Kaufmann, Emil*, Klassizismus als Tendenz und als Epoche, in: Kritische Ber. III–IV (1930–32), S. 201–14 (über die bis dahin erschienene neuere Literatur); Die Stadt des Architekten Ledoux. Zur Erkenntnis der autonomen Architektur, in: Kunstwiss. Forsch. II (1933), S. 131–160; Von Ledoux bis Le Corbusier, Wien (1933); Étienne-Louis Boullée, in: The Art Bull. 21 (1939), S. 213–27; Jean-Jacques Lequeu, in: The Art Bull. 31 (1949), S. 130–35; Three Revolutionary Architects, Boullée, Ledoux, and Lequen, Philadelphia (1952). *Vogel, Hans*, Deutsche Baukunst des Klassizismus, Berlin (1937). *Giedion, Sigfried*, Space, Time and Architecture, Cambridge, Harvard Univers. Press (1949, 1. Aufl. 1941). *Sedlmayr, Hans*, Verlust der Mitte, Salzburg (1948). *Beenken, Hermann*, Schöpferische Bauideen der deutschen Romantik, Mainz (1952).
2 Diese Bestimmungen stammen von *E. Kaufmann*.
3 *E. Kaufmann* verwendet dafür die Begriffe „heteronom" und „autonom". Die heteronome Architektur unterwirft sich einem fremden, ihr auferlegten Gesetz, während die autonome Architektur nur ihren eigenen Gesetzen gehorcht und allen „Einfluß architekturfremder Sphären" allmählich ablehnt. Letzteres hieße aber im Grunde, daß sie keine Form hat und damit auch keinen „Stil" zugehört, was jedoch der Fall ist. Stil als gemeinsamer Ausdruck einer Epoche oder Periode ist aber immer ein auferlegtes Gesetz, das Gesetz des jeweils von den Menschen gedachten Weltbildes und des Lebensgefühls, aus dem heraus die Menschen existieren. Daß die europäische Menschheit auch seit dem Ende des 18. Jahrhunderts mit einem bestimmten Weltbild und Lebensgefühl existiert und die Kunst infolgedessen einem Stil gehorcht, dessen Formen sich seit fast zwei Jahrhunderten selbstverständlich gewandelt haben, stellt sich immer deutlicher heraus. Damit ist die heutige Architektur letzten Endes ebenfalls heteronom, ganz zu schweigen vom Klassizismus, der als „architecture parlante" ohnehin eindeutig heteronom ist. Der hier stattdessen gebrauchte Begriff „abstrakt" befriedigt in keiner Weise, ist aber wegen der häufigen Verwendung für die heutige Kunst gewählt, um damit die Zusammenhänge der Architektur um 1800 mit dem Schaffen des 20. Jahrhunderts anzudeuten.
4 Ein Aufsatz von *Fiske Kimball*, Les influences anglaises dans la formation du style Louis XVI, Gaz. des Beaux-Arts 73 (1931), S. 29–44 u. 231–55, geht nur auf einzelne Erscheinungen nach 1770 ein, nicht aber auf die neue Bauauffassung überhaupt. In der englischen Architektur zeigen sich aber schon seit jeher gewisse Erscheinungen, die nach 1720 trotz *Palladio* wieder in stärkerem Maße auftreten und durchaus auf das Neue hinweisen. Es ist vor allem mangelndes Empfinden für Organik des Baukörpers, für Proportionen, für Körperlichkeit.
5 *Beenken, Hermann*, a.a.O., S. 86 u. 87.
6 *Kamphausen, Alfred*, Gotik ohne Gott. Ein Beitrag zur Bedeutung der Neugotik und des 19. Jahrhunderts, Tübingen (1952), S. 90 u. 69.

7 *Lucas, Paul*, Voyage du sieur Paul Lucas fait en 1714 dans la Turquie, l'Asie, La Sourie, la Palestine, la Haute et la Basse-Egypte, Rom (1719). *Norden, Frideric Ludwig*, Drawings of some ruins and colossal statues at Thebes in Egypt with an account of Royal Society (1741). *Dalton, Richard*, A Collection of fifty-two engraved plates from drawings by Richard Dalton of antiquities in Sicily, Greece, Asia Minor and Egypt, London (1751–52). *Caylus*, Reeneil d'Antiquités Egyptiennes, Étrusques, Greeques et Romaines, Paris (1752–68). *Pococke, D. Richard*, Beschreibung des Morgenlandes usw. Der erste Theil. Von Egypten usw., Erlangen (1754–55), aus dem Englischen übersetzt. *Norden, Frideric Ludwig*, Voyage d'Egypte et de Nubie, Copenhagen (1755). *De Dorigny, Pierre Adam*, L'Egypte aneienne, Paris (1762). *Belgrado, Jacopo*, Dell'Architettura Egiziana, Parma (1786). *Anonym*, Rieerche sull' Architettura Egiziana, Firenze (1787). *Anonym*, Monumens égyptiens consistant en obélisques, pyramides, chambres sepulerales etc. le tout gravé sur 200 planches etc., Rome (1791, 2 Bände). *Cassas, Louis-François*, Voyage pittoresque de la Syrie, de la Phoenicie, de la Palestine et de la Basse-Aegypte, Paris (1799). – Die wichtigsten dieser Reisewerke sind noch im 18. Jahrhundert in mehreren Auflagen und oft in verschiedenen Übersetzungen erschienen.

8 *Körte, Werner*, Giovanni Battista Piranesi als praktischer Architekt, in: Zeitschr. f. Kunstgesch. II (1933), S. 16–33.

9 Vgl. *Wittkower, Rudolf*, Piranesi's „Parere su l'Architettura", in: Journ. of the Warburg Institute II (1938–39), S. 147–58.

10 *Justi, Carl*, Winckelmann, Leipzig (1866–72) (II. Band, Zweites Buch. II. Die Geschichte der Kunst. I. Präliminarien. § 109. Der Graf Caylus, S. 86–94).

11 Mr. *H. R. Hitchcock*, Director des Smith College Museum of Art. machte mich darauf aufmerksam, daß eine andere Version des Gemäldes von *Hubert Robert*, signiert und datiert „Robert 1760 Roma", sich in der Slg. Dr. and Mrs. *Fred W. Geib*, Rochester, New York, befindet (abgebildet in The World Collector's Annuary, Vol. II, 1950). Er wies ferner ohne Kenntnis meines Aufsatzes auf „the markedly Ledouxlike character of the base of the pyramid" hin und meinte, daß *Robert*s „architectural fantasies, such as this, may well have played some part in forming the taste of the Romantic Classic architects of the late 18th century".

12 *Enking, Ragna*, Der Apis-Altar Johann Melchior Dinglingers. Ein Beitrag zur Auseinandersetzung des Abendlandes mit dem alten Ägypten, Glückstadt 1939 (Leipziger ägyptol. Studien, Heft 11), S. 62. Diese Arbeit gibt eine ausgezeichnete Übersicht über die Kenntnis des Ägyptischen bis zum Ende des 18. Jahrhunderts, verkennt allerdings die Bedeutung der ägyptischen Architektur für Europa nach 1770 vollkommen bzw. sieht sie überhaupt nicht.

13 *Winckelmann, J.*, Geschichte der Kunst des Altertums, Wien (1934, Phaidon-Ausgabe), S. 47 u. 48.

14 Vgl. *Neumeyer, Alfred*, Monuments to „Genius" in German Classicism, in: Journ. of the Warburg Institute II (1938–39), S. 159–63.

15 Abb. 9 stellt Taf. 22 aus Bd. I der genannten Veröffentlichung dar. Der Text besagt: ,,L'Histoire ne nous a point transmis le nom du Souverain à qui ce tombeau fut destiné. Son immensité et ses dimensions le rendent un des plus beaux monuments de l'Egypte".
16 *Hautecœur, Louis*, Histoire de l'Architecture classique en France, Tome IV. Seconde moitié du XVIIIe siècle, Paris (1952), S. 26.
17 Aus: Sammlung von Aufsätzen und Nachrichten, die Baukunst betreffend, Berlin (1800), Bd. I, S. 25–26.
18 *Eliade, Mircea*, Der Mythos der ewigen Wiederkehr, Düsseldorf, Verlag Eugen Diederichs (1953), S. 7.
19 Vgl. *Malraux, André*, Le Musée Imaginaire, Paris (1947).

Le Geay, Piranesi und der internationale Neoklassizismus in Rom 1740-1750

John Harris

Im Licht unserer gegenwärtigen Kenntnis der neoklassischen Architektur erscheinen die zwischen 1751 und 1753 entstandenen Entwürfe Sir *William Chambers'* (1713–1798) für das Grabmal des Prinzen Frederick von Wales in einem so avanciert neoklassischen Stil, daß sie auf den ersten Blick unmöglich bereits zehn Jahre vor *Marie Joseph Peyres* 1765 veröffentlichtem und für den Pariser Klassizismus repräsentativem Stichwerk *Œuvres d'Architecture* entstanden sein können. Da jedoch die Architekturgeschichte noch einen langen Weg vor sich hat, ehe sie auch nur annähernd an die Tiefe der Studien zur Literatur und Ästhetik des 18. Jahrhunderts heranreichen kann, und da wir ferner im Besitz nur so weniger Entwürfe neoklassischer Manier aus den vierziger und fünfziger Jahren des 18. Jahrhunderts sind, könnte es sehr wohl sein, daß *Chambers'* Entwürfe nicht isoliert stehen, sondern eher Ausdruck eines avantgardistischen Zeitgeistes sind. Wollen wir diese Vermutung erhärten, so ist es notwendig, sich den Architekturentwürfen im Rom der Zeit zwischen 1740 und 1750 zuzuwenden. In diesem Jahrzehnt können wir den Ursprung des internationalen Klassizismus ausmachen, so wie er seit den sechziger Jahren des 18. Jahrhunderts bekannt ist und den man auch als Stil des reifen *Peyre* bezeichnen könnte.[1]
Eine Klärung des Begriffs ‚Neoklassizismus' ist in diesem Zusammenhang insofern nicht nötig, als man *Wittkowers* grundlegende Trennung zwischen Lord *Burlingtons* auf *Palladio* und andere Interpreten des klassischen Altertums basierenden Klassizismus und dem Neoklassizismus des 18. Jahrhunderts mit seinem empirischen Zugang zu den Bauten selbst berücksichtigt. Diese Unterscheidung ist natürlich für jeden Versuch wesentlich, der ein zusammenhängendes Bild von jener entscheidenden Dekade von 1740 bis 1750 zeichnen will.[2] Auch gilt es einen Architekten zu würdigen, der – heute vergessen – seinerzeit als der Genius der französischen Architektur gerühmt wurde: Es ist

Jean Laurent Le Geay, der nicht nur selbst *Piranesi* beeinflußt zu haben scheint, sondern darüber hinaus auch der Vater jenes Stils der Architekturzeichnung gewesen sein könnte, wie man ihn seit den vierziger Jahren des 18. Jahrhunderts bis zu *Chambers, Peyre* und dem französischen Neoklassizismus der Reifezeit verfolgen kann.[3]
Einige wenige Daten können uns helfen, die möglichen Beziehungen zwischen *Le Geay* und *Piranesi* aufzuhellen. *Le Geay*s Geburtsdatum ist unbekannt, doch wenn wir das Alter seiner Mitschüler zum Zeitpunkt von 1732, als er den Grand Prix der Pariser Akademie gewann, heranziehen[4], so muß er um 1710 geboren sein. Aus irgendeinem Grund trat er das Romstipendium erst 1737 an, als er sich unserer Rechnung nach schon seinem dreißigsten Lebensjahr näherte. Da es keine Zeugnisse von *Le Geay*s Pariser Arbeit in der Zwischenperiode gibt, ist es unmöglich, irgendwelche „vorrömischen" Einflüsse auf sein späteres Werk auszumachen und zu bewerten. Aber auch sein Aufenthalt in Rom gibt uns kaum Auskunft. Obwohl er hier bis Anfang 1742 fünf Jahre verbrachte, hören wir erst in den letzten Monaten seines Aufenthalts, daß er sich beträchtliches Ansehen unter seinen Mitstudenten an der französischen Akademie erworben hat. Wichtiger scheint jedoch, daß seine Arbeiten in dieser späten Periode die Aufmerksamkeit *Piranesis* auf sich gezogen haben könnte. Trotz seiner großen Berühmtheit wissen wir über *Piranesis* frühe Jahre bald noch weniger als über *Le Geay*. Er war 1720 in Venedig geboren worden und ging bei *Matteo Lucchesi*, seinem Onkel — einem bekannten venezianischen Architekten und Ingenieur — in die Lehre. Architektur scheint er bei *Giovanni Antonio Scalfurotto*, Perspektive bei *Carlo Zucchi* studiert zu haben. Wir wissen auch, daß er auf Betreiben von *Marco Foscarini*, dem venezianischen Botschafter am Hof Papst Benedikt XIV., als Architekturzeichner nach Rom gegangen ist. Dort lebte er im Palazzo Venezia und hat sich wahrscheinlich der Werkstatt des Kartographen und Topographiekünstlers *Giuseppe Vasi* angeschlossen. Radieren lernte er von *Felice Polanzani*, einem seiner besten Freunde in Rom, von dem auch das romantisch gehaltene Portrait *Piranesis* in den *Opera Varie* von 1750 stammt.[5] Was das Urteil über den jungen *Piranesi* trotz dieser Fakten schwierig macht, ist das Fehlen jeder zuverlässig gesicherten eigenhändigen Zeichnung vor dem Erscheinen seines ersten Buches, dem *Prima Parte di Architetture e Prospettive* — einem Buch, das nicht, wie zu erwarten wäre, einem vornehmen Förderer gewidmet ist, sondern einem gewissen römischen Baumeister namens *Nicola Giobbe*.
Im Rom des Jahres 1740 weilten also der dreißigjährige französische Architekt *Le Geay*, der hier seit 1737 wohnte und der gerade zwanzig-

jährige, eben aus Venedig angereiste *Piranesi*. Dem Jüngeren wird kaum verborgen geblieben sein, was sich an der französischen Akademie in Rom tat, denn hier wurden die neuen architektonischen Ideen und Theorien entwickelt und diskutiert, die die europäische Architektur von Grund auf ändern sollten.

Was über *Le Geay*s Wirken bekannt ist, wissen wir aus zu verschiedenen Zeiten entstandenen Lobeshymnen, die jedoch nur durch drei Serien von Radierungen, die in den sechziger Jahren des 18. Jahrhunderts erschienen sind, und durch einige wenige meist in Kopien von Sir *William Chambers* überlieferte Zeichnungen, gestützt werden. Die Aufregung, die *Le Geay* und seine Entwürfe auslösten, spiegelt sich im Lob seiner Zeitgenossen *Francois de Troy*, dem Direktor der französischen Akademie in Rom, *C. N. Cochin*, dem Erfüllungsgehilfen des Neoklassizismus, *Andrieu*, dem Sekretär der Architekturakademie in Paris und dem Maler *Joseph Lavallée*. Die früheste Äußerung rührt von *de Troy* her, der, als er am 9. Januar die Abfahrt *Le Geay*s von Rom nach Paris bekanntgab, sagte, „er führe eine Anzahl außerordentlich schöner Entwürfe mit sich, teils solche, die er nach öffentlichen Gebäuden fertigte, teils eigene Kompositionen; in letzteren finde man Feuer und Geist (du feu et du génie)."[6] Wahrscheinlich aus den sechziger Jahren stammt folgende bemerkenswerte Äußerung *Cochin*s: „Die Rückkehr des Architekten Le Geay von Rom, wo er Stipendiat gewesen war, kann als Beginn der Epoche angesehen werden, in der sich ein besserer Geschmack durchsetzte. Er war einer von denen, deren Genie in der Architektur am schönsten erstrahlte. Es fehlte ihm allerdings an Zurückhaltung, ja, an Vernunft. Er konnte sich niemals an das halten, was man ihm auftrug, und selbst der Großmogul wäre nicht reich genug gewesen, um die Gebäude zu errichten, die er projektierte (...). Dank seines herausragend guten Geschmacks konnte er vielen Menschen die Augen öffnen. Die jungen Architekten folgten ihm, so gut sie eben konnten, vielleicht eher wegen der Neuheit seiner Werke als wegen eines echten Gefühls für deren Schönheit. Zum größten Erstaunen der alten Architekten der Akademie änderte sich die Schule der Architektur aufs Empfindlichste."[7] *Le Geay*s Ruf war also bis in die sechziger und siebziger Jahre des 18. Jahrhunderts durchdringend, und noch 1799 und 1801 sprachen *Andrieu* wie *Lavallée* in ihren Nachrufen auf *de Wailly* ehrfurchtsvoll von dem Einfluß, den *Le Geay* auf jenen Architekten und seine Generation ausgeübt hatte. *Lavallée* war der Meinung, daß *de Wailly* vor *Le Geay*s Zeichnungen die Möglichkeit einer perfekten Architektur bewußt geworden sei: „Nur bei dem Architekten Le Geay gelang es ihm, jenseits der Übertreibungen dieses neuen Meisters, den Grad der Vollendung zu finden, nach dem er sich sehnte."[8] *Andrieu* übertreibt womöglich noch mehr in seinen Lobsprüchen: „Man kann an Le Geay die Wiedergeburt des guten Geschmacks in der Architektur festmachen. Er hat damit begonnen, der Komposition von Grundrissen eine Dimension der Größe zurückzugeben, die der Architektur lange Zeit gefehlt hat. Zudem zeichnete er mit Geschmack und mit Genauigkeit. Dieser Meister formte eine Schule, aus der die berühmtesten Architekten unserer Zeit, wie Boullée, Moreau, Peyre d. Ä. und de Wailly hervorgegangen sind (...); bis zur Schule Le Geays beschränkten sich die Architekten darauf, Linien und allenfalls Grundrisse zu zeichnen, aber weder Umrisse noch Aufrisse noch Ornamente — sie kannten ihre eigene Sprache überhaupt noch nicht."[9]

So sehr man von diesen Lobreden beeindruckt sein kann, so sehr stehen sie doch angesichts des Fehlens von eigenhändigen Zeichnungen im luftleeren Raum. Doch können wir Le Geay immerhin anhand dreier hauptsächlicher Quellen beurteilen und bewerten: der Radierungsfolgen Vasi (o. D.), Fontane (1767), Tombeaux (1768) und Rovine (1768), Sir Wiliam Chambers' bemerkenswertem Interesse an Le Geay und schließlich dessen 1767 publizierten Entwürfen für eine Trinitätskirche. Zudem gibt es noch das ungelöste Problem seiner Verantwortlichkeit für die Berliner Hedwigskirche und für das Gesindehaus von Schloß Sanssouci in Potsdam.[10] Es wäre anzuwenden, daß dieses gedruckte Material zu späten Datums ist, um es zur Beurteilung des Einflusses heranzuziehen, den er von dem so frühen Zeitpunkt von 1740 an auf seine Zeitgenossen gehabt haben soll. Betrachtet man dieses Material aber in Verbindung mit den Zeichnungen von Chambers, so läßt sich nicht nur die Hypothese einer Frühdatierung der Radierungen fast vollständig erhärten, sondern auch Le Geays Einfluß auf Piranesi besser beurteilen.

16, 17, 22, 23

Auf den ersten Blick scheint eine Verbindung von Chambers und Le Geay unwahrscheinlich, nur zu einem Zeitpunkt kreuzten sich ihre Wege. Obwohl wir wenig über die Arbeiten Le Geays nach seiner Rückkehr nach Paris 1742 wissen, können wir vielleicht annehmen, daß er sich J.-F. Blondels neu eröffneter Ecole des Arts angeschlossen hat und dort sogar gelehrt haben könnte. Falls er Blondels Kreis angehörte, so wären Chambers seine Zeichnungen zwischen Herbst 1749 und Winter 1750 erreichbar gewesen. Da Le Geay jedoch 1748 von Herzog Christian II. Ludwig von Mecklenburg-Schwerin zum Baumeister* berufen wurde, ist es eher unwahrscheinlich, daß er Chambers in Paris getroffen hat, doch gibt es andererseits auch keinen Grund, auszuschließen, daß er damals bereits nach Paris zurückgekehrt war. Bekannt ist auch, daß

---

* dt. im Original, A. d. Ü.

16 J. L. Legeay, Titelseite von "Rovine" (1768)

17 J. L. Legeay, Titelseite von "Tombeaux" (1768)

18 G. B. Piranesi, Stich aus "Prima Parte di Architetture e Prospettive" (1743)

19 G. B. Piranesi, "Mausoleo antico" aus: "Opere Varie" (1750)

Le Geay von 1767 bis 1768 sich auf der Suche nach Aufträgen in England aufhielt, wo er wahrscheinlich die Ansicht des Kasinos von Marino zeichnete, die sich jetzt in der Sammlung *Lambert John* befindet. Eine andere wichtige Quelle für seine Londoner Periode könnte ein vollständiger Satz seiner Radierungen mit dem anonymen Eintrag sein: „this Book Given to me by M. Chambers anno Dom 1770 in sheets (in losen Blättern, ungebunden)."[11] Vielleicht war es ursprünglich ein Geschenk, das *Le Geay Chambers* vor seiner Rückreise nach Paris machte. Es ist wirklich sehr bedauerlich, daß wir den Namen des 1770 von *Chambers* mit *Le Geays* Zeichnungen Beschenkten nicht kennen.

Kaufmann wollte die phantastischen Radierungen *Le Geays* vor die erste Ausgabe der heute bekannteren Stiche in *Piranesis* 1743 erschienenen *Prima Parte di Architetture* datieren. Er weist darauf hin, daß *Le Geays* Radierungen – obwohl in Paris erschienen – italienische Titel tragen und fragt folgerichtig, warum *Le Geay*, der seit 1742 nicht mehr in Italien gewesen war, sich plötzlich des Italienischen bediente, selbst wenn seine Themen römisch sind? Wir wissen auch, daß sich *Le Geay* in den siebziger Jahren verzweifelt nach Aufträgen umsah, und es wäre für einen Franzosen sehr unklug gewesen, sich unter diesen Umständen eine ausländische Note zu geben. Zudem ist zu bedenken, daß die wenigen anderen, uns bekannten Radierungen *Le Geays* französische Titel tragen.[12] Glücklicherweise gibt *Chambers* eine für uns sehr befriedigende Antwort auf dieses Problem: Er muß, zumindest zwischen 1749 und 1754, als er sich in Italien und Frankreich aufhielt, Zugang zu den Zeichnungen und Kompositionen *Le Geays* gehabt haben. In seinem sogenannten französisch-italienischem Zeichenalbum – es enthält die während der Grand Tour entstandenen Zeichnungen – finden sich fünf Zeichnungen nach *Le Geay*[13], darunter (Nr. 460) Teile zweier Grundrisse mit Säulenarchitekturen, ein Aufriß eines ebenfalls mit Säulen und Nischen komponierten Innenraumes, schließlich ein Tempel mit einer in einem Obelisken endenden Kuppel (Nr. 490). Auf einem anderen Blatt sieht man die perspektivische Darstellung eines monumentalen, in neoklassischer Manier dekorierten Kirchenpfeilers, ferner (Nr. 500) das unveröffentlichte Projekt eines Grabmals mit Sphinxen, die einander gegenüberliegen und das Grab auf ihren Köpfen tragen – eine völlig von der Norm abweichende Umkehrung der üblichen Anordnung. Schließlich der endgültige Beweis der Hypothese einer frühen Datierung der Radierungen: eine Kopie (Nr. 499) aus den nicht vor 1768 veröffentlichten Tombeaux. Wenn diese Kompositionen *Le Geays* höchstwahrscheinlich schon 1750 zugänglich waren, so ist es gewiß nicht unvernünftig, in ihnen wenigstens einen Teil jener „beaux dessins (...) du feu et du génie" zu sehen, von denen *de Troy* 1742 geschrieben hatte. Ist dem aber so, so könnte sich *Piranesi* sehr wohl ihres Inhalts und ihrer Bedeutung bewußt gewesen sein.

Die erste Publikation von Bedeutung in *Piranesis* Karriere war seine
18 *Prima Parte di Architetture e Prospettive*, in der sowohl ältere Einflüsse konsolidiert als auch zukünftige Entwicklungen vorgeahnt werden. Unter den Stichen finden wir Standardzeichnungen in der Manier *Pozzos*, der *Galli-Bibiena* oder im Stile *Marco Riccis*, *Panninis* oder *Juvarras*. Doch gibt es hier auch schon eine gewaltige Größenordnung, die Menschen im architektonischen Rahmen auf Zwergenformat verkleinert: so im *Gruppo di Colonne*, dem *Tempio antico* oder dem *Ponte Magnifico*, die in der *Opera Varie* von 1750 veröffentlicht worden sind, aber aus dem Jahr 1743 datieren. Auch die *Carcere oscura* haben noch nichts von der Undurchdringbarkeit der Radierungen der *Invenzioni Capric di Carceri* von 1745, sondern zollen im Stil und im Empfinden der Komposition noch Juvarra Tribut.[14]

Piranesis erster vollständig vom neoklassischen Geist geprägter Entwurf
19 ist im *Mausoleo antico* aus den *Opera Varie* zu entdecken. Wenn es auch keine Sicherheit dafür gibt, daß dieses Blatt der ursprünglichen *Prima Parte*-Gruppe zugehört, so ist sein frühes Entstehungsdatum jedoch nie angezweifelt worden. Als Kompilationsarchitektur ist diese Radierung meines Erachtens auf *Le Geay* als Ahnen zurückzuführen, denn dieser teilt mit *Piranesi* den Hang zu einer überwältigenden heroischen Monumentalität, das archäologische Interesse an der Rekonstruktion und die Leidenschaft, antike Versatzstücke künstlerisch einer neuen Gesamtschau einzuverleiben. Auch *Piranesis Pianta di ampio magnifico collegio* — ebenfalls aus der Publikation von 1750 — kann dieser Gruppe zugeordnet werden; das Gleiche gilt für seinen *Ponte Magnifico*. All diese Stiche sind die Leitsterne für die Grand-Prix-Phantasien der kommenden Jahrhunderthälfte. Falls *Piranesi* in der französischen Akademie die Vorzeichnungen *Le Geays* für die Radierungen gesehen hat, er wäre von der normverletzenden Auflösung des vitruvianischen Vokabulars fasziniert gewesen. Unterziehen wir Beispiele aus den *Rovine* oder den *Tombeaux* einer Prüfung, so offenbart sich deren einigen extremen Beispielen aus der manieristischen Architektur des 16. Jahrhunderts durchaus vergleichbare antiklassische architektonische Struktur. *Le Geays* ruheloser Geist allerdings schuf Werke, die dicht an der Grenze zur Verrücktheit liegen. Seine Formen sind unheimlich-grausig, seine Menschen scheinen von der Natur und dem Altertum überwältigt. Schrecken geht von seinen Tiergestalten aus, die wie Wächter einer unglücklichen Traumwelt aussehen. *Piranesi* muß all dies sympathisch gewesen sein, besonders nachdem er seine eigene antiklassische und antivitruvianische Entwurfstheorie in den *Parere su l'Architettura* entwik-

20 G. B. Piranesi, Komposition aus: "Parere su l'architettura" (1765)

21 J. L. Legeay, Grundriß einer der Trinität geweihten Kirche (1767)

22 J. L. Legeay, Stich aus "Rovine" (1768)

23 J. L. Legeay, Stich aus "Tombeaux" (1768)

kelt hatte, einem Werk, das als Teil der *Osservazione ... sopra la lettre di M. Mariette* 1765 herauskam und in die berühmte römisch-griechische Kontroverse eingriff.
20 Hier ist der Genius *Piranesis* greifbar, bahnt er dem Neuen den Weg, kehrt er die Bedeutung der architektonischen Struktur um und plädiert für skulpturalen Schmuck und eine quasi-archäologische Kompilationsarchitektur. Will man hier nach Vorläufern suchen, so muß man zu *Le Geays* römischen Studien von 1737 bis 1742 und schließlich bis zur Welt des 16. Jahrhunderts von *Giulio Romano* zurückgehen.

Die Radierungen sind gleichwohl nicht die wichtigste Quelle für die Beurteilung *Le Geays*. Unter *Chambers'* im R.I.B.A.* aufbewahrten Zeichnungen findet sich eine von *Cochins* „exaggerations bizarres", eine Kopie von *Chambers'* Hand mit dem Vermerk „A plan composed by Monsr Legay"[15]. Hier endlich erhalten wir einen konkreten Beweis dafür, was es mit den Lobreden und mit *de Troys* Bemerkung „nach öffentlichen Gebäuden angefertigt" auf sich hat: *Le Geay* benutzt den bei *Serlio* publizierten Grundriß von *Peruzzi* für St. Peter als Vorlage[16] und ergänzte ihn auf phantastische Weise mit Säulenstellungen, wobei er der römischen Thermenarchitektur seine Reverenz erwies. Er fügte dem peruzzianischen Grundriß seitliche Rotunden hinzu, die an den Hauptkörper in einer Weise anschließen, wie sie auch von *Serlio* selbst hätten stammen können.[17] Der Typ dieser peripteralen Rundtempel mit einer Kolonnade im Innern folgt dem Vorbild von Santa Constanza, also wiederum einem Bauwerk des römischen Altertums. Es läßt sich angesichts dieses zu megalomaner Größe gesteigerten Grundrisses ermessen, warum *Cochin* und andere solche Epiteta des Erstaunens und der Überraschung gewählt haben und warum *Le Geay* als Perspektivist so hoch geschätzt wurde. Auch zeigt sich hier seine geradezu obsessive Vorliebe für Säulen, eine Leidenschaft, die mit dem Hang der französischen Neoklassizisten zu Säulenarchitekturen, wie Dr. *Middelton* beobachtete, übereinkommt.[18]

Das alte und das moderne Rom sind erneut Thema von *Le Geays Plan*
21 *d'une Rotonde, ou Eglise Dédiée a La Ste Trinité*, der 1767, als auch die Radierungsfolge Fontane erschien, von *Petity* veröffentlicht wurde.[19] Hier sind für den Grundriß auf seiten der Antike Santa Constanza und die Thermen der Agrippa (das Pantheon) zum Vorbild genommen, auf seiten der Moderne *Borrominis* Sant Ivo. Wie so viele Entwürfe *Le Geays*, ist auch dieser nicht datiert, gehört jedoch eindeutig in die Nähe der seitlichen Rotunden des phantastischen Grundrisses.[20]

---

* Royal Institute of British Architects, A.d.Ü.

Nachdem wir diese beiden Grundrisse *Le Geays* untersucht und seine Kompositionsmethode demonstriert haben, bleibt uns noch, sie mit einer ähnlichen Haltung in der Renaissancearchitektur bei einem Nachfolger *Palladios* zu vergleichen. Ein in der Burlington-Devonshire-Collection des R. I. B. A.[21] aufbewahrter Grundriß ist *Scamozzi* zugeschrieben worden. Es handelt sich um ein etwas verwirrendes Gebäude, eine kolossale Rundkirche — entweder inmitten eines Amphitheaters oder auf der Spitze eines Hügels oder Berges. Ich denke, wir könnten hier ein weiteres Beispiel einer Kompilation aus Elementen der antiken und modernen römischen Architektur entdecken. Der äußere Ring ist eine Erweiterung von *Bramantes* Grundriß der Kuppel von St. Peter, der bei *Serlio* abgebildet ist[22], der innere Ring hingegen wird durch jene den römischen Thermen entlehnten und von *Palladio* so bevorzugten Säulenstellungen bestimmt. Diese Beobachtung wird für uns von Interesse sein, wenn wir uns *Chambers* Plan für ein Mausoleum zuwenden werden. Wenn auch alle Architekten der Renaissance stets von den Thermen fasziniert waren, so kulminiert dieses Interesse doch im Werk *Palladios*. Er bestimmte im England des frühen 18. Jahrhunderts die Sehweise Lord *Burlingtons*, der die einflußreichen *Fabbriche antiche disegnate da Andrea Palladio* 1730 veröffentlichte, einem Jahr, das das Wiedererwachen des allgemeinen Interesses an diesem Aspekt des klassischen Altertums markiert. Diese Publikation ist Vorläufer einer Bewegung, die in den dreißiger und vierziger Jahren an Bedeutung gewann und die darauf bestand, daß die Regeln der antiken Baukunst und die Äußerungen der Renaissancetheoretiker durch Kenntnis der Antike aus erster Hand, das heißt durch Reisen, archäologische Studien und maßstäbliche Zeichnungen überprüft werden müssen.
Als ein weiterer möglicher Vorläufer *Le Geays* und seiner Zeit ragt *Filippo Juvarra* heraus. Sein um 1718 entwickeltes Projekt der Kirche San Raffaele[23] kombiniert das Thema von Santa Constanza (vielleicht vermittelt durch Sanmicheles Madonna di Campagna in Verona) mit dem Widerhall der axialen und räumlichen Struktur von *Palladios* venezianischen Kirchen. Ebenso bedeutsam ist auch sein um 1709 entstandenes Projekt für Karl, Landgraf von Hessen-Kassel, dessen kolossale, unausführbare Größe sowohl *Le Geay* als auch *Piranesi* noch übertrifft.[24] Noch interessanter ist sein Projekt für ein königliches Mausoleum, das sehr wahrscheinlich für die französischen Könige bestimmt war und das von *Vasi* 1739, vier Jahre nach *Juvarras* Tod, gestochen wurde.[25] Der Grundriß und die wesentliche Struktur stammen hier gewiß von *Juvarra*, doch legt der überraschend fortschrittliche neoklassische Schmuck der Obelisken die Vermutung nahe, daß *Vasi* den Entwurf verändert hat. Wenn dem so ist, so haben wir hier nicht nur ein

wertvolles Dokument der römischen Periode *Le Geays* vor uns, sondern auch einen Hinweis auf *Vasis* Kunstfertigkeit als Entwerfer. Es ist sehr wahrscheinlich, daß *Le Geay* zum Erben der Ideen *Juvarras* wurde, und das trifft erst recht auf *Piranesi* zu, der bereits bei seiner Ankunft in Rom *Juvarras* Entwürfe gekannt haben könnte. Zieht man weiterhin *Piranesis* unbezweifelbare Verbindung mit der französischen Akademie in Rom in Betracht, so ist es eher unwahrscheinlich, daß er von *Le Geays* soviel „Feuer und Genie" ausstrahlenden Entwürfen keine Notiz genommen hätte. Haben wir erst einmal *Le Geays* phantastische Säulenarchitekturen als typisch für die Generation erkannt, die soviel Lob hervorrief, dann müssen wir es *Piranesis Mausoleo antico* zur Seite stellen. Denn auch dies ist eine von Säulenstellungen bestimmte Kompilation, die in ähnlicher, wenngleich reiferer Form antike Elemente dekorativ in die Komposition einbindet.

Von diesem Augenblick an ist die Idee des Mausoleums als eines neoklassischen Experimentierfeldes geboren. *Le Geay* hat in der Serie seiner Tombeaux mehrere monumentale Grabanlagen vorgestellt, doch die einzige neben der Trinitätskirche und der Berliner Hedwigskirche von ihm bekannte Kuppelarchitektur ist ein strenger, an *Boullées* Stil erinnernder Entwurf in der Sammlung des Autors.[26] Während der vierziger Jahre des 18. Jahrhunderts avancierten bei den Architekturstudenten der französischen Akademie in Rom das Mausoleum und die Säulenarchitektur zu zentralen Themen: so bei *Louis-Joseph Le Lorrain* (1715—1759), *Charles Michel-Ange Challe* (1718—1778), *Nicholas-Henri Jardin* (1720—1799), *Gabriel-Pierre Martin Dumont* (1720—1790) und *Ennemond-Alexandre Petitot* (1727—1801). Deren Entwürfe während dieser Dekade zu verfolgen, heißt eine Brücke zu den Mausoleen von Sir *William Chambers* und *Marie-Joseph Peyre* im folgenden Jahrzehnt zu schlagen.

Le Lorrain, der in der französischen Kuunstgeschichte relativ unbekannt ist, wurde von *Svend Erikson* als bedeutender neoklassischer Entwerfer von Fest- und Feuerwerksdekorationen, von Möbeln und Interieurmalereien wiederentdeckt.[27] Er hat beispielsweise für den französischen Sammler *Lalive de Jully* 1756 einige der frühesten neoklassischen Möbel entworfen, und von ihm stammt auch ein früher Entwurf neoklassischer dekorativer Malerei (in Åkerö, Schweden), der 1754 für *C. G. Tessin* bestimmt war. *Le Lorrains* zweifellos interessantester Beitrag zur Geschichte des Neoklassizismus besteht aus drei (von insgesamt vier) zeitweilig errichteten Bauwerken für die *Festa della Chinea*, die alle zwei Jahre am 28. Juni, dem Festtag von St. Peter und St. Paul, und am 8. Dezember, dem Festtag der Geburt Mariae, abgehalten wurde.[28] Für jedes Fest wurden provisorische Bauten errichtet und ent-

sprechende Staffagen ausgeführt. Bis zur Mitte des 18. Jahrhunderts feierte man vor dem Palazzo Colonna, später vor dem Palazzo Farnese, woher sich auch der Name *fuocchi Farnesiani* ableitete. Die *machine* dieser *fuocchi* ermöglichen einen chronologischen Überblick über die in Rom entstandenen Entwürfe, als in der Stadt selbst sehr wenig gebaut wurde. Wenn wir die Radierungen für die Feste von etwa 1730 bis 1760 verfolgen, so ist eine der typischsten die *Macchina* von *Francesco Preziado*, die im September 1746 im klassischen spätbarocken Stil *Fernando Fugas* errichtet wurde und ein typisches Beispiel des konservativen italienischen Beitrags zum klassischen Spätbarock bzw. Barock-Rokoko ist.[29]
Nachdem *Le Lorrain* im Dezember 1742 in Rom eingetroffen war, führte er 1744 seine erste *Macchina* als dekorative Staffage in einem rokokoverbrämten Klassizismus aus. Werden hier noch unsere Erwartungen an den Maler bestätigt, so ereignet sich 1745 ein bemerkenswerter Wandel: *Le Lorrain* präsentiert einen Triumphbogen in einem noch unverarbeiteten Klassizismus. Die bekrönende Rotunde ist Bühnenbildern der *Bibiena* verpflichtet, während die bekränzten ovalen Schilde und die seitlichen Durchgänge an die Bauten auf dem Kapitol von *Michelangelo* erinnern, dessen Architektur für den Neoklassizismus ohnehin zu einem unerschöpflich ausbeutbaren Steinbruch wurde. Besonders dort ist der Grad der Veränderung zu spüren, wo die ovalen Schilde mit den Blumengewinden und die Basreliefs über den „kapitolinischen" Durchgängen bewußt auf die nackte Wand plaziert sind. Auf jeden Fall ist dieser Entwurf für 1745 bemerkenswert. Doch bereits in den Dekorationen von 1746 und 1747 erreicht *Le Lorrain* eine außerordentliche und singuläre neoklassische Form, die nahezu alles antizipiert, was wir im avantgardistischen Pariser Stil der fünfziger und sechziger Jahre des 18. Jahrhunderts finden werden.
Le Lorrain übernimmt 1746 einige dekorative Motive des Vorjahrs. Der neue Einfall aber besteht in der Umwandlung der Kuppel in einen Rauchaltar, der von einem Basrelief[30] mit einer Opfer-Thematik umgeben wird. Die Art und Weise, das Basrelief und auch das Girlandenmotiv zu nutzen, wurde zum festen Bestandteil des neoklassischen Vokabulars. Aber die Überraschung des Jahres 1746 weicht im folgenden Jahr ungläubigen Staunen, als *Le Lorrain* ein mit dem gesamten neoklassischen Repertoire ausgestattetes Mausoleum präsentiert: seitlich angeordnete Obelisken und rauchende Altäre, die den Eindruck von antiker Strenge vermitteln. Nach unserer Kenntnis seines Umfeldes ist dieses Blatt eigentlich unerklärbar, doch ist sein Platz inmitten der Theorien und Ideen der französischen Akademie sicher. Wüßten wir mehr über *Piranesi*s Entwürfe zwischen 1743 und 1750, so könnten wir

24 J. L. Le Lorrain, "Macchina" für ein Chinea-Fest (1746)

25 J. L. Le Lorrain, "Macchina" für ein Chinea-Fest (1747)

26 G. P. M. Dumont, Ansicht eines "Temple des Arts" (1746)

27 N. H. Jardin, Ansicht einer "Chapelle Sepulcrale" (1748)

vielleicht annehmen, daß diese Ideen von ihm entlehnt worden sind, doch kennen wir von ihm leider nichts Vergleichbares. Freilich war *Piranesi* kein praktizierender Architekt, und *Le Lorrain* war Maler; deshalb überrascht es auch nicht, daß auch *Challe* Maler war. *Challe* traf im November 1742 in Rom ein und entfaltete seinen Stil in dem auf 1746 datierten Werk *Römische Kompositionen*, das sich heute in der Sammlung Phyllis Lambert befindet. Die Größe des Maßstabs und die neoklassischen Motive sind hier mit einer barocken Lebendigkeit vermengt, die noch den Einfluß von *Challes* Lehrern *Lemoyne* und *Boucher* spiegelt.[31] Aber wiederum sind wir nicht in der Lage, diese Arbeit mit einem datierten Blatt *Piranesis* aus der gleichen Periode zu vergleichen. Was Größe und Schwung des Entwurfs angeht, so gibt es eine enge Parallele zur *Parte di ampio magnifico porto* aus den *Opera varie*. Doch glaube ich, daß *Le Lorrain* einen ebenfalls großen Einfluß auf die Gruppe gehabt hat, entscheidender jedenfalls als *Dumont*, der in *Piranesis* Alter war und im selben Monat wie *Le Lorrain* in der
26 französischen Akademie eintraf. *Dumont* folgte eher der Mode, als daß er sie anführte; sein *Temple des Arts*, der ebenso wie sein *Morceau de Reception* 1746 der *Accademia di San Luca* angeboten wurde, übernimmt von *Le Lorrain* die „kapitolinischen" Durchgänge, hat aber einen interessanten dreieckigen Grundriß mit Säulenstellungen. Auch *Dumont* muß *Le Geay* gekannt haben, denn in seinem *Receuil De Plusieurs parties d'Architecture De Differents Maîtres Tant d'Italie Que De France* von 1768, der die Entwürfe für den Temple des Arts enthält, gibt es Vignetten und Titelseiten von *Le Geay*, von denen eines einen Rundtempel mit einem um die Kuppel laufenden Basrelief zeigt.
Wie *Dumont* sind auch zwei andere Stipendiaten, *Jardin* und *Petitot*, von *Le Lorrain* beeinflußt. *Jardin* kam im Dezember 1744 in Rom an,
27 und seine *Pont Triomphal* ebenso wie seine *Chapelle Sepulchrale* atmen nicht nur stark den Geist von *Le Lorrains* macchine, sondern auch von *Challe* und *Piranesi*. Auch *Petitot*, der 1746 eintraf, stach
28 wie *Jardin* ein *projet d'un pont triomphale inventé et gravé par E. A. Petitot a rome*, das sicherlich zeitgleich mit *Jardins* Stich einer Brücke von 1748 und unter den gleichen Voraussetzungen entstanden ist. Auch hier sehen wir die Abhängigkeit von *Le Lorrains* Entwürfen von 1745 und 1746 (ovale, girlandengeschmückte Schilde, Basreliefs an der Kuppel), während die Schiffschnäbel an *Challes* Komposition von 1746
30 erinnern. *Petitots* Beitrag zur *Chinea* von 1749 ist ein fantastisches Grand-Prix-Mausoleum im avanciertesten *Peyre*-Stil. Dennoch denke ich, daß *Jardin* und *Petitot* eher Übermittler von Ideen denn Erneuerer wie *Le Geay*, *Piranesi* oder *Le Lorrain* sind.

28 E. A. Petitot, Triumphbrücke (ca. 1748)

29 E. A. Petitot, "Macchina" für ein Chinea-Fest (1749)

30 Sir William Chambers, Ansicht des Mausoleums für Frederik Prince of Wales (1751)

Perspektivisch betrachtet, bilden diese neoklassischen Entwürfe eine Reihe, deren Ursprung in den späten dreißiger Jahren des 18. Jahrhunderts liegt. Hier finden wir den rätselhaften *Le Geay*, der zwischen 1741 und 1742 offensichtlich Aufmerksamkeit auf sich zog. 1740 war der junge *Piranesi* nach Rom gekommen und hat gewiß nicht die Gelegenheit verstreichen lassen, Entwürfe zu betrachten, die mit so viel *feu et du génie* komponiert waren. Wenn wir *Cochin* glauben wollen (und es besteht kein Grund, dies nicht zu tun), so haben *Le Geays* Entwürfe, nachdem er 1742 nach Paris zurückgekehrt war, eine Wende des Geschmacks hervorgerufen und besonders die Architekten der Generation von *Jardin* und *Le Lorrain* beeinflußt. Wir haben weiterhin gesehen, daß *Piranesi* in den Stichen seiner Prima Parte eine schwankende Position einnimmt, eine Art Mittelweg zwischen einem konservativen und einem fortschrittlichen Stil. Falls aber bestimmte Stiche seiner Opera Varie früher entstanden sind, so würde dies seine Bedeutung noch steigern. Gemeinsam sind *Piranesi* und *Le Geay* die Vorliebe für die Größe des Maßstabs, die Großartigkeit der Konzeption, die Faszination für das Spiel mit Säulenarchitekturen, eine bestimmte Verdrehtheit der Haltung und schließlich die Kunstfertigkeit als Perspektivzeichner. Hinzu kommt noch *Le Geays* offensichtliches Vergnügen daran, gegen die vitruvianischen Regeln und Normen zu verstoßen und mit manieristischen Methoden zu komponieren. Nachdem *Le Lorrain* 1742 in Rom eingetroffen war, formulierte er im Laufe weniger Jahre mit seinen *Chinea*-Dekorationen von 1746 und 1747 einen Kanon des neoklassischen Geschmacks. Ein anderer *pensionnaire* aus *Le Lorrains* Jahrgang war *Challe*, der 1746 auf so intime Weise an *Piranesis* Vokabular und zeichnerischem Schwung teilhat, daß man seine direkte Kenntnis von *Piranesis* Zeichnungen, die zwischen dem Erscheinen der *Prima Parte* und den *Opera Varie* entstanden sind, voraussetzen muß. Ich glaube nicht, daß die Richtung des Einflusses umgekehrt verlaufen ist. Dann haben wir gesehen, daß *Dumont* sich unmittelbar hinter der Avantgarde der neoklassischen Ideen hält und daß *Jardin* und *Petitot* mit ihren Projekten der Zeit um 1748 die Früchte der vergangenen Dekade ernteten. *Jardin* kehrte im November 1748 nach Paris zurück, *Le Lorrain* ging im März des folgenden Jahres, *Challe* sechs Monate später und *Petitot* im Jahre 1750. Im Herbst 1749 waren also die meisten Teilhaber an dieser neoklassischen Episode wieder in Paris versammelt, und es kann kaum bezweifelt werden, daß sie mit dem Kreis der Studenten und der allgemeinen Bonhomie von *J. F. Blondels* Ecole des Arts Umgang pflegten. Hier war um diese Zeit auch *William Chambers*.

Nur wenn man die Ereignisse dieser kritischen Dekade des Neoklassizismus im Blick behält, kann man jenes denkwürdige Mausoleum verstehen, das *Chambers* während seines Romaufenthalts 1751/1752 als Grabmal des im März 1751 verstorbenen Frederick, Prinz von Wales, entworfen hat.[33] Es gibt vier Entwürfe, einen Grundriß und einen Aufriß, beide 1751 datiert, einen Schnitt vom Februar 1752 und einen undatierten Aufriß.[34] Wie *Le Geay* komponiert *Chambers* hier aus Motiven des alten und des modernen Rom. Der komplexe Grundriß ist eine Studie nach *Le Geay*s phantastischem Grundriß und zeigt einen identischen Stil wie die innere Rotunde des phantastischen Grundrisses von *Scamozzi*. Der Aufriß von *Chambers*' Projekt stützt sich ohne Zweifel auf *Le Lorrain*s Chinea von 1747. Er stellt das Mausoleum in eine imaginäre Landschaft – ein proto-pittoresker Schritt, der vielleicht auf den allgegenwärtigen und stets verwirrenden *Charles-Louis Clérisseau* zurückzuführen ist. Der Schnitt vom Februar 1752 zu dem Grundriß und der Ansicht von 1751 ist noch pittoresker, zeigt er doch das Mausoleum im ruinösen Zustand, was bestimmt nicht der ursprünglichen Absicht entsprach.[36] Mit seiner Ansicht des zweiten Projektes, die wahrscheinlich 1752 gezeichnet wurde, hat *Chambers* den Geist eines antiken Monuments eingefangen. Sein Projekt drückt Würde und Monumentalität aus und wäre gegenüber den früheren Mausoleen auch ausführbar gewesen. *Chambers* erweist hier dem Grabmal der Caecilia Metalla seine Reverenz, während er beim Aufriß des Inneren dem Pantheon und bei den Details *Vignola*, den er sehr bewunderte, verpflichtet ist. *Chambers* eröffnet hier eine direkte Verbindung zum voll entwickelten französischen Neoklassizismus des *Marie-Joseph Peyre*, dessen *Œuvres d'Architecture* von 1765 seine römischen Entwürfe von 1753 bis 1757 enthalten. *Peyre*s Buch ist wiederholt als das Avantgardewerk des neuen Stils angesprochen worden, doch wenn man sein Mausoleum mit demjenigen von *Chambers* vergleicht, so erscheint es lediglich als der logische Höhepunkt einer Folge neoklassischer Projekte, die von den phantastischen Ideen *Le Geay*s im Rom der späten dreißiger Jahre ihren Ausgang nahmen.

Chambers' neoklassische Periode endete, als er 1755 nach London zurückkehrte. Die Tatsache, daß er den Auftrag zum Wiederaufbau Harewoods 1756 verlor, weil sein Entwurf im französisch-italienischen Stil gehalten war[37], belehrte ihn darüber, daß die in einem konservativen Palladianismus der zweiten Generation befangenen englischen Bauherren von irgendwelchen fortschrittlichen Ideen des Neoklassizismus nichts wissen wollten. Nur in Earl von Charlemont, der in Marino in der Nähe von Dublin residierte, fand er einen Bauherrn und Freund, der bereit war, seine Entwürfe wenigstens implizit anzunehmen und auch auszuführen. Resultat war das hervorragende neoklassische Kasino von 1758, erbaut als reine Säulen-Architrav-Architektur. Es war gewiß diese Neuheit, die *Le Geay* 1767 oder 1768 dazu anregte, es zu zeichnen.[38]

Anmerkungen

1 Die in diesem Artikel vorgetragene Hypothese wurde zuerst in dem Referat Paranesi and International Neo-Classicism in Rome, vorgetragen im Dezember 1963 vor der Graduate Art History Association der Columbia Universität, vertreten. Im März 1964 wurde sie erneut in detaillierterer Form in einem Spezial-Seminar zur Geschichte des 18. Jahrhunderts vorgetragen und im März 1966 in einer öffentlichen Vorlesung wiederholt, die im Courtauld Institute of Art stattfand. Von der Diskussion, die dieser zweiten Lesung folgte, habe ich außerordentlich profitiert.
2 Wittkower exponiert diese These in: *F. Saxl* und *R. Wittkower*, British Art and the Mediterranean, Oxfort 1948, S. 71.
3 Die Bibliographie zu Le Geay ist schmal und wird in dem einzigen Bericht zu seiner römischen Karriere aufgezählt von *Emil Kaufmann*, Three Revolutionary Architects, Boullée, Ledoux and Lequeu, in: Transactions of the American Philosophical Society, N.S. 42, pt. 3 (1952), S. 450–53. Es handelt sich um eine erweiterte Fassung dessen, was er in Architecture in the Age of Reason, posthum veröffentlicht 1955, geschrieben hatte. *Pierre de Columbier* hat Le Geays Werk in Sanssouci und Berlin in seinem L'Architecture Français En Allemagne Au XVIIIe Siècle diskutiert, in: Traveaux Et Memoires Des Instituts Français En Allemagne, 5, Paris, 1956. Siehe auch *L. Réau*, Histoire de l'Expansion de l'Art Français, Band 2, Paris 1928, S. 182–83.
4 Am 12. Mai 1732 erhielt die Akademie Skizzen *von Haneuse, Rosset, Laurent, Payent, Méres Labadye, Nivelet, Mariaud, Lange* und *Le Franc.* C.f. Procès-Verbeaux de l'Academie Royale..., Ed. Lemonnier, V. (1727–43), 1918, S. 98
5 Der Katalog der Ausstellung, die 1961 im Museum of Art des Smith College in Northampton, Massachusetts, stattfand, bildet die brauchbarste und auf dem neusten wissenschaftlichen Stand gehaltene Arbeit zu Piranesi. Der Katalog enthält Beiträge von *Hofer, Parks, Lehmann* und *Wittkower*. Die grundlegende Studie zu Piranesi als Architekt bleibt jedoch *Werner Kortes* „Giovanni Battista Piranesi als praktischer Architekt" in: Zeitschrift für Kunstgeschichte, II, 1933, S. 16 ff.
6 Correspondence de Directeurs de l'Academie de France a Rome, Ed. Montaiglon, X, pt. 1, 1900
7 *Cochin, C. N.* Mémoires Inédits, Ed. C. Henry, 1880, S. 141–42
8 *Lavalée, Joseph*, Notice historique sur Ch. Dewailly, Paris 1799, 7
9 *Paris*, Mémoires de l'Institut national des Sciences et des Arts, 1801, S. 36

10 Da diese beiden Gebäude für die in diesem Artikel vertretene Hypothese nicht von zentraler Bedeutung sind, werden sie hier nicht diskutiert. Die von Säulenstellungen bestimmten Gebäude in Sanssouci ist aber unbestreitbar. Deshalb ist die Urheberschaft Le Geays wahrscheinlicher als die Gontards. Ein zukünftiger Artikel wird diese Frage zum Gegenstand haben.
11 Victoria & Albert Museum, 27737, A. L. 24 Loc. 93, 3. 134
12 Die Radierungen sind im Besitz des Cooper Union Museums, New York. Sie sind ebenfalls nicht datiert und wurden mir freundlicherweise von Dr. Richard Wunder, jetzt am Smithonian Institute, Washington, gezeigt.
13 Das Album befindet sich jetzt im Victoria & Albert Museum, 5712, Loc. 93. B 21. Die hier relevanten Zeichnungen tragen die Nummern 460, 499, 500. Der Einband des Albums trägt den Titel Receuil de Divers Dessein D'Architecture and other ornaments. Das Album wurde offenbar in Paris oder kurz nach Chambers' Rückkehr nach London fertiggestellt. In nur wenigen Fällen sind spätere Zeichnungen eingeschoben worden, ein störendes Element, das dennoch erwähnenswert ist. Ansonsten hat das ganze Album einheitlichen Charakter, was zeichnerische Qualität, Größe und Typus des Papiers, Montage und Befestigungstechnik anlangt.
14 Zu Vorläufern der *Carceri* siehe Juvarras Bühnenentwürfe in der Biblioteca Nazionale, Turin. Zwei dieser Entwürfe sind reproduziert in: *Viale, V., Rovere, L.* und *Brinckmann, A. E.*, Filippo Juvara, 1937, Abb. 248–49.
15 Roayl Institute of British Architects, E 3/9a. Die Zeichnung ist 33,5 × 23 Zoll groß, das verwendete Papier ist dem ähnlich, das Chambers während seines Aufenthalts in Paris oder Rom verwandte, was aus den Zeichnungen im Victoria & Albert Museum hervorgeht. Die Methode des Einwachsens mit gelber Farbe, war in dieser Zeit ebenfalls gebräuchlich, läßt sich am ehesten auf Chambers' etwa 1750 entstandenen Maßstäblichen Plänen für das Château de Belleville vergleichen.
16 *Serlio*, Tutte l'opera d'Architettura di Sebastiano Serlio, 1584 lib. III, 65 V
17 *Serlio*, op. cit. lib. V, 211 V
18 Siehe *Middleton*s Artikel „The Abbé de Cordemoy and the Graeco-Gothic Ideal: A Prelude to Romantic Classicism", in: Jn. Warburg & Courtauld Institutes, XXI, Nr. 3–4, 1862, 278–320, sowie XXVI, 1963, S. 70–123
19 *L'Abbé Jean Raymond de Petity*, Encyclopédie Elémentaire ou Introduction à l'Etude des Lettres, des Sciences et des Arts, II, pt. I, Paris, 1767, pls. 400 bis (Grundriß) und 402 bis (Aufriß und Schnitt).
20 Diese Kirche steht in Beziehung zu Le Geays Plan für die Berliner Hedwigskirche, siehe *Schmitz, H.*, Berliner Baumeister, Berlin 1925, S. 20
21 R. I. B. A.-Sammlung Burlington-Devonshire, Palladio, XV, 5, 23.
22 Serlio, loc. cit., 66
23 *Viale, Rovere* und *Brinckmann*, op. cit., pl. 43
24 Op cit., pl. 146
25 Für diese Abbildung und die Erlaubnis, sie zu publizieren, bin ich Dr. Richard Pommers zu Dank verpflichtet.

26 Diese Zeichnung trägt die selbe Handschrift eines Miniaturisten wie die Radierungen, obwohl ihr Format, 5,5 × 9 Zoll, größer ist. Die rote Kreide scheint absichtsvoll verrieben zu sein, um den Eindruck von Flüchtigkeit zu erwecken. Le Geay arbeitete auch mit anderen Techniken, wie die signierte Ruinenstudie aus der Sammlung Dr. Richard Wunder zeigt.

27 *Eriksons* Forschungen wurden publiziert in: Sartryck Ur Kunsthistorisk Tidskrift, 1963, „Om Salon pas Åkerö og dens Kunstner Louis-Joseph Le Lorrain", S. 94—100; Burlington Magazine, August 1961, „Lalive de Jully's Furniture à la grecque"; Burlington Magazine, März 1963, „Marigny and Le Gout Grec und Apollo, November 1963 „Early Neoclassicism in French Furniture". Hingewiesen werden soll auch auf die wertvolle Studie von *D. Elling*, Jardin i Rom, Kopenhagen 1943. Ich habe in diesem Artikel nicht die Rolle diskutiert, die bestimmte Bildhauer und Maler spielten. Meine Schlußfolgerung aber, daß die ersten *neo-grec* Möbel in Frankreich auch durch die „kritische" Periode der vierziger Jahre inspiriert worden sein könnten, habe ich in meinem Artikel „Early Neo-Classical Furniture", in. Furniture Hist. Soc., II 1966, vorgeschlagen. Ich weise hier darauf hin, daß auch in diesem Fall Le Lorrain der hauptsächliche Erneuerer war, daß der Bildhauer Saly sich 1740—1748 in Rom aufhielt und der Maler Vien von 1744—1750. Was das Londoner Geschehnis angeht: Gavin Hamilton, der neoklassische Historienmaler war in den vierziger Jahren ebenso in Rom wie James Stuart, der eine der ersten Zeichnungen für neoklassische Möbel schuf — und natürlich Chambers, der als erster einen ausgeführten neoklassischen Stuhl entwarf und 1750 in Rom eingetroffen war.

28 Die *Festa della Chinea* als architektonische Manifestation ist bislang kaum behandelt worden. Siehe aber *Ferrari, G.*, Bellezze Architettoniche Per Le Feste Della Chinea in Roma Nei Secoli XVII et XVIII, Turin, sowie *Tintelot, H.*, Barocktheater und barocke Kunst, 1939. Herrn Erikson danke ich dafür, daß er mich mit einem kompletten Mikrofilm der Radierungen von Chinea-Objekten versorgt hat; die Radierungen selbst finden sich im Kopenhagener Kunsthistorischen Museum. Mein Dank gilt auch Dr. Richard Wunder, der den Spuren der Orignalzeichnungen für diese Radierungen folgte.

29 Diese Periode ist am besten von *R. Wittkower* in seinem Art and Architecture in Italy, 1600—1750, 1958, Kapitel 16, behandelt worden. Allerdings bezieht er sich nicht auf die Architekturmanifestationen der Chinea. *Caroll Meeks'* Italian Architecture 1750—1914 war noch nicht erschienen, als dieser Artikel in Druck ging.

30 Sowohl Piranesi als auch Peyre sind von dem Basrelieffries angetan, der in dieser Manier verwandt wurde. Aber man muß nach England gehen, um die monumentaleren Expositionen dieses Themas zu entdecken, zum Beispiel die Ausgestaltung des Interieurs in der Oval Hall in Stowe (Bucks.), entworfen von Georges-François Blondel vor 1769 und ausgeführt von Vincenze Valdrè. Diese Arbeit ist bemerkenswert frühen Datums [vgl. *Harris, J.*, „Blondel at Stowe", in: The Connoisseur, März 1964; *Crofft-Murray, E.*, „Un Decoratore Faentino in Enghilterra: Vincenzo Valdrati O Valdrè (1742—1814), in: Studi Romagnoli VIII (1957)]. Zum Fassadenschmuck als Beispiel nach 1800, wo der große Fries

von den Carabelli-Brüdern errichtet wurde und die Coade Fabrik, errichtet nach Modellen von Haxmann.
31 Dies zu vergleichen mit der Architekturphantasie von Challe, signiert und datiert 1747, in der Pierpont-Morgan-Bücherei (Ausstellung „Das Jahrhundert Mozarts", Nelson Art Gallery, Kansas City, 1956, Kat. Nr. B 2, Fig. 28)
32 Beide Stiche sind von *Elling*, op. cit., Abb. 6 und 7, reproduziert worden. Sie wurden ursprünglich von Jardin als eine Folge von Radierungen publiziert und oft seinem *Plans, Coupes et Elevations De L'Eglise Roayle de Frederic V ...* 1765 zugeordnet und trugen den Titel *Description De Sujet Des Quatre Estampes Suivantes Representant des Projets en perspetive ... ont été faites pour études en 1747 et 1748, pendant qu'il étoit Pensionnaire du Roi, à l'Academie de France à Rome*. Von diesen theoretischen Entwürfen abgesehen, ist Jardin am meisten als Architekt der Königlichen Kirche Frederiks in Kopenhagen im Gedächtnis geblieben. Seine Entwürfe von 1755 sind fortschrittlichsten Neoklassizismus unter starkem Gebrauch seiner römischen Studien; sie sind in *Elling* und *Fisker*, Monumenta Architecturae Danicae, 1961, Abb. 59 abgebildet. Die interessante Grundidee dieser Entwürfe wurde dann traurigerweise verdrängt durch eine weltlichere Fassung, die Jardin schließlich 1765 veröffentlichte. Vielleicht ist es mitteilenswert, daß Jardin und Chambers, als die *Académie royale d'Architecture* in Paris sich 1762 entschloß, korrespondierende Ehrenmitglieder zu ernennen, unter den ersten waren, die berufen wurden.
33 Man könnte folgende Frage stellen: Warum sollte Chambers, ein ehemaliger Kaufmann und Anglo-Schwede in Rom, es auf sich genommen haben, derartige Entwürfe anzufertigen, wenn doch — soweit wir wissen — der Tod des Prinzen nicht zu irgendeinem anderen Grabprojekt führte? Die Gründe hierfür stehen in meinem „Exoticism at Kew", Apollo, August 1963, wo eingehend Beweise für die Hypothese gesammelt werden, daß Chambers das Haus des Konfuzius in Kew (erbaut 1749 und später „India House" genannt) entworfen haben könnte. Mit anderen Worten, Chambers konnte sich einer früheren Verbindung mit der Kew-Ménage rühmen, die sicher dazu beitrug, ihm 1757 den Posten eines Tutors für Architektur bei George, Prinz von Wales, zu sichern.
34 Der Plan von 1751 liegt im Victoria & Albert Museum, 3341; der Aufriß von 1751 im Sir Soane's Museum, der Schnitt von 1752 im Victoria & Albert Museum 3339, die nicht datierte Ansicht im Victoria & Albert Museum 3340.
35 Zum Beweis, das Clérisseau Chambers im Zeichnen unterwies, siehe *John Fleming*, Robert Adam and His Cercle, 1962; weitere Informationen bei: *Thoman, J. Mc. Cormick*, „Virginia's Gallic Godfather", in: Arts in Virginia, Bd. 4, Nr. 2, Winter 1964 sowie sein „Un Unknown Collection of Drawings by Charles-Louis Clérisseau", in: Jnl. of the Society of Architectural Historians, Oktober 1963. In der Geschichte der architektonischen Zeichenkunst ist der Entwurf dieses Mausoleums bedeutsam, weil es sich um eine der frühesten Beispiele für eine Form der Darstellung handelt, die später ziemlich geläufig werden sollte. Nur wenig später zeichnet auch Adams in diesem Stil, und auch

er war Schüler von Clérisseau gewesen. Frühere Entwürfe sind niemals in eine Landschaft eingebettet gewesen. Allerdings weist meine Frau auf den Stich eines „Adytum" in *Robert Morris'* Rural Architecture von 1750 hin. Morris erklärt dort, daß sein Freund David Garrett „sich freute, scherzhaft mitzuteilen, daß mein Titel Landarchitektur nicht ganz berechtigt war, denn ich hätte es verabsäumt, überall Bäume im Entwurf unterzubringen". Während aber Morris' Haltung von der zeitgenössischen Assoziationstheorie bestimmt ist, nutzen Chambers und Adams Bäume wie Landschaft nur, um die Präsentation ihres Entwurfs zu verbessern. Das entfernteste Beispiel in dieser Richtung sind die Entwürfe des viktorianischen Zeitalters, etwa die von Edward Blore, wo ein Haus auf eine Art und Weise in die Landschaft gesetzt ist, die für den Uneingeweihten von einer aquarellierten Landschaft nicht zu unterscheiden ist.

36 Es ist mir nicht gelungen, Vorläufer der Idee zu finden, Entwürfe oder Schnitte wie Ruinen zu behandeln, ohne daß tatsächlich eine Ruine beabsichtigt gewesen wäre. Eine kleinere Ausführung dieses Kew-Entwurfs im R. I. B. A. J4/25, das Medaillonportrait in größerer Ausführung im französisch-italienischen Album, Nr. 144, Viktoria & Albert Museum. Die pittoreske Art der Präsentation wurde mit Chambers und Adams seit 1761 zum Gemeinplatz, dem Jahr, in dem Chambers in der *Society of Artists* seinen nicht ausgeführten Entwurf für das York House von 1759 ausstellte. Dessen Schnitt (R. I. B. A. J4/26) wird dadurch attraktiver, daß er mit einem als grasüberwuchterte Ruine dargestellten Gesims versehen wurde.

37 Zwei Pläne und eine Ansicht befinden sich in den Harewood-Archiven.

38 In diesem Artikel habe ich nicht versucht, auch nur im entferntesten anzudeuten, welchen Einfluß Carlo Lodoli (1690–1761) auf den jungen Piranesi ausgeübt haben könnte. Die beiden könnten sich in Venedig getroffen haben und Piranesi könnte die Vorlesungen dieses Mönchs gehört haben. Ich denke aber, daß Wolfgang Hermanns Vorschlag, die *Carceri* als eine Vision jener autonomen Architektur zu betrachten, die den Kern von Lodolis Theorie ausmachte, mit Vorsicht zu behandeln, ehe wir nicht mehr aus Piranesis Jugendzeit wissen siehe *W. Herrmann*, Laugier and Eighteenth Century French Theory, 1962, S. 190).

(Aus dem Englischen von Christian Semler)

3 Theorie

Georg Germann hat in seiner Einführung in die Geschichte der Architekturtheorie (1987²) die der Neuzeit gewidmeten Kapitel nach dem Grad der Bezugnahme auf *Vitruvs* ‚De architectura libri decem' mit den Titeln Anfänge, Verbreitung, Verteidigung, Abbau und Ende des Vitruvianismus überschrieben, was ihm bei aller Wertschätzung seiner mustergültigen Einführung den Vorwurf der Pauschalierung eingetragen hat, da der komplexen Durchdringung der allgemeinen Architekturtheorie mit vitruvianischen Gedankengut nicht genügend Rechnung getragen werden würde (*Oechslin* 1984). Das Kapitel über das 18. Jahrhundert, in dem, mit Ausnahme *Carlo Lodoli*s, fast ausschließlich französische Theoretiker abgehandelt werden, trägt mit der Berechtigung den Titel „Abbau des Vitruvianismus", daß in den Schriften von *Cordemoy, Lodoli, Laugier, Boffrand, Blondel, Le Camus, Boullée* und *Ledoux* der vitruvianische Kanon („firmitas, utilitas, venustas") sowie die Lehre von den Säulenordnungen in den Hintergrund treten und andere Begriffe die Diskussion bestimmen. *Werner Szambien* (1986) hat mit „goût, symmetrie, caractère" die drei wesentlichen benannt und in wortgeschichtlichen Kapiteln, die sich zum Teil auf *Peter-Eckhard Knabe*s grundlegende Dissertation (1972) stützen, die Genese dieser zentralen Begriffe aufgearbeitet.
Einen wichtigen Einschnitt in die Geschichte der Architekturtheorie bedeutete der als „Querelle des anciens et modernes" in die Geistesgeschichte eingegangene Streit zwischen *Claude Perrault* und *Charles-François Blondel* (*Kristeller* 1951/1952, *Brönner* 1972), den noch hundert Jahre später *Boullée* in seinem Essai aufgriff, um seine eigene Position im Umfeld der Architekturtheorie zu definieren. Ohnehin stützt sich *Boullée*s ‚Traktat Architecture, Essai sur l'Art', den *Helen Rosenau* 1953 erstmals edierte, in weiten Zügen auf die Architekturtheorie des 18. Jahrhunderts. Seine Hauptanliegen, die *Monika Steinhauser* (1983) mit phaszinierender Sachkenntnis aus dem sprachlich schwierigen Text herauskristallisiert hat, gründen vor allem auf den Theorien von *Laugier* (Essai sur l'architecture, 1755), *Boffrand* (Livre d'architecture, 1745), *Blondel* (Cours d'architecture, 1771–1777), *Le Camus de Mezières* (Le génie de l'architecture ..., 1780) und der

englischen Sensualisten und münden in eine kategorische Neubestimmung der Baukunst. Während einzelne französische Theoretiker schon früh einer eingehenden Behandlung würdig befunden wurden (*Lemonnier* 1922, *Kaufmann* 1924, *Knight* 1952, *Middelton* 1959, *Herrmann* 1962, *Middelton* 1962/1963, *Gaus* 1971, *Saisselin* 1975, *Hesse* 1985, 1986), blieben englische, italienische und deutsche Autoren lange unbeachtet. Daß es sich jedoch bei der Theoriebildung — wie auch bei der architektonischen Formensprache — um ein internationales Phänomen handelt, wobei es häufig schwierig ist, zu analysieren, wer Gebender und wer Nehmender ist, macht ein vergleichender Blick auf die Schriften von *Addison, Shaftesbury* und *Burke* (*Clark* 1943, *Hersey* 1970, *Dobai* 1976, *Archer* 1978/1979, 1982), die Schriften des *Francesco Milizia* (*Brües* 1961), *Johann Georg Sulzer*s ‚Allgemeine Theorie der Schönen Künste' (1771 ff.) (*Dobai* 1978) oder die 1788 anonym erschienenen ‚Untersuchungen über den Charakter der Gebäude ...' (Nachdruck Nördlingen 1988) (*Schütte* 1979, 1981, *Kruft* 1987) deutlich.
Auf den englischen Einfluß auf die französische Architektur des Louis XVI. hatte schon *Fiske Kimball* (1931) aufmerksam gemacht. Die Architekturen in englischen Landschaftsgärten als Auslöser von Assoziationen (*Clark* 1943) und die von dort sich ergebenden Verbindungen zu Theorie und Praxis der Revolutionsarchitektur (*Langner* 1963) lassen sich sowohl in *Boullée*s Essai, *Ledoux*' Traktat, *Hirschfeld*s ‚Theorie der Gartenkunst' (1779 ff.) als auch den entsprechenden Kapiteln in *Stieglitz*' ‚Encyklopädie der bürgerlichen Baukunst' (1792 ff.) nachvollziehen. Die Auszeichnung jedes Gebäudes mit einem besonderen Charakter, der eine bestimmte Stimmung auslösen solle, die wiederum mit dem Zweck des Bauwerks übereinstimmen und einem Naturerlebnis vergleichbar sein solle, ist von der neueren Forschung unter den Stichworten ,,architecture parlante" und ,,Architektur als zweite Natur" abgehandelt worden (*Fliedl* 1977/1978, *Mosser/Rabreau* 1980, *Jehle* 1985, *Lehner* 1987).
Wie weit die Architektur im Zuge dieser Theorien aufgewertet und als autonome Kunst der Poesie und Malerei ebenbürtig erachtet wird, erhellt ein Vergleich mit der zeitgenössischen Kunsttheorie des ,,l'art pour l'art", in dem positiven Sinne, daß sich ein Kunstwerk selbst ganz ausspreche, sich aus der Textgebundenheit lösen solle, um allgemein verständlich zu werden (*de Chapeaurouge* 1983). Den Höhepunkt dieser durchaus mit ,,ut architectura poesis" zu überschreibenden Tendenz markiert *Claude-Nicolas Ledoux*' Schrift ‚L'architecture considerée sous le rapport de l'art, des mœurs et de la législation' (1804, Neudruck 1846/1847, 1962, 1980, 1984). Bereits von *Emil Kaufmann*

(1924) behandelt und in allen Publikationen über *Ledoux* berücksichtigt, ist erst in jüngerer Zeit gegenüber der bisherigen Ausrichtung auf die zahlreichen Abbildungen die immanente Textanalyse in den Vordergrund getreten (*Conard* 1978, 1980, *Didier* 1980, *del Pesco* 1980, *Gerken* 1987). Mit seiner als Mischung von Reisebeschreibung und Architekturtraktat konzipierten Arbeit will *Ledoux* ein breites Publikum ansprechen, dem er seine auf der Idee einer natürlichen Gleichheit aller Menschen basierende „demokratische" Architektur präsentiert. Abgehoben von ihrer utilitären und repräsentativen Rolle, solle Architektur, die jedem Menschen und jeder seiner Handlungen eine adäquate Bau-Form bereitstellt, einen sozialen Auftrag erfüllen, dessen Ziel die Moralisierung der Gesellschaft ist.

Gleichzeitig mit *Ledoux'* Programm von der Ablesbarkeit sozialer Kategorien in der Architektur erschien in Paris *Jean-Louis-Nicolas Durand*s ‚Précis des leçons d'architecture données à l'école polytechnique' (1802, dt. 1831) (*Hernandez* 1968, *Szambien* 1984, *Villari* 1987): im Gegensatz zu den schwärmerisch-romantischen Ideen von *Ledoux* ein geradezu rationalistisches Manifest, in dessen Vordergrund die Kosten-Nutzen-Relation steht. Wenn es auch äußerst verkürzend ist, *Durand*s Lehre auf diesen einen Aspekt zu beschränken, offenbart sich doch in dieser Gleichzeitigkeit des Ungleichzeitigen jene Umbruchssituation in der Architektur um 1800, die sich sowohl im Vergleich verschiedener Œuvres – z.B. *Durand* versus *Lequeu* – als auch im Œuvre einzelner Architekten – z.B. *L.J. Desprez, K.F. Schinkel* – nachvollziehen läßt. Für eine kurze Zeitspanne ist, zumindest im Entwurf, alles möglich. Die Grenzen einer normativen Ästhetik scheinen für einen Moment gesprengt, bevor ein wiederum starrer Akademismus diese große Freiheit im Gral der Stilhüter einschloß.

Ein Nachwort als Vorwort

Es gehört zum akademischen Brauch, daß man dem Neudruck einer älteren wissenschaftlichen Arbeit ein begründendes Vorwort mitgibt; der Forschungsstand hat sich verändert, wozu also der Rückgriff auf Überholtes?
Als mich der Verlag der Bauwelt Fundamente *anfragte, ob ich mit den Abdruck eines Teils meiner vor 25 Jahren geschriebenen Dissertation für den vorliegenden Band einverstanden sei, war meine erste Antwort verneinend; die Vorstellung, meinen alten Text in einem neuen Buch über die ‚Revolutionsarchitektur' zu finden, bereitete mir, offengestanden, Unbehagen. Über den Gegenstand ist seither viel geforscht und geschrieben worden, fast zuviel, möchte man meinen, angesichts der Flut der Publikationen. So lag es nahe, zum zweihundertjährigen Jubiläum der Französischen Revolution auch Bilanz zu ziehen über eine Architektur, der Emil Kaufmann vor vielen Jahren die suggestive Bezeichnung ‚Revolutionsarchitektur' gegeben hat.*
Allem Anschein nach ist auch meine ein Vierteljahrhundert zurückliegende Beschäftigung — die erste, aber nicht die letzte — mit dieser ‚Revolutionsarchitektur' ein Stück Forschungsgeschichte geworden, und so mag, allen Bedenken zum Trotz, das letzte Kapitel meiner Dissertation, das ihren Wurzeln nachgeht, hier seinen Platz finden. Daß es dazu eines Kommentars bedarf, versteht sich.
Seitdem auch in der Architekturgeschichte immer mehr Leute immer mehr über immer weniger wissen und publizieren, muß eine Dissertation mit dem Titel Grundzüge einer Ideengeschichte der französischen Architekturtheorie von 1560—1800 *entweder von Anmaßung oder Naivität zeugen. Es gibt heute eine unübersehbare Zahl von Untersuchungen über höchst spezielle Themen der Architekturtheorie; sogar Architekturzeitschriften wie* Daidalos, lotus international, Architectural Design *und* archithese *haben diese so lange als rein antiquarisch vernachlässigte Materie für sich entdeckt. Das war vor 25 Jahren anders. Einer auf morphologische und stilistische Probleme fixierten Kunstgeschichte schien die Frage nach den theoretischen Grundlagen nur von marginalem Interesse. Wer sich dennoch für Architekturtheorie*

interessierte, sah sich auf wenige Autoren verwiesen, für einen Überblick über die ‚Kunstliteratur' bot sich nach wie vor Julius von Schlossers Kompendium (erstmals 1924 deutsch, 1956 und 1964 erweitert auf italienisch erschienen).
Diesen Mangel empfand ich als Herausforderung. Sie anzunehmen, bedurfte es allerdings eines besonderen Glücksfalls: Die Bibliothek des Museums, in dem ich arbeitete, besaß eine Sammlung von rund 160 Architekturtraktaten von der Renaissance bis zum Klassizismus. 1923 war ihr Kernbestand in einer Ausstellung gezeigt worden, zu der kein Geringerer als A. E. Brinckmann einen einleitenden Vortrag gehalten hatte. Seitdem fristeten diese architekturtheoretischen Werke ein Dämmerdasein. Wenn sie schon jemand zur Hand nahm, dann ging es ihm nur um die oft prachtvollen Holzschnitte und Kupferstiche dieser Bände, nicht um ihren Text. Irgendwann begann ich, in ihnen zu lesen. Wachsendes Interesse, besonders für die französischen Theoretiker des 17. und 18. Jahrhunderts, stellte sich ein. Ich las mich in sie ein, die Lektüre wurde zu einer Entdeckungsreise. Was Paul Hazard 1935 in seinem Buch La crise de la conscience européenne 1680–1715 *so meisterhaft dargestellt hatte, ließ sich an den Gedanken und Thesen eines Blondel, Perrault, Boffrand u. a. unmittelbar nachvollziehen. Der Zusammenbruch einer normativen Ästhetik und die Entstehung einer relativistischen Wahrnehmungs- und Erlebnisästhetik fand in der Architekturdiskussion sogar früher statt als in der berühmten* Querelle des Anciens et des Modernes *der Poussin- und Rubens-Anhänger. Von hier führte ein direkter Weg zu den Visionen eines Boullée und den Utopien eines Ledoux. ‚Architekturtheorie als Geistesgeschichte' – dies in einem weitgespannten Überblick darzustellen, war schließlich das Ziel meiner Arbeit. Unversehens machten die zahlreichen Originalzitate aus den Quellenschriften aus ihr auch eine Anthologie zur französischen Architekturtheorie, die um so willkommener sein mußte, als die meisten dieser Traktate nur schwer zugänglich waren.*
Auch das ist inzwischen anders geworden. Die meisten der von mir studierten Werke sind heute als Reprint-Ausgaben greifbar, die Beschäftigung mit ihnen ist uns leicht gemacht. Darin drückt sich viel mehr aus als ein neues Verlagsprogramm; ohne das Theoriedefizit in der Architekturlehre der sechziger Jahre wäre jene kritische Bewegung unter den angehenden Architekten nicht denkbar, die nach den ideellen Grundlagen einer (konjunkturüberhitzten) Praxis fragten. Heide Brandt, Alfred Lorenzer und Klaus Horn gaben dieser Kritik 1968 Ausdruck in ihrem Büchlein Architektur als Ideologie. *Und plötzlich wurde das Interesse für die Geschichte der Architektur – genauer: für ihre Ideengeschichte – wach. Ein Laugier, ein Boullée, Ledoux oder Durand wurden ‚aktuell'.*

Daß man die alten Theoretiker nicht bloß aus antiquarischer Manie, sondern auch gegenwartsbezogen lesen könne, war — und ist — meine Überzeugung. Wir reflektieren Geschichte von unserem Standort aus, beide — Geschichte und Gegenwart — erhellen einander gegenseitig. Das ist eine Binsenweisheit, aber für die Architekturtheorie ist sie noch ziemlich neu.
Natürlich würde ich heute meinen ideengeschichtlichen Gang durch die französische Architekturtheorie anders antreten. Als Interpretationsversuch aus einer Zeit, die sich anschickte, ein neues Architekturverständnis zu gewinnen, mag er dennoch hier stehen.

A. H.

Französische Architekturtheorie von Briseux bis Ledoux*

Antonio Hernandez

1. Die Reaktion gegen die relativistische Architekturästhetik

„Es scheint, daß die Natur seit etwa dreihundert Jahren die Mitte eines jeden Jahrhunderts dazu bestimmt hat, die Epoche einer Umwälzung des menschlichen Geistes zu sein (...). Wenn man aufmerksam die Mitte unseres Jahrhunderts, die Ereignisse, die uns bewegen oder wenigstens beschäftigen, unsere Sitten, unsere Werke und sogar unsere Unterhaltungen betrachtet, so ist schwerlich zu verkennen, daß sich in vieler Hinsicht eine bemerkenswerte Veränderung unserer Ideenwelt vollzogen hat, eine Veränderung, die bei ihrer Schnelligkeit noch eine größere zu versprechen scheint. Es ist an der Zeit, Gegenstand, Wesen und Grenzen dieser Umwälzung ins Auge zu fassen, deren Nachteile und Vorteile unsere Nachkommen besser erkennen werden."[1]
Mit diesen Worten hat *D'Alembert* das allgemeine Bewußtsein, an einem Wendepunkt zu stehen, ausgedrückt; ihr besonderes Gewicht erhalten sie noch dadurch, daß sie nicht nur von einem Beobachter der Epoche stammen, sondern von einem Manne, der aktiv ihr Gesicht veränderte, war er doch mit *Diderot* an jenem großen Unternehmen der *Encyclopédie* beteiligt, das geschaffen war, „um die allgemeine Art und Weise des Denkens zu verändern".
Es ist der Augenblick der Bestandsaufnahme, der Überschau gesammelten Wissens und des Rückblicks auf eine vergangene Epoche wie in Voltaires *Siècle de Louis XIV*, das im selben Jahre 1751 erscheint wie der erste Band des enzyklopädischen Werkes. In solchem Tun liegt weniger Bedürfnis, Gegenwärtiges nur zu bestätigen als neu durchzudenken, nach seinen Grundlagen zu fragen.
Dasselbe geschieht nun in der Architekturtheorie. Sie begleitet nicht mehr passiv die Schöpfungen der Baukunst, verwirft nicht nur einzelne Auswüchse der Tagesmode; sie fragt nach den Ursachen dieser Vorgänge, kritisiert die Bauart der letzten Jahrzehnte. Die Schriften der Theoretiker nehmen plötzlich den Ton polemischer Schärfe an. Es geht nicht um Interpretationen, sondern um Grundsätze.

Es liegt nahe, im Bewußtsein einer künstlerischen Krise — das ist die Stimmung, die in den Architekturtraktaten herrscht — auf eine Vergangenheit zu blicken, deren Größe man verloren zu haben glaubt. Für die Baukunst ist das die Epoche Ludwigs XIV. Ihre Werke werden jetzt häufig als der Höhepunkt der Kunstentwicklung Frankreichs gepriesen. Zugleich erhebt sich die Frage, was ihren Abstieg herbeiführte, drängender noch schließlich diejenige nach der Rettung vor dem andauernden Niedergang. Alle ästhetischen Prinzipien sind schwankend geworden, muß man da nicht nach wirklich unerschütterlichen Regeln suchen? Der Versuch, sie zu finden, kennzeichnet die Architekturtheorie der folgenden Jahre. Und die verschiedenen Wege münden schließlich in einen neuen Klassizismus.

Die erste Schrift nach der Jahrhundertmitte, in der man die Rückkehr zu strengen Proportionsregeln als das Heil der Architektur predigt, knüpft folgerichtig ihre Betrachtungen an den alten, inzwischen fast vergessenen Disput zwischen Perrault und Blondel an. Folgerichtig, weil der Architekt des 18. Jahrhunderts im Siege Perraults das Ende der großen klassischen Architektur sieht und in seiner Person den Wegbereiter der folgenden Kunst. Man besinnt sich plötzlich wieder auf das Thema jenes Streitgesprächs zwischen dem Akademiker und dem Erbauer der Louvrekolonnaden, deren feierliche Größe einem Boileau sosehr im Widerspruch mit den Theorien Perraults zu stehen schien, daß er ihn als deren Schöpfer bezweifelte. Und als man nun mit kritischerem Geiste auf die „licences" des Rokokozeitalters zu blicken beginnt, erinnert sich die Architekturtheorie an ihren vermeintlichen gedanklichen Ursprung. Es ist nicht so wesentlich, sich zu fragen, ob man wirklich zu Recht Perrault als den Vater der Rokokoarchitektur betrachten kann — kunstgeschichtlich gesehen müßte man das gewiß verneinen — als zu erkennen, wie die Architekturtheorie selbst den Weg der Baukunst zu den neuen Formen verstand. Die Geschichte der *Ideen* kann nicht primär nach „falsch" oder „richtig" fragen, ohne sich das Verständnis ihres Gegenstandes zu verbauen.

Wir können die neue Wendung der Gedanken daran ermessen, daß von ihr nicht nur die jüngere Generation der Architekten erfaßt wurde. *Briseux*, den wir als Verfasser eines Musterbuches für Landhäuser kennengelernt haben, in dem er sich dem modischen Geschmack der Bauherren nicht allzu fernstehend zeigt, gibt im hohen Alter von 92 Jahren ein Werk heraus, das einen programmatischen Titel trägt: *Traité du Beau essentiel dans les Arts. Appliqué particulieèrement à l'Architecture, et démontré Phisiquement et par l'Expérience*.[2] In diesem Traktat vollzieht Briseux die Schwenkung zum strengen Klassizismus wenigstens was seine Auffassung über das Wesen der Proportionen angeht.

Er gibt den Anlaß zu seinem Buch in folgenden Worten: „Die Abhandlung verdankt ihre Entstehung den Disputen, die ich mit meinen Kollegen über die Beschaffenheit des absoluten Schönen (beau essentiel) in der Architektur geführt habe. Die Mehrheit marschiert voller Vertrauen unter dem Banner Perraults und weigert sich, das Schöne aus den Proportionen abzuleiten."[3] Sogar die Lehre an der Akademie wurde davon angesteckt: „Als Folge hörten die Akademieprofessoren, die nach Blondel kamen, auf, die grundlegenden Prinzipien der Architektur zu lehren."
Briseux macht für diese Entwicklung Perrault direkt verantwortlich; er sei der Urheber des seit Ende des 17. Jahrhunderts einsetzenden Verfalls der Baukunst: „Die Unterschiedlichkeit der Meinungen und die Kontroverse zwischen Blondel und Perrault spiegeln die Verfallsepoche der Architektur in Frankreich wider. Seit jener Zeit wird die Wahrheit hinter dem Schleier des Unechten und Willkürlichen verborgen."[4] In einer langen Einleitung unternimmt es Briseux, Perrault Satz um Satz zu widerlegen, sofern man hier überhaupt von ‚Widerlegung' sprechen will. Auch dem späten Gegner Perraults wird das mitunter bewußt, muß er doch einmal zugeben: „Obwohl es nicht möglich war, feste (sc. Proportionen) festzustellen, sind sich alle Autoren über die Notwendigkeit, solche zu beachten, einig."[5] In diesem Satz steckt der Sinn des ganzen Buches: die Proportionen als formgewordene feste Prinzipien sind ein *Postulat*.
Um das zu stützen, geht Briseux von dem Vergleich der Architektur mit der *Musik* aus, den auch Perrault angestellt hatte, um darzulegen, daß die musikalischen Harmonien vermöge ihrer nachweisbaren Zahlengesetze ein in der Natur begründetes Prinzip besäßen, dagegen die architektonischen Proportionen nicht. Es erübrigt sich, hier im einzelnen nochmals auf das Problem einzugehen, das schon zwischen Perrault und Blondel Gegenstand einer langen Diskussion gewesen war. Briseux erweist sich zudem hier nicht als besonders originell; er wiederholt im Grunde nur, was schon Blondel seinem Gegner entgegengehalten hatte. Der ganze *Traité du Beau* greift die Gedanken jenes *Ouvrard* auf, dessen *Architecture Harmonique ou l'Application de la doctrine des proportions de la Musique `a l'Architecture* schon Blondel als Quelle gedient hatte.
Briseux greift diesen Gedanken auf und erweitert ihn zu einem umfassenden System. Darin spielt die bekannte ‚Urhütte' der Griechen, die François Blondel in seinem *Cours* abgebildet hatte, keine Rolle. Briseux ist nicht daran interessiert, aus den Ursprüngen der Baukunst ihre Gesetze abzuleiten, die frühesten Schöpfungen der griechischen Baumeister enthalten für ihn nicht schon die vollständige ‚Idee' der

Architektur (das war der Glaube der ersten, dogmatischen Klassizisten Fréart de Chambay gewesen). Erfindung und Zufall stehen zugleich am Anfang, aber: „Man suchte somit nach Regeln, um der ‚bizarrerie', der Freiheiten, die sich die ersten Architekten der Antike erlaubt hatten, Einhalt zu gebieten *und um die wahrhafte Idee des Schönen auf ewig festzuschreiben:* Diese Regeln fand man in der Natur selbst."[6] Die Idee der wahren Schönheit ist also keineswegs in den Urschöpfungen enthalten, sie muß erst entdeckt werden. Die italienischen Klassizisten des 17. Jahrhunderts — zum Beispiel Bellori — ließen den Künstler selbst an dieser Idee teilhaben. Briseux verlegt sie in die *Natur*. Die Mutter aller Dinge kennt keine Willkür, in ihr geschieht nichts zufällig, und Briseux zitiert *Pythagoras*, der gesagt hatte, die Gesetze der Natur seien ewig und einheitlich. Dieser Hinweis auf den griechischen Philosophen ist außerordentlich wichtig, er macht den Aufbau des Gedankengebäudes im *Traité du Beau* verständlich und sinnvoll. Denn es geht Briseux nicht um den isolierten Vergleich zwischen Musik und Architektur; einem solchen Versuch, zwei Kunstgattungen miteinander zu vergleichen, müßte etwas Gesuchtes und Kurioses anhaften wie bei Batteux oder Boffrand. Briseux dient er als Modell einer umfassenden Analogie zwischen verschiedenen Dingen. Denn wenn die Natur überall und jederzeit nach denselben Prinzipien verfährt, dann muß ein Einklang zwischen ihren Geschöpfen und den Werken der Kunst bestehen — man muß ihn nur erkennen. Der *Traité* will ihn am Beispiel der Musik und der architektonischen Proportionen zeigen: „aus dieser doppelten Wirkung der harmonischen Beziehungen schlossen die Alten, daß es in allen Dingen, die von der Natur geschaffen worden sind, ein gemeinsames Prinzip geben müsse."[7] Dieses Prinzip ist das der *harmonischen Proportionen*. Der Gedanke der pythagoreischen Philosophie, daß sich in den Verhältniszahlen des Tonsystems die Harmonie des Kosmos spiegle, hatte in den Schriften der italienischen Renaissancetheoretiker eine große Rolle gespielt.[8] Die französische Architekturtheorie hatte diese kosmologischen Spekulationen nicht aufgegriffen und war in ihrer Entwicklung bei einem ästhetischen Relativismus angelangt, dem solche philosophischen Gedanken ferner als je standen. In diesem Augenblick versucht der Traktat Briseux' über das bisher Gedachte hinweg den Anschluß an die frühen Theorien der Italiener zu suchen, um die klassische Architektur wieder zu ihren Quellen zurückzuführen.
Dieser Versuch mußte den ‚aufgeklärten' Köpfen des 18. Jahrhunderts als Mystizismus vorkommen, und so bemüht sich Briseux ihn in einer ‚modernen' Sprache vorzutragen. Er wandelt den Kosmos in eine rational erkennbare *Natur* um: „Aber, wird man fragen, welchen Zusammenhang gibt es zwischen dem System der Klänge und dem des Kör-

pers? Ein anschauliches Beispiel bietet uns der Regenbogen: Alles ist bei ihm voneinander verschieden, und dennoch läßt sich alles auf eines zurückführen. Der wunderbare Effekt rührt, den Experimenten des berühmten Newton zufolge, daher, daß die sieben sichtbaren Farben [des Regenbogens, A. d. Ü.] sich im gleichen Verhältnis zueinander befinden wie die Intervalle der sieben Töne in der Musik: ein natürliches Gemälde, das der Schöpfer unseren Augen darbietet, um uns in das System der Künste einzuführen."[9]
Das „Sisteme [sic] des Arts" ist kein anderes als das der Natur, die Proportionen und Progressionen, welche die Harmonie verursachen, sind nichts spezifisch Künstlerisches (das heißt: der Phantasie überlassen!), *„sie beachtet sie in allen wahrnehmbaren Eigenschaften ihrer Schöpfung gleichermaßen"*, und das ästhetische Vernügen besteht in der „Wahrnehmung der harmonischen Beziehungen, *wie sie in unseren eigenen Anlagen vorkommen*, und daß dieses Prinzip nicht allein innerhalb der Musik existiert, sondern darüber hinaus in allen Werken der Künste: *Die selbe Ursache kann nicht zwei unterschiedliche Wirkungen haben*."[10] Eine psychologische Dimension – das ‚Temperament' des Künstlers – kennt Briseux offenbar nicht, so ist für die Subjektivität des Urteils in diesem geschlossenen System kein Platz: Da die Natur den Menschen so geschaffen hat, daß er in der Harmonie der Proportionen eine Analogie „à sa propre constitution" erlebt, sind deren Regeln ewig und unveränderlich. Wie kommt es dennoch zu verschiedenen Geschmacksurteilen? Sind diese nicht, wie Perrault behauptet hatte, durch verschiedene äußere Umstände bedingt, gibt es nicht viele Arten von Schönheit? Briseux hat dafür eine Erklärung bereit: „wenn es unter den Menschen verschiedene Gefühle gibt, und wenn daraus unterschiedliche Urteile resultieren, so kommen diese Unterschiede nur daher, *daß jene über mehr oder weniger Kenntnisse verfügen*, und daß ihre Organe gut oder schlecht angeordnet sind. Oft rühren diese Unterschiede von ihrer Unkenntnis und fast immer von der mehr oder weniger vorhandenen Fähigkeit zur Reflexion über ihre Gefühlseindrücke, die *ursprünglich und im wesentlichen bei allen identisch sind*."[11] Auf diese Art bringt es Briseux fertig, den modernen deterministischen Standpunkt mit der kosmologischen Renaissanceästhetik zu einem Kunstsystem zu vereinen, das wir nicht dogmatisch nennen können, weil es sich als Resultat einer wissenschaftlichen Ableitung darbietet. Briseux will nicht ‚philosophieren', er bemüht sich im ganzen Buch, seiner Beweisführung die Evidenz eines naturwissenschaftlichen Lehrsatzes zu geben. Wollten wir seine Methode auf eine kurze Formel bringen, dann müßten wir sie als eine Art *physiologischer Ästhetik* bezeichnen.[12]

Eine Frage drängt sich dabei auf. Wenn architektonische Maße und musikalische Klänge auf demselben Naturgesetz beruhen, wie kommt es dann, daß es in der Baukunst soviel ‚fehlerhafte', regelwidrige Werke gibt, während man den Musikern kaum je mißtönende Kompositionen vorwerfen kann? Briseux macht dafür die übliche Kunsterziehung verantwortlich. Wir werden alle dazu erzogen, Konsonanzen von Dissonanzen zu unterscheiden, so daß unser Ohr für die Harmonien der Tonkunst empfindlich ist. Aber: „Die Architektur besitzt diesen Vorteil nicht: Nur wenige üben sich in ihr; und die Gebäude, die den Proportionen gemäß ausgeführt wurden, sind so rar, daß es dem Auge fast stets an den notwendigen Mitteln mangelt, um das Schöne vom Unschönen unterscheiden zu lernen."[13] Noch schlimmer ist es, daß selbst der Architekt nicht lernt, mit den Proportionen richtig umzugehen. Darum gibt es keine echte Architekturkennerschaft, und in absurder Umkehrung der richtigen Verhältnisse wird die Königin der Künste aller festen Regeln beraubt, deren sie doch am wenigsten entraten kann, wenn sie die anderen führen soll.

Briseux ist eigentlich kein Klassizist. Er spottet über die Nachahmer der klassischen Säulenordnungen: „Wenn sie die Ordnungen in ihren Werken verwenden (...), erkennen sie nicht, daß sie nichts sind als einfache Kopisten, und daß sie untertänig den Proportionen folgen, die diese großen Männer, die Autoren jener Werke, darin beachtet haben."[14] Sie wissen nicht, was sie tun, und während sie laut die Regeln verwerfen, bewundern sie doch deren Ergebnisse. Diese *Unkenntnis* gilt unserem Theoretiker noch fast schlimmer als Gefühlsstumpfheit; das ist ein Zug, der ihn von seinen Vorgängern im 17. Jahrhundert unterscheidet. Blondel hatte nicht verlangt, daß der Betrachter die Maßverhältnisse seiner Porte-Saint-Denis kenne oder gar *ablese*, wenn er auch auf die mathematische Grundlage seiner Komposition stolz war. Briseux aber macht sich über jene lustig, die sie bewundern, „ohne zu wissen, warum". Ähnlich trumpft er in der Schilderung eines Gespräches mit der Überlegenheit des Wissenden auf: „Mehrere Anhänger einer Geschmacksrichtung, *fernab aller Prinzipien*, sagten mir, daß sie beim Anblick der Bauten Palladios außer sich gewesen wären. Ich fragte sie, ob sie darauf geachtet hätten, wodurch der Architekt es geschafft habe, seinen Werken so viel Eleganz zu verleihen. Nein, antworteten sie mir, aber in der Komposition der Gebäude sei ein gewisses ‚je ne sais quoi' [ich weiß nicht was; Schreibweise modernisiert, A. d. Ü.], das entzücke und verzaubere. Auf diese Antwort, an der ich die Gemeinplätze erkannte, derer sich die Unwissenheit bedient, gab ich zurück, daß jenes gewisse ‚je ne sais quoi', das sie sich nicht erklären konnten, aus nichts anderem als den Proportio-

nen bestände, die der geschickte Architekt — von einem durch Erfahrung geschulten Geschmack geleitet — für die Gliederung seiner Gebäudepartien gewählt hatte. Dies könne man auch an den Maßen überprüfen, die auf Anordnung Ludwigs XIV. verwendet wurden. Weil sie einer so wahren Rede nichts mehr entgegenzuhalten wußten, glaubten sie nichts Besseres tun zu können, als das Gespräch zu beenden."[15]
Architektur ist etwas, das nicht nur mit künstlerischem Sinn *gesehen*, sondern auch mit dem Intellekt *verstanden* werden soll. Das hatte bisher für den Schaffenden gegolten. Jetzt wird auch vom Betrachter *Wissen* verlangt. Die Architekturbücher des Rokoko machten es dem Liebhaber leicht, genießen zu lernen; Briseux' *L'Art de bâtir* war ein Beispiel dafür. Die architektonischen Laienbreviere nach der Jahrhundertmitte wollen den Laien zum Kenner heranbilden. ,,Wenn die Seele keine Bildung erhalten hat, begnügt sie sich mit dem Genuß einfacher Sinneswahrnehmungen. Wenn sie aber durch Lehrsätze erleuchtet worden ist, schätzt sie auch die Freude am Studium und an der Diskussion."[16]

2. Die Ästhetik der logischen Konstruktion: Marc-Antoine Laugier

Die jüngere Generation ging andere Wege. Ihre Architekten suchten zwar auch nach sicheren theoretischen Grundlagen, sie empfanden das gleiche Ungenügen an dem fade und unverbindlich tönenden Begriff des ,guten Geschmacks', dessen genaue Bestimmung bisher noch niemand fertig gebracht hatte. Aber man suchte nicht mehr nach den ewigen Gesetzen der absoluten Schönheit; man war der Spekulationen über das Wesen der Proportionen überdrüssig und verlangte nach einfachen, klaren Regeln. So blieb der *Traité du Beau essentiel* des greisen Briseux trotz seiner gewollt ,wissenschaftlichen' Argumentation ohne Widerhall. Sein Inhalt wurde nicht mehr als aktuell empfunden.[17]
Das Buch, in dem mit überraschend neuen, kritischen Gedanken die Abkehr von der Architekturauffassung der ersten Jahrhunderthälfte vollzogen wurde, kam wieder von einem Außenseiter, einem reinen Theoretiker. Es trug den knappen, unprätentiösen Titel *Essai sur l'Architecture*, sein Verfasser *Marc Antoine Laugier* war ein gelehrter Jesuitenpater, der am Hofe des exilierten Polenkönigs Stanislaus Leszcinski in Nancy lebte.
Der ersten Auflage von 1753 mußte er schon 1755 eine zweite folgen lassen, in der sich der Verfasser des *Essai* mit seinen Kritikern auseinandersetzt.[18] Der handliche Oktavband scheint gleich nach seinem Erscheinen zu einem Vademecum der jungen Architekten geworden zu sein — ein ungewöhnlicher Erfolg für das Buch eines theoretisierenden

Klerikers. Selbst die Académie d'Architecture fand es so sehr der Beachtung würdig, daß sie im Februar 1754 an ihren Sitzungen aus dem *Essai* las und Jacques François Blondel ihn bereits in der Literaturliste seines *Discours* aufführte.[19]

Drei Dinge warf man dem *Essai* vor, die üblicherweise nicht zum Ton der Theorietraktate gehörten: den knappen, ‚dreisten' Stil, die Kühnheit seiner ungewohnten Thesen und die angebliche Respektlosigkeit vor den Klassikern Palladio, Scamozzi, Vignola und Blondel. Dazu kam noch von einem Kritiker der Vorwurf, Laugier habe einen Traktat aus dem Anfang des Jahrhunderts, den *Nouveau Traité* des Kanonikus *Cordemoy* kopiert, ein Vorwurf, der mehr zur böswilligen Pamphletistenmanier gehörte.[20]

Laugier verficht eine vernunftsmäßige Architektur. Wo nicht klare — das heißt hier: jedermann erkennbare — Grundsätze herrschen, da gibt es nur Willkür: „Für das Gelingen der Künste ist es wichtig, in ihnen nichts zu dulden, was nicht auf Grundsätzen beruht; sonst gibt es statt Regeln nur Kaprizen."[21] Die Künstler werden einwenden, auch die Einfälle der Phantasie vermöchten Gefallen zu erregen, aber Laugier will solche Werke nicht zulassen, weil sich ihre Wirkung auf den Menschen der Kontrolle durch den Intellekt entzieht. Man muß dem Künstler eine feste Regel geben, „an die er gezwungen ist, sich zu halten und die unmittelbar zur Verdammung seiner kapriziösen Ideen führt"[22]. Gewohnheit und Sitte können diese Regel nicht geben, weil sie selbst etwas Veränderliches sind, und das genügt nicht, denn Gesetze müssen sich nicht auf das beziehen, „was ist, sondern was sein soll".

Vor diesem Rationalismus kann auch Briseux' harmonikales System nicht bestehen — Laugier kritisiert seine Proportionslehre: „... als er uns hätte erklären müssen, worin genau diese bestehen, wiederholte er nur die willkürlichen Ansichten einiger Alter und gab uns in noch willkürlicherer Weise die Akkorde der Musik als Regeln".[23] Das heißt: die Theorie von Briseux gibt keine handfesten Rezepte, zudem ist sie unbewiesen, also wertlos.

Diese vernunftbesessene Haltung durchzieht das ganze Buch; Laugiers Argumentationen geben sich als voraussetzungslose, reine Vernunftgründe. Worin erblickt nun Laugier die „festen und unverrückbaren Gesetze", die er für die Architektur postuliert? Er versucht nicht, sie in einem umfassenden System darzustellen, sein Buch geht rein analytisch vor. Der oberste Grundsatz aller Architektur ist die *Logik der Konstruktion*. Er legt sie dar, indem er die gebräuchlichen Elemente der Baukunst auf ihren ursprünglichen Zweck zurückführt und mit dem mehr dekorativen Gebrauch, den man von ihnen jetzt macht, vergleicht. Nicht die Proportionsgesetze sind also das Primäre, sondern die Frage

nach der konstruktiven Begründung. Die Säulenordnungen nehmen dabei keine bevorzugte Stellung ein, sie sind vom Baukörper als Ganzem untrennbar: „Ich möchte alle Welt von einer Wahrheit überzeugen, die ich als sehr sicher erachte. Die ist, daß die Teile einer architektonischen Ordnung mit den Teilen des Gebäudes identisch sind. Diese dürfen folglich nicht nur zur Dekoration des Gebäudes verwendet werden, sondern zur Komposition" (S. XVII). Laugier macht aus diesem Grundsatz ein mehr ethisches als ästhetisches Problem, wenn er bemerkt, er gehöre zur „Wahrheit des Architekturschauspiels".
Ein Beispiel mag das verdeutlichen. In der Besprechung des Dreieckgiebels stellt Laugier fest, er sei nichts anderes als die Schmalseite des Daches, folglich könne er auch nur an der Schmalseite eines Gebäudes vorkommen und nicht auf der Traufseite. Diesen Fehler hat sogar der große Perrault an der Louvrefassade begangen. Aus der Natur des Dreickgiebels ergibt sich weiter, daß er nicht über Gebäudeöffnungen in unteren Geschossen gesetzt werden darf, denn es ist widersinnig, über einem Dach weiterzubauen. Noch ärger sind übereinandergestellte Dachgiebel: „Es gibt nichts Widersinnigeres als diese Praxis: Ein Erdgeschoßgiebel bekrönt ein Dach; ein Giebel darüber bekrönt noch ein Dach: also haben wir zwei Dächer, eins auf dem anderen."[24] Laugier scheut sich wiederum nicht, ein bewundertes Bauwerk als Beispiel solcher Unlogik zu nennen: *Saint-Gervais*. Seine Ästhetik der Konstruktionslogik scheint ihm so unwiderlegbar, daß er überzeugt ist, kein vernünftiger Mensch werde in Zukunft derlei mehr ertragen: „Nach dem eben aufgeführten Grund glaube ich nicht, daß irgendein vernünftiger Mensch dem übereinandergestellten Dachgiebel, wie er dort zu sehen ist, zustimmen kann. Noch schlimmer ist es, wenn sich der Giebel unterhalb des Gesimses befindet. *Ihn so zu benutzen, bedeutet, das Dach ins Haus hinein zu nehmen und den Fußboden über das Dach zu legen*".[25]
Fühlt sich Laugier als Vorkämpfer einer konstruktivistischen (beziehungsweise funktionalistischen) Ästhetik, so ist er doch kein *Purist* wie die archäologisch gebildeten Klassizisten des ausgehenden 18. Jahrhunderts. Er verbietet keineswegs den Gebrauch klassischer Architekturglieder in einer vom Altertum abweichenden Weise: „Manchmal ist es notwendig, mehrere architektonische Ordnungen übereinander zu stellen; sei es, weil die zu konstruierenden Gebäude aus mehreren Etagen bestehen sollen, oder weil, auch bei nur einem Stockwerk, die Schicklichkeit oder ein anderer Grund eine Hervorhebung erfordern, der eine einzige architektonische Ordnung nicht genügen würde. Das Übereinanderstellen von Ordnungen wird in solchen Fällen *zur Freiheit, die die Notwendigkeit rechtfertigt* ..."[26] Nach diesem Grundsatz be-

handelt der *Essai* alle wesentlichen Bauglieder, wobei sich alle Regeln auf das Prinzip ‚logischer' Konstruktion zurückführen lassen, falls nicht der Gebrauch eine Ausnahme verlangt. Laugier weiß, daß dieser rigorosen Baulehre vieles nicht standhalten kann: „Daraus folgt, hat man mir gesagt, daß unsere größten Architekten die übelsten Fehler begangen hätten (...), und, wenn man ihnen glauben sollte, daß das, was wir als Meisterwerke bewundern, voll von Fehlern sei. Ich gebe zu, das ist ein starker Einwand. Niemand hat weniger Lust als ich, den Ruf der großen Meister der Kunst zu schmälern. Ich schätze deren Begabungen, ich achte ihr Gedächtnis, ich hege für sie alle die treueste Verehrung. Doch trotzdem wäre es ein blindes Vorurteil zu glauben, daß das, was jene gemacht haben, gut sei, nur weil sie es getan haben ..."[28] Was kann Besseres geschehen, als daß die Strenge seiner Grundsätze zur Vervollkommnung der Kunst beitrage? Laugier sieht diese Vervollkommnung in einer Reduktion auf wenige Bauelemente, wobei ja noch unendlich viele Möglichkeiten durch Variationen erhalten bleiben. Seine Regeln sind aber auch hier nicht autoritativ im Sinne einer Beschränkung auf die „guten Vorbilder": „Die Anzahl der architektonischen Ordnungen ist nicht absolut festgelegt. Die Griechen kannten nur drei, die Römer zählten bis zu fünf, und wir Franzosen würden gerne noch eine sechste hinzufügen (...). Wir befinden uns in keinen schlechteren Verhältnissen als die Griechen und Römer (...). Warum sollte es uns nicht erlaubt sein, uns nach ihrem Beispiel einen neuen Weg zu öffnen?"[28]
Etwas sarkastisch bemerkt Laugier, die Erfindung sei allerdings nicht die Stärke der Franzosen, und vielleicht habe das vorangegangene Jahrhundert alle architektonische Schöpferkraft aufgezehrt, denn Neues sei inzwischen nicht geschaffen worden. „Ich verlange von unseren Architekten, ab und zu den üblichen Weg zu verlassen. Ihr wahrer Ruhm hängt von ihren Erfindungen ab. Ihr Genie werden sie nur beweisen, indem sie Dinge produzieren, die noch nicht gemacht worden sind. Wenn jene, deren Spuren sie folgen, nie auf anderen Pfaden als ihre Vorgänger hätten gehen wollen, wo wäre die Architektur heute?"[29]
Das scheint Laugiers Vorstellung von einer einfachen und natürlichen Architektur zu widersprechen, wenn man unter „inventions" neue Schmuckmotive versteht, wie sie die vergangene Rokokomode so liebte. Aber er denkt nicht an das dekorative Beiwerk, das zum Baukörper keine notwendige Beziehung hat. Seine Kritik ist hier wirklich neu, denn sie zielt auf die Gesamtform der Gebäude: „Die geläufigste Form unserer Bauwerke ist das Rechteck: Doch diese zu allgemeine Form ist trivial geworden und hat nichts Interessantes mehr (..). Wenn die genauere Betrachtung der Mehrzahl unserer Gebäude auf uns einen so

schwachen Eindruck macht, so können wir dies der großen Einförmigkeit zuschreiben, die in den Grundrissen herrscht. Wer einen gesehen hat, hat fast alle gesehen ..."[30]
Laugier kommt dabei auf *Kirchenbauten* zu sprechen, eine Gebäudegattung, die in der ganzen französischen Architekturtheorie fast nie behandelt wird — sei es, daß hier stärkere Formtraditionen das Thema des Kirchenbaus für die Theorie unergiebig machten, sei es, daß das Schwergewicht der Bautätigkeit im 17. und 18. Jahrhundert tatsächlich auf dem Profanbau lag. Laugier zeigt sich als wahrhaft revolutionärer Denker. Nachdem er den üblichen kreuzförmigen Grundriß mit Langhaus, Seitenschiffen und Chor als unbegreifliche Beschränkung auf ein einziges Schema kritisiert hat, schlägt er neue Formen vor: „Alle geometrischen Figuren, vom Dreieck bis zum Kreis, können dazu dienen, die Komposition dieser Gebäudegattung endlos zu variieren. Es wäre zweifellos sehr angenehm, wenn es in einer Stadt wie Paris keine einzige Kirche gäbe, die irgendeiner anderen gleichsähe; wenn sie alle etwas ganz Eigenes in ihren Formen besäßen, würdig, die Aufmerksamkeit der Kuriosen auf sich zu ziehen und den Geist der Kenner zu fesseln".[31]
Man bedauert, daß der phantasievolle Jesuitenpater seine Ideen nicht wenigstens in Stichen zu einem leibhaften Bild werden ließ, aber der *Essai* enthält nur wenige, belanglose Tafeln mit Darstellungen der Ordnungen.
Diese Ideen müssen Laugier die heftigsten Kritiken eingetragen haben, besonders *La Font de Saint Yenne* warnte vor der „monströsen Verwirrung" und der „unversiegbaren Quellen der Verrücktheit", die solche Kirchen heraufbeschwören würden.[32] Unter ihnen scheint Laugier die Idee einer Kirche als gleichseitigen Dreiecks am liebsten gewesen zu sein, er stellt sich sogar städtebauliche Situationen vor, wo diese Form sich geradezu aufdränge.
Die Partien des *Essai*, in denen Laugier seine Gedanken zu neuen Grundrissen schildert, gehören zu den originellsten, sie führen weit über alles hinaus, was in den anderen Architekturtraktaten über Grundrißgestaltung zu finden ist. Die Erfindungskraft der Architekten war auf diesem Gebiete keineswegs schwach, aber sie konzentrierte sich fast nur auf die *distribution*, das heißt auf die innere Einteilung weniger Typen von Baukörpern. Laugier geht aber viel weiter. Ihm ist der Bau als Ganzes wichtig. Zehn Jahre nach der zweiten Auflage des *Essai* kommt er in einem neuen Buch, den *Observations sur l'Architecture* unter anderem auf dieses Thema zurück: „Wir variieren die Formen unserer Gebäude nicht genug, wir, die in allem anderen variabel sind. Laßt uns hier nicht nur unterwürfige Nachahmer derer sein, die uns vorangegangen sind. Nichts beweist das mangelhafte Genie unserer Architekten und die

Unfruchtbarkeit ihrer Ideen besser als das geschmacklose Einerlei, das in ihren Grundrissen herrscht."[33]

Die *Observations* führen manche Gedanken des *Essai* noch weiter, ihre Vorschläge sind in vielem schon den Entwürfen der Revolutionsarchitekten verwandt. „Was für verschiedene Formen könnte man unseren Kirchen geben!" Laugier nennt außer dem gleichseitigen Dreieck noch Quadrat, Rhombus, griechisches Kreuz: „Ich habe nur auf eine kleine Zahl der möglichen Formen hingewiesen. Es gibt unendlich viele mehr, die das Genie erfinden kann, sowohl unter Verwendung von Polygonen als auch, indem es gerade Linien mit Kurven mischt."[34]

Diese Grundrisse sollen nicht auf Kirchen beschränkt bleiben; Laugier denkt auch an neuartige Palast- und Schloßentwürfe, sogar an ein Spital in Form eines Andreaskreuzes mit einer Kirche im Schnittpunkt. Das ist alles aber nicht als freies Spiel der Phantasie zu verstehen; Laugier würde sich gegen solche Willkür verwahren: „Der Charakter des Gebäudes steht fest, sobald der Zweck bekannt und der Geschmack gewählt ist."[35] Wie sich daraus bestimmte Formen ableiten lassen, bleibt ungeklärt, ebenso, nach welchen Gesetzen die Proportionen festgesetzt werden sollen. Oberstes Leitprinzip muß immer die Vernunft sein: „Ach, was schert es mich, daß es sich um ein Novum handelt, wenn es vernünftig ist".

Der *Essai* und die *Observations* lesen sich wie Manifeste zu einer neuen Architektur. In temperamentvollem Ton rufen sie dazu auf, sich von starren Formkonventionen zu lösen, sie kritisieren die ehrwürdigsten Baudenkmäler, sie rütteln an geheiligten Vorbildern: „... sogar die Griechen besaßen nicht die Fruchtbarkeit des Genies, die wir ihnen zuzuschreiben versucht sind. Wären ihre Ideen nicht so unfruchtbar gewesen, träfen wir einen weniger gleichförmigen Charakter in den Erfindungen ihrer letzten beiden Gesimse an."[36]

Auf der anderen Seite kämpft Laugier auch gegen Meinungen, die in seinen Augen ein Vorurteil sind. Kein Architekturbuch vor Laugier läßt der *Gotik* soviel Gerechtigkeit, ja, Sympathie angedeihen wie seine beiden Traktate. Sie eröffnen recht eigentlich die Reihe der bewundernden Würdigungen, die jetzt einzusetzen beginnen. Vereinzelt fand sich auch in älteren Architekturtraktaten ein Lob der kühnen gotischen Baukonstruktionen; jetzt faßt man die Zeugnisse des Mittelalters als Kunstwerke ins Auge. Laugier entdeckt an ihnen viele Vorzüge trotz ihrer bizarren Ornamentik, ja, er stellt sie der „Halb-Antike" der Gegenwart positiv gegenüber: „Während wir uns den Modernen (das ist die Gotik) entfernten, verließen wir die Zartheit; indem wir auf die alten zurückgriffen, fanden wir die Schwere. Aber wir sind nur die Hälfte des Weges gegangen. Wir blieben zwischen den beiden stecken, und es

ergab sich hieraus eine neue Art von Architektur, die nur zur Hälfte antik ist und die uns dazu veranlassen könnte, die Abkehr von der modernen Architektur zu bedauern".[38] Laugier rühmt den Eindruck echter *Größe* beim Betreten einer Kathedrale. Das Meisterwerk gotischer Baukunst ist für ihn der Turm des *Straßburger Münsters*. Er ist nicht nur um seiner Konstruktion willen bewunderungswürdig, sondern auch wegen der *Eleganz* der Formen, der Zartheit der Ausführung, der *Richtigkeit der Proportionen*. Die gotischen Baumeister haben hier etwas geschaffen, dem die Heutigen nichts Ebenbürtiges hinzufügen könnten: „In diesem einzigen Werk ist mehr Kunst und Genie als in allem, was wir woanders an Prächtigerem sehen."[39] In den *Observations* steigert sich das Lob der Gotik zu geradezu romantischer Begeisterung über den geheimnisvollen Zauber der Kathedralräume, die Vielfalt ihrer Durchblicke und ihr Licht: „Eine liebreizende Aufteilung, bei der das Auge in den Seitenkapellen köstlich zwischen Säulenreihen eintaucht, bei der die Glasfenster das Licht im Überfluß und ungleichmäßig verteilen (...), ein Gemisch, eine Bewegung, ein Tumult von Durchblicken und festen Wänden, die spielen, die kontrastieren und deren Gesamtwirkung entzückt."[40]
Diese Worte ließen eher an die Schilderung eines Romantikers aus dem frühen 19. Jahrhundert denken als an einen Architekturtheoretiker des 18., so ungewöhnlich ist die Art nicht nur des *Urteils* über gotische Architektur, sondern auch ihres Erlebnisses. Die Schilderung wechselnder Durchblicke, das Spiel des *Lichtes* — hier ist ein neues Element der Architektur entdeckt: die *Stimmung*, in die den Betrachter ein Raum versetzen kann.
Auch die Natur wird neu erlebt; Laugier gehört zu den Anhängern des sogenannten chinesischen Gartens, das heißt des *Landschaftsgartens*. Der neue Geschmack am naturhaften Garten mit malerisch verteilten Bosketten und schlängelnden Wegen war von England nach Frankreich gelangt; hier aber fühlen wir uns in die geistige Welt der „Nouvelle Héloise" versetzt, wenn wir Laugier „anti-symmetrie" „air de caprice" und die „graces champêtres" preisen hören.[41]
Diese Freude am Malerischen und „Natürlichen" wird sogar auf die *Stadt* übertragen: „Man muß eine Stadt wie einen Wald betrachten", sie soll schöne gerade Straßen wie die großen Parkwege, die zu den rondpoints und carrefours führen, haben, aber auch die Mischung von „ordre et bisarrerie", von „symmétrie et varieté", selbst „désordre", „confusion", „fracas" und „tumulte dans l'ensemble" will Laugier nicht vermissen.[42]
Das regelnde Prinzip dieser Kompositionsideen ist der *Kontrast*. Aber dieses Prinzip ist eigentlich kein ästhetisches, es erhebt Stimmungsgehalte zu Elementen der Architektur, sie löst Gefühle aus.

Das scheint schlecht zur rationalistischen Haltung Laugiers zu passen, aber er selbst erklärt sie: „Als ich mehr und mehr über die verschiedenen Eindrücke nachsann, die die diversen Architekturkompositionen auf mich gemacht hatten, wollte ich die Ursache ihrer Wirkung ergründen. Ich fragte mich angesichts meiner eigenen Gefühle. Ich wollte wissen, warum solche Dinge mich entzückten, andere mir nur gefielen..."[43]
Diesen Ausgangspunkt für Laugiers Gedanken müssen wir berücksichtigen; seine Bücher wollen nicht nur der Architektur Regeln geben, sie fragen auch nach ihrer Wirkung auf den Betrachter. Laugiers oft kühne Ausblicke auf eine neue Architektur sind zwar die Reflexionen eines Laien, eines ‚Liebhabers', um einen Ausdruck der Epoche zu verwenden, aber sie haben wie die keines anderen auf die Vorstellungen der jüngeren Architekten gewirkt. In den *Observations* stehen auch die folgenden Sätze, welche vielleicht am deutlichsten in Worte fassen, was die systematische Lehre nicht so vorbehaltlos formulieren konnte: „Sagen wir doch nicht, die Künste hätten Grenzen. Da sie dazu bestimmt sind, die Reichtümer der Natur in Gang zu setzen, ist ihr Bereich notwendigerweise nicht festgelegt. Wenn sie an Grenzen stoßen, ist es, weil das Genie aufgehört hat, ihren Fortschritt zu leiten. Deshalb blieb die Architektur an dem Punkt stehen, an den die Griechen sie gebracht hatten. Es ist uns angemessen, uns von diesen alten Schranken zu befreien. Wagen wir es, zu glauben, daß es darüber hinaus Schönheiten gibt. Laßt uns die Flamme des Genies in die Hand nehmen, dringen wir dahin durch, wohin die Griechen nicht gelangten, und bringen wir ungekannte Wunder mit zurück."

3. Die Architekturlehre zwischen Rokoko und Spätklassizismus

Briseux' *Traité du Beau essentiel* war die zornige Reaktion eines Architekten auf den „regellosen" Überschwang der Rokokoformen, Laugiers Bücher sind das Manifest einer neuen, Vernunft und Empfindung gleichermaßen ansprechenden Architektur, die die Abkehr von der Vergangenheit radikal vollziehen soll. Die Geschichte der Architekturtheorie wäre ohne diese programmatischen Schriften ärmer an Ideen, denn gerade von ihnen sind immer wieder starke Impulse ausgegangen. Sie sind nicht zuletzt Zeugnis dafür, welch wichtigen Platz die Architektur als Gegenstand der Reflexion in der gebildeten Welt einnahm, ein Platz, den sie unterdessen der Malerei hat abtreten müssen.[44] Sogar der Lehrbetrieb der Akademie trug dem Rechnung, indem ihre Reglemente ausdrücklich jedem, „qui aura goût pour l'architecture", den Zutritt zu den Vorlesungen gewährte.

Die königliche Akademie war aber um die Mitte des 18. Jahrhunderts nicht mehr die einzige Lehrstätte für angehende Architekten. *Jacques François Blondel*, der Neffe des François Blondel, hatte 1743 eine eigene Architekturschule eröffnet, nicht ohne zuerst auf den eifersüchtigen Widerstand der königlichen Akademie zu stoßen, die um ihr Unterrichtsmonopol bangte. Ein Ministererlaß vom 6. Mai 1743 zwang indessen die Bauakademie, nachzugeben und gute Miene zum bösen Spiele zu machen.[45] 1755 nahm sie Blondel als Akademiemitglied auf, 1762 ernannte sie ihn als Nachfolger Loriots zum Professor.

Blondel hat sehr viel geschrieben. Weder als Architekt noch als Theoretiker hatte er sich in seinem Jugendwerk *De la distribution des maisons de plaisance* als originell erwiesen. Erst seine Unterrichtstätigkeit bringt ihn dazu, sich intensiver mit den Grundlagen der Baukunst zu beschäftigen. Das Ergebnis sind zwei große Publikationen: die *Architecture françoise*, ein auf acht Bände angelegtes, monumentales Werk, das auf vier Bände beschränkt blieb.[46] Die Absicht des Werkes ist im Titel ausgedrückt, der wörtlich denjenigen der Stichsammlung Mariettes von 1727 wiederholt, aber Beschreibungen und ,,dissertations utiles et interessantes" hinzufügt, was der berühmte Verleger nicht getan hatte.

Das andere ist der *Cours d'Architecture* in sechs Text- und drei Tafelbänden.[47] Die *Architecture françoise* enthält auf 190 Seiten einen Abriß der Architekturgeschichte, vorwiegend eine Kompilation aus älteren Autoren[48], eine Einführung in die Architektur, ,,contenant les principes généraux de cet Art", und eine Geschichte der Stadt Paris. Diese Einführung stellt eine Art Kurzfassung der Theorie Blondels dar, wie sie ausführlicher und systematischer im *Cours* dargelegt werden. Blondel hat die ersten vier Bände seiner Vorlesungen selbst veröffentlicht, sich aber offenbar gescheut, das mit voller Verantwortung zu tun, denn er läßt sein Werk von einem fingierten ,,M. R.***" herausgeben.[49] Diese im 18. Jahrhundert so überaus verbreitete Geheimniskrämerei hatte hier noch einen Nebensinn: Wenn sich der Verfasser des Buches nicht mit seinem Akademikertitel selbst nannte, mußte er es nicht der Compagnie zur Begutachtung vorlegen, er war frei, seinen Kurs nach eigenem Gutdünken zu publizieren.[50]

Der *Cours* ist, wie Blondel selbst zugibt, keine nachträglich ausgearbeitete Fassung seiner Vorlesung, sondern das Skriptum der Lektionen. Das erklärt die ermüdende Weitschweifigkeit des Textes, seine Wiederholungen und Meinungsänderungen, denn er erstreckte sich von 1750 bis zum Tode Blondels im Jahre 1774, die letzten Kapitel des vierten Bandes, des letzten, den Blondel selbst verfaßte, wurden fortlaufend nach den Vorlesungen zum Druck gegeben. Aller dieser Mängel ungeachtet, die der fiktive Herausgeber R*** in der Einleitung erwähnt, ist der *Cours* Blondels die umfangreichste systematische *Architekturlehre* nach dem *Cours d'Architecture* von *François Blondel*, des Onkels unseres Verfassers. Sie ist sogar umfassender als diese, enthält sie doch außer der Proportionslehre, die fast das ganze Werk Blondels d. Ä. ausfüllt, sämtliche Einzelgebiete der Architektur, von ihrer Geschichte bis zu Grundrißlehre, Treppenbau, Gartenkunst, Beschreibung einzelner Bauaufgaben nach Zweckbestimmung und Bauanalysen. Die technische Baukunde ist Ergänzung *Pierre Pattes*.

Der *Cours* ist aber nicht nur die erste umfassende Baulehre, die publiziert wurde, sondern zugleich auch die *letzte* des 18. Jahrhunderts. Sie soll nach dem Zeugnis von Blondels treuem Schüler und Mitarbeiter Patte eine „Quintessenz" der Architekturtheorie geben. Blondel selbst nennt sich in einem seinem *Discours*, den er vor seiner eigenen Akademie hielt und gleichzeitig als Broschüre drucken ließ[51], nicht einen Gesetzgeber und Richter der architektonischen Grundregeln, sondern „es sind, im Gegenteil, die Grundsätze, denen sie [die Meister] gefolgt sind, die wir zu entdecken versuchen; es sind die Schönheiten, die von allen Jahrhunderten und von allen Kennern anerkannt worden sind, die wir uns bemühen, ans Licht zu bringen ..."[52].

So ist es schwierig, aus dem Studium der *Architecture françoise* und des *Cours* eine klare Vorstellung von Blondels Architekturästhetik zu gewinnen. Sein Qualitätsurteil orientiert sich an den großen Meistern, aber ihm gelten François Blondel, Perrault und Boffrand alle gleich viel, der alte Streit um absolute oder relative Schönheit kümmert ihn nicht. Er glaubt an den absoluten Maßstab und meint ihn aus dem Vergleich des Bedeutendsten zu gewinnen, das alle großen Völker geschaffen haben: „Man darf nicht nur die Größe der Massen der Ägypter vergleichen, die kostbaren Details der Griechen, die schöne Komposition der Werke der Römer, die erfindungsreiche Struktur der Araber, sondern auch den besonderen Stil, der diese kennzeichnet ..."[53] Das heißt, er ist ein Eklektizist, er bemüht sich, jeden *Stil* — das Wort kommt erst jetzt in den Architekturbüchern vor — nach seinen eigenen Gesetzen zu beurteilen. Blondel wiederholt Briseux' Klage, niemand verstehe etwas von Architektur, und dieses Fehlen echter Kennerschaft sei ihre größte Gefahr, weil die Architektur ohne den gebildeten Auftraggeber nicht bestehen könne. Der *Discours* ist nichts anderes als der Nachweis dessen, wie notwendig es sei, den architektonischen Geschmack auszubilden. Denn die Architektur ist die Grundlage aller Künste, wir genießen die Schätze der Natur nur durch sie, kein gesellschaftliches Leben wäre

ohne sie denkbar, und ihr Schöpfer „ein guter Architekt, wie wir ihn verstehen, kann nicht als gewöhnlicher Mensch betrachtet werden"[54].
Wie soll der Geschmack entscheiden, welche Werke gut sind? Wenn es in allen Architekturen Qualitäten eigener Art gibt, die nicht aneinander gemessen werden können, muß es offenbar verschiedene Geschmackskriterien geben: „Man beobachtet auch, daß das, was dem einen gefällt, dem anderen mißfällt. Die Mehrzahl der Bauten, denen in Frankreich Anerkennung zuteil wird, findet in England keinen Anklang, und was man in Deutschland, Preußen und Portugal bewundert, berührt uns nur schwach. Es ist ohne Zweifel die Unterschiedlichkeit der Charaktere und der Neigungen der Menschen, die die Verschiedenheit ihrer Geschmäcker bewirkt."[55] Jedermann weiß, heißt es an einer anderen Stelle, daß der Geschmack etwas Reales ist, man kann ihn nur nicht bestimmen, man weiß nicht, ob er Regeln unterworfen ist: „Handelt es sich nun um eine Eigenschaft des Geistes oder um eine seelische Neigung?"[56] In der Beurteilung der Architektur muß man aber dem Geschmack Regeln geben: „Grundlage des architektonischen Geschmacks muß also die Kenntnis der künstlerischen Lehrsätze sein ..."[57] Auch für Blondel ist das Problem nicht lösbar; wir haben zwar alle einen natürlichen Geschmack für das Schöne, „aber es ist schwierig zu erkennen, in wieviele Nuancen er sich aufspaltet."[58] Blondel verurteilt die *Mode*, die der launische Geschmack schafft, aber nachdenklich fügt er hinzu, es sei merkwürdig, daß sich alle Epochen über sie beklagt hätten, „Vitruv und seit ihm auch viele andere Architekten haben gegen dieses Durcheinander der Phantasie angeschrieben, ohne daß man sich deshalb gebessert hätte"[59].
Seine Bemerkungen über den Baustil der vergangenen Jahrzehnte sind besonders aufschlußreich, denn sie zeigen Blondel als einen Architekten zwischen zwei Stilphasen, dem Rokoko und dem einsetzenden Spätklassizismus: „Vor mehreren Jahren schien unser Jahrhundert das der Rocaille zu sein. Heutzutage ist das anders, ohne daß man wüßte, weshalb. Damals erschien uns der griechische und römische Geschmack kalt, eintönig. Jetzt äffen wir die Last der Mehrzahl der gelehrten Werke dieser Völker nach."[60] Diese Rückkehr zur Antike wird von Blondel als eine Reaktion gegen den Rocaillestil begrüßt, er lobt den neuen Ernst der jungen Architekten, deren Fassadenentwürfe strenger geworden sind, und möchte ihr Antikenstudium noch vertieft sehen: „Wir raten jedoch der Mehrheit, noch mehr das Antikenstudium zu verstärken, um sich vom herrschenden Geschmack einiger ihrer Zeitgenossen zu lösen."[61]
Ein widersprüchliches Bild ergibt sich, wenn wir so gegensätzliche Äußerungen wie die folgende: „Der von der Urteilskraft geleitete

Geschmack verlangt die Nachahmung der antiken Architektur ..."[62] mit der Ablehnung der Antikennachahmung aus kulturhistorischen Gründen vergleichen: „Die Kenntnisse, derer es für die Alten bedurfte, um ihre Denkmäler zu errichten, haben etwas Erstaunliches. Währenddessen (...) ist es nicht weniger wahr, daß der Wandel, der in unseren Gewohnheiten eingetreten ist, der Klimaunterschied und die Verschiedenartigkeit unserer Wissensgebiete, uns anscheinend dazu gezwungen haben, sozusagen eine neue Kunst zu schaffen, mit der wir Gebäude nach unseren Bedürfnissen errichten. Außerdem muß man zugeben, daß wir das Schauspiel der Natur mit anderen Augen sehen als jene. Alles hat sich verändert: die Sitten, die Götter, die Politik. Diese Veränderungen haben sich notwendigerweise in den von uns errichteten Gebäuden niederschlagen müssen. Deshalb wäre es vielleicht unvernünftig, heute bei uns Bauten exakt im Geschmack der Antike zu errichten. Eine solche Nachahmung käme einer Zensur unserer eigenen Produktionen nahe. Zweifellos werden die Werke der Alten stets Meisterwerke bleiben, doch können sie uns nicht als Vorbilder dienen."[63]
Das ist eine Absage an allzu sklavische Nachahmung der griechischen und römischen Baukunst. Sie erhielt in den siebziger Jahren eine Aktualität durch die Applikation archäologisch getreu kopierter Motive an Fassaden in Innenräumen, auf Möbeln. Blondel rügt die eckigen neuen Möbelformen, die ein ebenso verdammenswertes Extrem seien wie die vorhergehende Mode: „Aus einer ebenso verdammenswerten Unlogik heraus verwendet man heutzutage den ernsten Stil des Außenbaus für das Innere von Wohnungen."[64] Dessen Übertreibungen charakterisiert er als „un genre soldatesque, une pesanterie gigantesque"[65] — damit sind die Entwürfe eines Boullée, eines Ledoux gemeint.
Die richtige Beziehung zwischen Fassadengestaltung und Innenausstattung eines Gebäudes herzustellen, gehört zu den schwierigen Aufgaben des Architekten. Wie kann die Forderung der „noble simplicité" mit den Wünschen nach freier, anschmiegsamer Eleganz der Räume verbunden werden? Zwar ist in diesen eine intimere, lässigere Form erlaubt, aber es muß doch Einheit gewahrt werden: „Wir fügen hinzu, daß diese in der Architektur so notwendige Einheit den Planentwurf erschwert, vor allem dann, wenn man, dem Geist der ‚convenance' gemäß, das Nützliche mit dem Bequemen und dem Großen verbinden will."[66]
Da äußere Instrumentierung und Innenausstattung der Gebäude verschiedene Wege gingen, hatten die Regeln, nach welchen sich die Architekten richten sollten, zu oft unlösbaren Problemen geführt. So wird es verständlich, daß jetzt — gewissermaßen als Ausweg aus diesem Dilemma — der Begriff der *Convenance* eine neue Bedeutung annimmt. Früher bezeichnete er vor allem die dem Range, der gesellschaftlichen Stellung

des Hausherrn angemessene Gestaltung. Jetzt soll der Bau seinen eigenen „Charakter" haben. Blondel führt hier die Gedanken *Boffrands* fort, indem er eine Anzahl bestimmter „genres" unterscheidet. Der Charakter muß *anzeigen*, welchem Zweck ein Gebäude dient: „Sämtliche von der Architektur abhängigen Werke sollen den Prägestempel der jeweiligen Bestimmung des Baus tragen. Allen soll ein Charakter eigen sein, der ihre allgemeine Form festlegt und der den Zweck des Gebäudes ankündigt."[67] Aber darin erschöpft sich der Begriff nicht; er zeigt nicht nur die Zweckbestimmung an, sondern drückt auch das Wesen des Baus als eines Kunstwerks aus. Er ist Träger einer „stummen Poesie", deren Gehalte verschieden sein können, „indem er im einen sublimen, nobel erhabenen Stil bevorzugt, im anderen einen naiven, einfachen, wahrhaften Charakter, distinkte, eigene Ausdrucksformen, die nicht vermischt werden dürfen, die nicht synonym sind, die empfunden werden müssen, anschließend diskutiert und die, mehr als man gewöhnlich denkt, dazu beitragen, jedem Gebäude den ihm eigenen Charakter zuzuweisen"[68].

„Charakter" und „Stil", das sind Wertmaßstäbe, die sowohl über das Rokoko als auch über den akademischen Klassizismus hinausführen, und es ist höchst bezeichnend, daß Blondel, ähnlich wie schon Boffrand, sich nur durch Umschreibungen, durch Begriffe aus der Dichtung oder Malerei verständlich machen zu können glaubt: „in einem Wort, der Stil, von dem wir sprechen, ist dem der Redekunst ähnlich. Er kann dem Architekten dazu verhelfen, im sakralen, heroischen, pastoralen Genre (...) zu malen".[69] Täuschen wir uns nicht: „sakral" bedeutet nicht einfach einen Sakralbau, „heroisch" zum Beispiel einen Triumphbogen und „pastoral" ein Landhaus; es sind nicht Zweckbestimmungen genannt, sondern *Ausdrucksfunktionen*. Blondel schildert eine Anzahl von Charakteren, die er unter Stichworten wie „fest, männlich, leicht, elegant, zart, ländlich, feminin, geheimnisvoll, groß, kühn, gewaltig, frivol, zügellos" usw. aufführt.[70]

Dem entspricht nun auch die Gestaltung der verschiedenen Gebäudegattungen, darunter von Nutzbauten, die vordem einer ausführlichen Behandlung in einem Architekturtraktat nicht für notwendig befunden worden wären, weil sie keine künstlerischen Probleme boten. Blondels *Cours* weist hier auf den kommenden Ausgleich zwischen repräsentativer und reiner Zweckarchitektur hin, wenn er nicht nur die ersteren bespricht, sondern auch Reservoire, Märkte, Metzgereien, Kasernen, Zeughäuser, Gefängnisse, Leuchttürme usw. Dabei geht es nicht um den technisch-funktionalen Aspekt; jedem dieser Bauwerke ist ein bestimmter *Charakter* zugeordnet. Die traditionelle *Hierarchie* in der Instrumentierung der Architektur ist durchbrochen, denn man kann einem

Leuchtturm oder einem Gefängnis nicht ‚weniger' Charakter geben als einem Stadttor oder einem Lustschloß, sondern nur einen *anderen*. Blondels Auffassungen als Architekturlehrer spiegeln deutlich seine Stellung zwischen zwei Stilen, oder — da wir von der Theorie sprechen — zwei Geisteswelten. Von hier aus werden auch seine oft widersprüchlichen Lehrsätze verständlich, Widersprüche, die sich einerseits aus der Abwehr des Rokoko und all dessen, was damit an malerischer Auflösung architektonischer Werte zusammenhängt, erklären lassen, andererseits aus der Ablehnung jenes Stils der schweren Baumassen mit kahlen Wänden und kolossalen Ordnungen (nicht Kolossalordnungen), der unter seinen Schülern begeisterte Anhänger fand. Wenn Bondel einmal erklärt, nur die Rückkehr zur Einfachheit und Klarheit der Antike könne vor dem modischen Unwesen retten, wandte er sich gegen die Schöpfungen Oppenordts und Meissoniers; wenn er den Unsinn, wie die Alten bauen zu wollen, geißelte, richtete er sich an die junge Architektengeneration. Seine Widersprüche sind der Kampf gegen Rocaille-Mode und antikischen Formalismus.
Und doch ist er auch der Wegbereiter neuer Ideen. Seine Lehren über den „Charakter" in der Architektur fielen auf fruchtbaren Boden. „Charakter", „Ausdruck", „Poesie" — das sind neue Werte, die den beherrschenden Wert „Schönheit" der älteren Klassizisten entthronen.

4. Die Rückkehr zum strengen Klassizismus: Marie-Joseph Peyre

In Blondels Schüler *Marie-Joseph Peyre* verbinden sich diese neuen Wertvorstellungen mit einer enthusiastischen Verehrung der römischen Antike. Als Stipendiat der Akademie reist der junge Architekt 1753 nach Rom und zeichnet die Diokletian-, die Caracalla-Thermen und andere Bauten der Kaiserzeit. Der herrschende Geschmack für das Grandiose wählt auch unter den antiken Vorbildern aus, was ihm am meisten entspricht. Wenige Monate nach seiner Ankunft in Rom macht sich Peyre bereits daran, seine Eindrücke von diesen riesigen Baukomplexen für eigene Entwürfe zu verwerten.
Die Früchte dieser Arbeiten legt Peyre 1765 in dem Band *Œuvres d'Architecture* vor.[71] Darin fehlt alles, was für die älteren Romfahrer der wichtigste Grund ihrer Studien gewesen war: Säulen, Kapitelle, Gebälk, ornamentierte Friese, — das heißt, die vornehmsten, als wesentlich angesehenen Glieder der römischen Bauten, deren genaues Maß immer wieder erforscht wurde. Der nachbarocke Klassizist sieht die antiken Bauten mit neuen Augen: „Ich habe in verschiedenen Entwürfen, die in diesem Buch enthalten sind, versucht, das Genre der

großartigsten Bauten, die die römischen Kaiser errichtet haben, nachzuahmen".[72] Peyre sucht nicht die Gesetze architektonischer Schönheit in den Proportionen der Einzelglieder zu ergründen, er tritt zurück, um die Größe der ganzen Baukörper zu erleben.
Dieses neue Verhältnis zur Antike kündigte sich in zahlreichen Stichpublikationen römischer Bauten an, ja, man begann sogar, über Rom hinauszublicken: ägyptische und griechische Denkmäler werden bekanntgemacht. 1752 begann der *Recueil d'Antiquités égyptiennes, étrusques, grecques et romaines* des Grafen *Caylus* zu erscheinen; *David Leroy* gibt 1758 *Les Ruines des plus beaux monuments de la Grèce* heraus; 1762 erscheinen die *Antiquities of Athens* von *Stuart* und *Revett*. Werke dieser Art folgen einander in großer Zahl bis zum Ende des Jahrhunderts, Zeugnisse archäologischen Interesses, auf die wir nur hinweisen, weil sie zur neuen Wertung des Altertums unter den Architekten beitrugen. Den stärksten Ausdruck einer stimmungshaft gefärbten Sicht dieser Bauten besaßen vielleicht *Piranesis* Stiche. 1754 hatte die Akademie Veduten des Venezianers in einer Sitzung studiert und bewundert, war aber vor ihrem malerischen Pathos etwas hilflos verharrt.[73] Ihrem Verhältnis zur Antike, das in den römischen Bauten die Normen proportionaler Schönheit sah, mußte der impressionistische Charakter dieser Blätter, in dem sogar das Ruinöse zur Steigerung des Eindrucks einbezogen ist, fremd bleiben.
Auf den jungen Peyre aber müssen die großen Bauten der Kaiserzeit ähnlich gewirkt haben; seine Phantasie ergänzt die Ruinen zu glanzvollen Palästen, deren Raumfolgen er sofort in eigene Entwürfe umsetzt: „Während meines Romaufenthalts beeindruckten die Überreste der berühmten Bauten meine Sinne derart, daß ich alle Anstrengungen unternahm, um das Genre dieser großartigen Kompositionen in mehreren Entwürfen nachzuahmen; unter anderen in in einem Palast für einen Souverän sowie in einem für die Künste und die Wissenschaften. Ich sammelte in den Thermenruinen (...) so viel wie möglich von den Dingen, die ich wegen ihres Genres und ihrer Wahrheit bewunderte."[74]
Peyre gibt in seinem Buch zwei große Grundrisse der Diokletian- und Caracalla-Thermen wider; daneben figuriert ein „plan d'un palais pour un souverain", der sich an den Raumfolgen der Thermen inspiriert.[75] Auf diesen Einfall ist Peyre sehr stolz; er rügt die Architekten, die dergleichen noch nie gewagt hätten und stattdessen in den Fehlern der Vergangenheit verharrten. Wir haben Vitruv gelesen und ihn nicht verstanden, wir bewundern die Meisterwerke der Alten, und wir haben uns nie gefragt, warum sie uns beeindrucken – „schließlich hatten wir uns eine Architektur geschaffen, die wir ‚französisch' nannten, und dennoch erschien uns die schöne Architektur der Antike erhaben..."[76] Vor

Peyres rigorosem Klassizismus kann offenbar selbst die Architektur des 17. Jahrhunderts nicht mehr bestehen, sie ist nicht „römisch" genug. Er meint, man beginne zu erkennen, daß die Bauten der Alten „d'un style bien plus grand et plus imposant" waren als alles, was man seither gebaut hat, — auch in diesem Urteil kehren die Größe und das Erhabene als die wichtigsten Werte wieder.
Die französische Architektur betrachtet die Kunst der „distribution" als ihre Errungenschaft. Das Problem der inneren Grundrisse war von den ästhetischen Überlegungen nicht so stark berührt worden; man war sich allgemein darüber einig, daß man das Altertum darin weit übertroffen habe. Peyre greift auch diese Vorstellung an: „Bis zur Gegenwart hatten wir uns davon überzeugt, daß die Alten, was die innere Gliederung ihrer Paläste betraf, nur sehr große Räume kannten, aber daß ihnen, was wir eine vorteilhafte Raumaufteilung nennen, unbekannt war."[77] Seine archäologischen Untersuchungen an der Villa Hadriana haben ihn überzeugt, daß „sogar ihre Aufteilungen überaus vorteilhaft und erlesen waren"[78]. So wird auch hierin die römische Architektur zum absoluten Vorbild erhoben; es handelt sich nur darum, für den modernen Gebrauch die *passendsten* antiken Bauten auszusuchen und „sie unserer Nutzung anzupassen"[79]. Die beiden Bände der *Œuvres d'Architecture* enthalten dafür mehrere Beispiele im strengsten klassizistischen Stil, darunter eine Kapelle nach dem Vorbild des Grabmals der Caecilia Metella[80] und eine Gegenüberstellung antiker Tempel mit modernen Kirchen. Peyre will nicht wahrhaben, daß sich der Charakter der Tempel nicht auf Kirchen übertragen lasse: Die Alten haben für die Verehrung ihrer Götter so erhabene Bauformen geschaffen, daß uns nichts mehr hinzuzufügen bleibt.
Das Bedenkliche solcher Vorschläge scheint Peyre doch nicht ganz zu entgehen, wenn er fragt: „Warum sollen sich die Architekten nicht der Fiktion bedienen wie die Dichter und die Maler? Warum sollte man Herrn Gondoin einen Vorwurf daraus machen, daß er dem Äußeren des chirurgischen Amphitheaters den Charakter eines Äskulaptempels verliehen hat?"[81]
Wir sehen, wie Boffrands und Blondes Begriff des „Charakters" nun weiter ausgedeutet wird: Einerseits soll er so gesteigert werden, daß er starke Emotionen auslöst — „Die gute Architektur produziert in unserer Seele die stärksten Empfindungen. Sie ruft Schrecken und Furcht hervor, flößt Respekt ein, inspiriert Zärtlichkeit, Ruhe, Wollust usw."[82] —, andererseits werden bestimmte Bautypen durch ihren Charakter zu *Symbolen* ihrer Bestimmung. Die Gebäude interpretieren sich selbst.

In solchen Vorstellungen verbindet sich der Spätklassizismus mit Zügen eines *romantischen* Architekturverständnisses.[83] Es ist nun sehr bezeichnend, daß zugleich mit solchen, auf die ‚Bedeutung' eines Baus zielenden Interpretationen der Gedanke des *Idealbaus* wieder auftaucht.
Peyres Klassizismus glaubt an die endgültige, überzeitliche Vollendung der Architektur: „Die schnellen Fortschritte, die die Architektur in Frankreich hin zu ihrer Perfektion macht, müssen uns dazu ermutigen, unseren Studieneifer und unsere Aufmerksamkeit zu verdoppeln."[84] Durch die enge Bindung an das absolute Vorbild der Antike fallen zeitbedingte Wandlungen fort, die *ideale Architektur* wird möglich.
Zwei Entwürfe Peyres lassen diesen antikisch-idealen Geist spüren: Der eine zeigt einen weiträumigen Baukomplex, bestehend aus einer als Zentralbau gebildeten Kathedrale mit flankierenden Bischofs- und Domherrenpalästen. Ein Kolonnadenring verbindet die Kathedrale mit den beiden Palästen zur Einheit und schließt sie zugleich nach außen ab, gleichsam einen *Weihebezirk* abgrenzend, einen „temenos".[85] Peyres eigene Worte rechtfertigen diese Deutung: „Die Kolonnade (...) würde beim Eintritt, nach dem Vorbild einiger antiker Tempel, auf den dort zu zollenden Respekt vorbereiten."[86] Ein zweites Projekt zeigt eine Akademie, die alles enthalten soll, „was für die Jugenderziehung nötig ist".[87] Der Grundriß ist von den Kaiserthermen beeinflußt, seine Formen sind — wie die des Kathedralbezirkes — additiv, in sich ruhend. Was diesen Entwurf aber besonders zum ‚Idealbau' macht, ist sein umfassendes Programm. Zum erstenmal wird hier das große Thema der ‚Menschenerziehung' in Verbindung mit einer architektonischen Idee angeschlagen.[88] Der utopische Charakter dieses Projekts weist schon voraus auf die Gedanken von Ledoux.

5. Die Theorie der symbolischen Architekturform: Etienne Louis Boullée

Der romantische Zug der Gedanken Peyres erscheint in den Schriften *Etienne Louis Boullée*s noch gesteigert und tritt noch stärker hervor, weil er sich von der klassizistischen Nachahmung römischer Bauten befreit.[89] Boullée scheint nie in Italien gewesen zu sein, zumindest fehlt jeder sichere Hinweis dafür.
Er hat nicht viel gebaut, und seine Bauten verraten wenig vom radikal neuen Geist seiner Entwürfe. Was ihn mit Ledoux verbindet und zum Schöpfer einer elementaren, neuen Architekturform macht, sind die Visionen seiner unausgeführten Projekte. Sie als stilgeschichtliches

Phänomen zu würdigen, ist hier nicht der Ort, das ist bereits in jüngster Zeit geschehen.[90] Boullée hat aber das Manuskript eines *Essai sur l'art* hinterlassen, der, ebenso wie die lavierten Federzeichnungen seiner Entwürfe, in der Bibliothèque Nationale in Paris aufbewahrt wird. Nichts davon ist zu Lebzeiten Boullées gedruckt worden, vom *Essai* gibt es erst seit wenigen Jahren eine Ausgabe.[91] Boullée wollte Entwürfe und Text veröffentlichen; mehrere Fassungen seiner Gedanken und die genauen Beschreibungen zu den Projekten deuten jedenfalls darauf hin, aber die Ungunst der Revolutionsjahre hat dieses Vorhaben verhindert.

Das Motto seines Traktats ist für diese Gattung von Kunstliteratur, das heißt, für einen Architekturessai ungewöhnlich. Es lautet „Ed io anche son Pittore" [„Auch ich bin Maler"] und erinnert daran, daß der junge Boullée Maler werden wollte; mehr noch ist es aber ein treffender Hinweis auf Boullées Vorstellungen von Architektur und Malerei. Er preist das Los der Maler und Dichter; frei und unabhängig könnten sie ihren Gegenstand wählen und den Eingebungen ihres Genius folgen.[92] Dieser neidvolle Stoßseufzer kehrt mehrmals wieder, er beweist, wie sehr der Architekt seine Werke als freien Ausdruck der Künstlerpersönlichkeit schaffen möchte. Nicht nur das; er möchte auch mit den Wirkungen der Malerei auf den Besucher wetteifern. Er meint, „daß man sich dieser schönen Kunst viel mehr mit den Kräften seiner Seele als mit denen seines Geistes widmen muß"[93].

Dieser emotionale Aspekt ist es vor allem, der ihn beschäftigt. Er will die Architektur genau unterschieden wissen von der „Kunst des Bauens", das heißt, die Schöpfungen des Geistes von der materiellen Ausführung: „Die Kunst zu bauen ist demnach zweitrangig, und es erscheint uns angebracht, sie als den wissenschaftlichen Teil der Architektur zu bezeichnen."[94] Mit diesem Teil der Architektur beschäftigt sich Boullée nicht weiter, weil er mit ihrem geistigen Gehalt nichts zu tun habe. Er versteht darunter etwas völlig Neues, denn weder François Blondel noch Perrault „hätten auch nur die geringste Ahnung von den grundlegenden Gesetzen ihrer Kunst gehabt"[95]. Selbst Vitruv habe nur die „mechanische" Seite der Baukunst gekannt.

Was ist nun das Wesen der Architektur? Boullée definiert es seiner Meinung nach richtiger „als die Kunst, Bilder zu schaffen, durch die Art und Weise der Anordnung von Körpern"[96]. Der Satz wirkt wie eine Umkehrung der Definition illusionistischer Malerei, die ja mit ihren Mitteln Körperhaftes vorstellen will. Eine Architektur, die bildhafte Wirkung durch die Aufstellung von Baukörpern erzielen will, fordert die Frage heraus, wozu man dann noch bauen müsse, wenn doch die Malerei dasselbe bieten kann. So einfach ist es aber nicht gemeint. Tatsächlich spricht mehr als der „verhinderte Maler" aus der zitierten Definition. Boullée denkt nicht an Malerei im engeren Sinne der Kunstgattung, er verwendet das Wort, um ihre emotionale Wirkungsweise anzudeuten. Die Architektur hat ihre Möglichkeiten noch gar nicht entdeckt; man muß „die verstreuten Schönheiten der Natur versammeln können, um sie in ein Kunstwerk umzusetzen. Ja, ich kann es nicht oft genug wiederholen, der Architekt muß die Natur in der Kunst zum Ausdruck bringen (‚être le metteur en œuvre de la nature')."[97] Boullée meint damit die Wirkungen von Licht und Schatten auf dem Baukörper. Wir werden noch sehen, wie er sich das vorstellt.

Auch bei ihm begegnen wir wieder dem von Blondel d. J. zuerst verwendeten Begriff von der *Poesie* der Architektur. Nur so ist der Vergleich mit der Malerei zu verstehen, die Architektur bedeutet sogar eine Steigerung der Bildkunst, weil sich der Mensch darin bewegt. Die Mittel zu dieser räumlichen Bildkunst aber nimmt der Architekt aus der Natur selbst. Was ist das?

Das einfachste Mittel, die Natur sprechen zu lassen, ist die Wahl des geeigneten Standortes für ein Bauwerk. Boullée schildert einen Tempel, der, von blühenden Feldern umgeben, auf einem Hügel steht. Die Schönheit der Natur ist das Sinnbild des Glücks, das die Gottheit den Menschen spendet, der Duft der Blumen steigt auf „wie Weihrauch, der Gottheit dargebracht"[98]. Die Architektur ist also keineswegs als eine „autonome" Kunst aufgefaßt, sie fügt sich im Gegenteil mit ihrer natürlichen Umgebung zu einem Gesamtkunstwerk zusammen. Wir sehen, daß Boullée in größeren räumlichen Zusammenhängen denkt; andererseits haftet dieser Beschreibung etwas von der Unverbindlichkeit aller Phantasiegebilde an, denn sie setzt ohne weiteres die Möglichkeit eines so ungewöhnlichen Standortes für einen Sakralbau.

Wichtiger ist die Gestalt des Baus als Gesamterscheinung. Hier löst sich Boullée in seinen Entwürfen kühn von den klassizistischen Konventionen und verwendet elementare Formen, wie Pyramiden, Kegel und Kugel. Die antiken Säulenordnungen mit Dreieckgiebel, Gebälk und Friesen werden nicht verbannt, aber Boullée verwendet sie nicht in der überlieferten Art wie Peyre, sie sind für ihn isoliert zu gebrauchende Ausdrucksträger. Die Eingangspforte eines Tempels ist so, „daß der Betrachter einfach davon überwältigt wird"[99], sein Inneres muß unermeßlich groß und imposant wirken, „er sollte, wenn dies möglich wäre, wie das Universum erscheinen"[100].

Boullée beurteilt Bauformen ausschließlich nach dem Gesichtspunkt, welche Gefühle sie in den Menschen auszulösen vermögen. Große, kahle Mauerflächen erzeugen traurige und ernste Vorstellungen: „ ... daß man zur Schaffung trauriger und düsterer Bilder, wie ich es in meinen

Grabmälern versuchte, durch eine vollkommen kahle Mauer das Skelett der Architektur zeigen muß."[101] In der Schilderung seiner Entwürfe für Kenotaphe zeigt Boullée noch deutlicher, daß es ihm nicht um eine architektonische Gestaltung mit „reinen Formen" geht, sondern um die *Symbolik* dieser Formen. Die gedrungenen, schwerlastenden Baukörper der Grabmäler sollen das Gemüt ansprechen: „Diese Art von Bauwerk erfordert die Poesie der Architektur noch viel mehr als jede andere. Diese interessante Poesie ist es vor allem, die ich in diesem Werk zu verwirklichen suchte. Nachdem ich den Plan gefaßt hatte, den Aufenthaltsort des Todes durch den Eingang zu einem Friedhof zu charakterisieren, kam mir ein Gedanke, der so neu wie kühn war; es war die Idee, das Bild der versunkenen Architektur darzustellen."[102] Die Wahl der Formen wird also ganz bewußt von inhaltlichen Deutungen bestimmt. Von einem Justizpalast heißt es etwa, er enthalte in seinem Untergeschoß die Gefängniszellen, um den Triumph der Gerechtigkeit über das Laster zu symbolisieren; ein Gemeindehaus ist mit vier Wachthäusern verbunden, „um auf bildhafte Weise darzustellen, daß die öffentliche Gewalt die Grundlage der Gesellschaft ist"[103]. Kurz, Boullée interpretiert überall selbst seine Formgedanken auf eine Weise, die wir mit dem in der Romantik so häufigen Wort „sinnig" wohl am genauesten treffen. Die architektonische Form wird zum Symbol. Sie kann sogar Sinnbild eines vollkommen antiarchitektonischen Begriffs werden: der *Unendlichkeit*. Boullée schildert das Gefühl des Ballonfahrers, der fern der Erde in der Unendlichkeit des Himmels schwebt; er spricht von der Lust, von einem Berg herab in die Weite zu blicken. Das Große, menschliche Maß Übersteigernde ist ihm immer wieder Gegenstand schwärmerischer Visionen. Ein Vulkan, „Feuer und Tod speiend, ist ein Bild von schrecklicher Schönheit"[104].
Dieses Unendliche will Boullée auch in seinen Architekturen ausdrükken. Lange, in perspektivischer Verkürzung gesehene Säulenreihen sind ein Bild der Unendlichkeit, die Kugel des Newton-Kenotaphs ein Sinnbild des Universums selbst.[105] Die Kugel ist überhaupt Sinnbild der Vollkommenheit, das auf den Menschen „un pouvoir illimité" hat. Ihre ewige Gültigkeit und durch alle geschichtliche Wandlung hindurch unantastbare Form macht sie zur Vision des *Idealbaus*.
Boullées ‚Menschheitspathos' kennt im Grunde nur eine von realen Zweckmäßigkeiten befreite Monumentalarchitektur, denn nur diese kann zum Gefäß erhabener Gefühle werden. So weicht er allen Bauaufgaben aus, die ihm eines symbolischen Gehaltes unfähig scheinen: „Unergiebige Themen sind Wohnbauten; man kann sie nur durch eine mehr oder weniger reiche Ausstattung etwas unterschiedlich gestalten, aber es ist sehr schwer, in Ihnen die Poesie der Architektur zu verwirklichen."[106] Diesen Versuch hat *Ledoux* unternommen.

6. Architekturtheorie als soziale Utopie: Claude Nicolas Ledoux

Claude Nicolas Ledoux' Werk L'*Architecture considérée sous le rapport de l'art, des moeurs et de la législation* gehört, seinem Erscheinungsjahr nach, schon dem 19. Jahrhundert an. Es soll aber hier noch Erwähnung finden, weil ein wesentlicher Teil des Buches schon in den siebziger Jahren des 18. Jahrhunderts konzipiert wurde.[107] Gelegentlich ihres Pariser Besuches zeigt Ledoux 1777 dem Kaiser Joseph II. und 1782 dem späteren Zaren Paul I. Zeichnungen zum geplanten Werk. Sie fanden so viel Gefallen an den Entwürfen des Architekten, daß sie das Buch subskribierten.[108] Es sollten aber noch 22 Jahre vergehen, bis Ledoux sein Werk gedruckt sah, und auch dann nur zu einem Bruchteil: 1804 erschien — mit einer Widmung an den russischen Zaren — der erste Band mit einem Text von 240 Seiten und 125 Stichen, der einzige, den Ledoux erlebte, denn er starb 1806. Die *Architecture* blieb fast unbeachtet, bis 1847 eine veränderte und aus noch vorhandenen Stichen ergänzte neue Ausgabe in zwei Bänden erschien.[109] Viel mehr Erfolg war auch ihr nicht beschieden; die Unübersichtlichkeit der Einteilung und die Weitschweifigkeit des dunklen Textes haben den Zugang zu dem Buch von Ledoux lange erschwert, bis es vor wenigen Jahrzehnten von der Kunstgeschichte aufs neue entdeckt wurde und seither Gegenstand mehrerer Einzeluntersuchungen geworden ist.[110] Die Gründe für dieses wachsende Interesse an Ledoux sind — ähnlich wie bei Boullée — vor allem in der revolutionär wirkenden Formensprache seiner Entwürfe zu suchen, weniger in ihrem neuen Gehalt, obwohl auch dieser in den letzten Jahren Aufmerksamkeit gefunden hat. Ledoux' architektonische Visionen sind, wie diejenigen Boullées, das Bedeutendste in beider Lebenswerk; ihre ausgeführten Bauten wirken daneben konventioneller. *Beide* Architekten waren aber auch Denker, und so wollen wir uns hier fragen, welchen Beitrag Ledoux zur Theorie der Architektur geleistet hat.

Im Sinne der bisher behandelten Traktate ist Ledoux nicht mehr ein Theoretiker zu nennen. Die Texte seiner *Architecture* sagen bedeutend weniger und nicht so Bestimmtes zu den Entwürfen aus wie bei Boullée; seitenlang ist in ihnen die Rede von Dingen, die mit Architektur nichts zu tun haben. Sie sind in einem prophetisch-empirischen Ton geschrieben und begleiten die Tafeln nur in sehr lockerem Zusammenhang. Dennoch sind aus ihnen bestimmte Grundgedanken herauszulesen.

Auch für Ledoux ist die Architektur ein Gefäß außerkünstlerischer Inhalte, auch er spricht von ihrem Charakter und ihrer Poesie.[111] Ledoux schließt sich darin seinen Zeitgenossen an, in deren Architekturästhe-

tik ja diese Begriffe zu Schlüsselworten geworden sind. Er grenzt sie von der *Bau*kunst ab wie Boullée: „Die Architektur verhält sich zum Maurerhandwerk wie die Dichtkunst zur Belletristik: Es handelt sich um den dramatischen Enthusiasmus des Berufs, von dem man nur übersteigert reden kann."[112] Das tut Ledoux auch tatsächlich im ganzen Buch, das er ursprünglich als ein großes Panorama der Architektur aller Zeiten und Völker geplant hatte. Der 1802 herausgegebene Prospectus mit der Ankündigung des Werkes (es war übrigens schon 1787 in einem Reiseführer von Paris angezeigt worden) zählt den Inhalt der vorgesehenen fünf Bände auf: ländliche Bauten, Stadthäuser, Triumphbögen, Paläste, öffentliche Bibliotheken, Schlösser, Meiereien, Gutshöfe, Börsen, Speicher, Tempel, Dörfer, Fabriken, Bäder, Theater — eine Universalgeschichte der Architektur sollte geboten werden, nebst Ausblicken in die Zukunft: „Nachdem alle Gebäudegattungen, die in der sozialen Ordnung Verwendung finden, für ein Kompendium zusammengestellt wurden, das der von dieser Ordnung bestimmten Motivvielfalt dienen soll, bietet das letzte Blatt des Bandes vierhundert Ansichten. In einer zweiten Stadt führe ich aus, was ich bereits in der ersten konzipiert hatte: Man wird dort sehen, wie der Ideenluxus sich auf dem antiken Band der Natur erneuert ..."[113]
Dieses umfassend erträumte Werk ist auf seinen ersten Band mit den eigenen Entwürfen Ledoux' beschränkt geblieben. Er enthält nicht „alle Reichtümer der vorangegangenen Jahrhunderte"[114]; dafür bietet er Ausblicke in eine utopische, geordnete Zukunftswelt, der die Architektur seiner Entwürfe den Rahmen gibt. Das Titelblatt zum Tafelteil trägt die Inschrift „Eine Zusammenstellung aller Gebäudetypen, die in unserer Gesellschaftsordnung vorkommen"; darin ist ausgedrückt, was Ledoux von Boullée im Gedanklichen unterscheidet. Boullée entwirft monumentale Bauten als Symbole erhabener Gedanken und Gefühle für eine unbestimmte Menschheit, Ledoux schafft die Architektur einer künftigen *Gesellschaft*. Boullées Ideen sind *phantastisch*, diejenigen Ledoux' *utopisch*.[115] Bei aller Ähnlichkeit ihrer Gedanken ist dies das Trennende.
Der Ton der Texte ist der eines sozialen Pathos. Auf einem Stich sehen wir an einem weiten Meeresstrand einen unbekleideten Menschen unter einem Baum sitzen und zu den Göttern in den Wolken emporblicken; das Blatt trägt die pathetische Unterschrift „L'Abri du Pauvre"[116]. Ledoux kennt keinen Rangunterschied zwischen bescheidenen Hütten und großen Palästen, er stuft nicht die architektonische Instrumentierung ab, sondern differenziert sie im „Charakter", als wenn er auch der Hütte ihre eigene, unverwechselbare Würde geben wollte. Darin setzt er die Gedanken fort, die wir bei Blondel kennenlernten, aber Blondel

beschränkte seine Charakterisierungen auf große öffentliche Bauaufgaben. Hier ist nun auch die Welt des Kleinen und Armen zum Gegenstand architektonischer Gestaltung geworden: „Der Künstler kann dem Auge nicht ständig jene gigantischen Proportionen bieten, die diesem Respekt abverlangen. Doch sofern er wirklich Architekt ist, wird er es auch bleiben, wenn er eine Holzfällerhütte baut..."[117].
Die Anwendung symbolischer, „sprechender" Formen bewirkt einen ästhetischen Ausgleich aller Rangstufen, denn hier gilt das frühere Kriterium der „convenance" nicht mehr. Ledoux will, daß die Architektur die Gesetze des gesellschaftlichen Zusammenlebens ausdrücke: „Wenn unsere Gesellschaft auf einem gegenseitigen Bedürfnis begründet ist, das eine beiderseitige Zuneigung verlangt, warum soll man in den Privathäusern jene Analogie von Gefühl und Geschmack nicht vereinen, die dem Menschen Ehre macht? Der Charakter der Denkmäler, wie ihre Natur, dienen der Verkündigung und der Verbesserung der Sitten..."[118]
Eine wichtige Rolle spielt in den gesellschaftsutopischen Vorstellungen von Ledoux die *Erziehung*. Unter den Entwürfen der Bauten für die Salinenstadt Chaux befinden sich mehrere Gemeinschaftshäuser, die für pädagogische Zwecke bestimmt sind. Manchen von ihnen verleiht Ledoux eine Form, die er symbolisch ausdeutet: das „Pacifère" ist ein kubischer Bau auf einem Sockel, den Mauern sind hohe Liktorenbündel statt Pfeilern vorgeblendet. „So vielfältig ist die Architektur: Wenn die Architekten dem symbolischen System folgen würden, das jene Produktion charakterisiert, erlangten sie ebensoviel Ruhm wie die Dichter (...), und es gäbe in ihren Werken keinen Stein, der nicht zu den Augen der Vorbeigehenden spräche."[119] Ein anderes dieser Gebäude, die „Maison d'Education", weist einen Grundriß in Form eines griechischen Kreuzes auf. Die Mitte wird von einer Kapelle eingenommen, ringsrum sind die Wohn- und Aufenthaltsräume der Zöglinge angeordnet. Hier ist es keine ablesbare Symbolform, die die Gestalt des Baus bestimmt hat, sondern die Überlegung, wie das geistige Ziel auch räumlich am besten unterstützt werden könnte: „Der Künstler, der ein Denkmal für die Erziehung entwirft, wird ihnen eine einfache Erscheinung anbieten, eine ruhige äußere Form. Er wird den Kult ins Zentrum plazieren (...), er wird durch nicht unterbrochene Linien die Kontrolle, die die Sitten sicherstellt, bevorzugen. Er wird alle Arten von Studien, Übungen, Kommunikationsformen einander annähern."[120]
Ledoux ist ein Gegner des Ornaments, sofern es nur schmückende, nicht „sprechende" Funktion hat, das heißt, seine Architektur kennt im Grunde kein Ornament im üblichen Sinne. Es sind aber auffälligerweise nicht ästhetische Gründe, etwa die Schönheit der „reinen Form",

die es ihn ablehnen lassen: „Jedes Detail, von dem aus man das Ganze nicht begreifen kann, ist verloren. Jedes Detail ist nutzlos, mehr noch sage ich, schädlich, insofern es die Oberflächen durch kleinliches oder unehrliches Beiwerk unterteilt".[121] Der moralisierende Beigeschmack dieses Verdikts ist nicht zu verkennen, das Detail verstößt gegen die *Redlichkeit* des architektonischen Ausdrucks. Was ihn das Ornament außerdem verurteilen läßt, ist der Umstand, daß es durch lange Tradition differenzierter Anwendung zu den Rangattributen der Architektur gehörte. Es war das Element, an dem man ablesen konnte, ob eine „Maison de plaisance" einem hohen Fürsten, einem Adligen oder gar einem reichen Stadtbürger gehörte – die Architekturbücher der ersten Hälfte des Jahrhunderts sind voll von solchen Erwägungen der „convenance" und „bienséance". Es leuchtet ein, daß für diese Funktion der Ornamentik und der „Ordnungen" in Ledoux' Idealarchitektur einer rousseauistischen Welt kein Platz mehr bleibt. Er verwendet Säulenordnungen, wo sie vordem nicht als zulässig galten, also an Gebäuden rein zweckhafter Art. Konsequenterweise zieht er aber eine Instrumentierung vor, die in keiner Weise als Rangabzeichen angesehen werden kann: „... alle Formen, die mit einem einzigen Zirkelschlag zu beschreiben sind, sind durch den Geschmack legitimiert. Der Kreis, das Viereck: Hier haben wir die Buchstaben des Alphabets, die die Autoren für die Texturen ihrer besten Werke verwenden. Wir schreiben epische Gedichte, Elegien. Wir besingen die Götter, feiern die Schäfer. Wir errichten Tempel für den Wert, die Stärke, die Wollust. Wir bauen Häuser und Gebäude, die unserer Gesellschaftsordnung völlig unbekannt sind."[122] Und in einer Schilderung seiner Projekte für die Umgestaltung der Pariser Bannmeile heißt es: „Zum ersten Mal sieht man die Größe eines Vorstadtgasthauses mit der eines Palastes auf einer Stufe. Die moralische Gleichheit wird darunter nicht leiden. Ich sage sogar, daß sie es nicht bedauern wird. Die Überlegenheit des Geistes und die Begabung wird sich darauf etwas zugutehalten."[123]
Die Entwürfe in der *Architecture* sind im Text stets von Kommentaren begleitet, die oft nichts über ihren baulichen Aspekt sagen, stets aber mit hymnischen Worten das Bild einer im Geiste Rousseaus einfach und natürlich lebenden Gesellschaft heraufbeschwören. Wie der Genfer Philosoph sieht Ledoux in der *Stadt* eine Ursache des Zivilisationsübels: „Geht zurück zum Ursprung. Aus einem erlaubten Laster entsteht alles Unglück: Befragt die Natur. Der Mensch ist überall vereinzelt (...). Nichts als die Habgier und die Korruption der Zeit häuften sie [die Häuser] an."[124]
Das Gegenbild bietet seine Idealstadt Chaux, von der außer den Salinengebäuden nichts gebaut worden ist. Das idyllische, naturnahe Leben

in diesem Landstädtchen für Arbeiter ist wiederum ohne die Gedankenwelt Rousseaus nicht denkbar, wir brauchen nur ein Kapitel der *Nouvelle Héloise* aufzuschlagen, um zu sehen, wieviele Vorstellungen Ledoux diesem Roman entnommen hat: „Die Arbeiter sind gesund untergebracht, die Angestellten bequem: Jeder besitzt einen Gemüsegarten, der ihn mit der Scholle verbindet. Jeder kann sich in seiner Freizeit mit dem Anbau beschäftigen, der täglich die Grundbedürfnisse des Lebens sichert."[125] Das Bild stillen, selbstgenügsamen Glückes gehört in eine ländliche Welt, die aber keineswegs bäurisch ist, so wie Chaux weder ein Dorf noch eine richtige Stadt ist. Das gehört zum Charakter der Utopie; ideale Gesellschaft und ideale Architektur bedingen einander.

Ledoux' Buch enthält keine Lehre architektonischer Prinzipien. Es steht am Ende einer langen Reihe von Werken, in denen die Architektur nach ihrem Wesen fragt, nach ihren Gesetzen sucht, sich Regeln gibt. Das alles tut Ledoux im Grunde nicht. Ein Satz in seinem Buch charakterisiert ihn selbst treffend: „Hier wird nicht der Architekt von der Architektur geformt. Es ist der Architekt, der aus dem großen Buch der Leidenschaften die Vielfalt seiner Themen schöpft."[126]

Anmerkungen

* Die im Originaltext französisch zitierten Zitate wurden von Daniela Schulz ins Deutsche übertragen. Bei der Übersetzung der Boullée-Zitate benutzte ich die Übersetzung von Hanna Böck (Boullée 1988) (Anm. d. Hrsg.).
1 D'Alembert, Essai sur les éléments de philosophie ou sur les principes des connaissances humaines, 1759 ff., hier zitiert nach: D'Alembert, Einleitung zur Enzyklopädie von 1751, herausgegeben und eingeleitet von Erich Köhler, Hamburg 1955, S. 254 f. (Anm. 3)
2 Der Titel geht auf den 1741 erschienenen „Essai sur le Beau" des Père André zurück. Vgl. Louis Hautecœur, Histoire d l'architecture classique en France, Bd. III, S. 463 ff.
3 Traité du Beau essentiel..., Paris 1753, tome I, S. 4
4 op. cit. I, 2
5 ibid., S. 4 ff.
6 ibid., I, S. 13
7 ibid., I, S. 35
8 Vgl. Rudolf Wittkower, Architectural Principles in the Age of Humanism, London 1962, S. 89 ff.
9 Traité du Beau essentiel I, S. 36
10 ibid., I, S. 44 ff., (Kursiviertes von mir)
11 ibid., I, S. 47

12 So zieht Briseux S. 52 ff. u. passim zur Stützung seiner Theorie Vorstellungen der damaligen Sinnesphysiologie heran. Darauf braucht in unserem Zusammenhang nicht eingegangen zu werden.
13 ibid., I, S. 49
14 ibid., I, S. 100
15 ibid., I, S. 103 ff.
16 ibid., I, S. 7
17 Im „Cours d'Architecture" IV, 188 (1773) urteilt Jacques François Blondel über ihn: „Nous avons aussi de cet Architecte [Briseux] 2 vol. in $-4°$ qui traitent du beau essentiel dans les Arts; Ouvrage qui a eu peu de succès."
18 Essai sur l'architecture. Nouvelle édition, revue, corrigée et augmentée, Paris MDCCLV. Wir zitieren nach dieser Ausgabe. Die Kritiker waren: *La Font de Saint Yenne*, Examen d'un essai sur l'architecture, Paris 1753; *Frézier* im „Mercure de France", Juli 1754.
19 Procès-verbaux VI, 216, S. 223 ff. Die Notiz bei Blondel lautet: „Essai sur l'architecture, par le R.P. Laugier, Jésuite; ouvrage plein d'idées neuves et écrit avec sagacité." (Discours sur la nécessité de l'étude de l'architecture ... etc." Paris 1754, S. 88)
20 Es handelt sich um einen Duodezband mit dem Titel „Nouveau Traité de toute l'architecture utile aux entrepreneurs, aux Ouvriers, et à ceux font bâtir ... etc.", Paris 1706. Der Einfluß dieses Traktates ist, wie Emil Kaufmann, Three Revolutionary Architects ..., S. 448, bemerkt, stark überschätzt worden. Kurt Cassirer nennt Laugiers *Essai* „im wesentlichen ein Plagiat seiner Schrift" (op. cit., S. 26), und Julius Schlosser läßt sowohl *Boffrand* wie *Briseux*, also zwei ganz verschiedenartige Theoretiker von ihm abhängig sein (Die Kunstliteratur, Wien 1924, S. 563 ff.). Die Lektüre des Büchleins hinterläßt m. E. den Eindruck einer sehr ‚liberalen' Architekturästhetik in engstem Anschluß an Perrault. Cordemoy bekennt sich ausdrücklich zu ihm; außerdem sind einzelne Partien seines Buches fast wörtlich von Perrault übernommen. Dieses Bild paßt durchaus in den Anfang des 18. Jahrhunderts, das heißt in eine Epoche aufgelockerter Klassizität und undogmatischer Theorie. Briseux vertritt in seinem Hauptwerk vollkommen entgegengesetzte Auffassungen; Laugier übernimmt von Cordemoy nur Einzelheiten des thematischen Aufbaus, gedanklich ist er ihm nur sehr mittelbar verpflichtet. Der *Traité* des Cordemoy ist in dieser Arbeit nicht gesondert behandelt worden, weil er m. E. zum Ideengang der Architekturtheorie keine wesentlichen Einsichten hinzufügt.
21 Essai sur l'architecture, S. XIII
22 op. cit., S. XIV
23 ibid., S. XXVI. Briseux wird namentlich auf S. 108 erwähnt.
24 ibid., S. 37 ff.
25 ibid., S. 38
26 ibid., S. 39
27 ibid., S. 55
28 ibid., S. 61
29 Essai, S. 191

30 ibid., S. 111
31 ibid., S. 206 ff.
32 Vgl. S. 207 im *Essai*. Die Kritik von La Font de Saint Yenne war mir nicht zugänglich.
33 Observations sur l'Architecture, La Haye 1765, S. 179
34 op. cit., S. 188
35 Essai, S. 107
36 Observations, S. 84
37 ibid., S. 253
38 Essai, S. 174
39 Essai, S. 201
40 Observations, S. 130
41 Vgl. Essai, S. 240 ff.
42 Essai, S. 223 und Observations, S. 313
43 Essai, Préface XL/XLI
44 Die Fülle der Essais, Briefwechsel, Artikel über das Thema Architektur ist unübersehbar und steht den Schriften über andere Kunstgattungen nicht im geringsten nach. Nicht nur in Frankreich, auch in Italien lebte die Kunstschriftstellerei auf. Wir möchten nur an den Grafen *Francesco Algarotti* erinnern, dessen *Saggio sopra l'architettura* 1753 erschien. Seine Werke erschienen 1772 auf französisch in Berlin, im IV. Band finden sich *Lettres sur l'architecture*, die sehr viel Sachkenntnis verraten. Bezeichnend für die genaue Unterscheidung zwischen ästhetischen und funktionalen Gesichtspunkten der amüsante Passus in einem Brief, worin es heißt: „Pour moi, je vous avoue que je voudrois loger dans une maison Françoise, située en face d'un palais bâti par Palladio." (Brief an Fr. Mar. Zanotti vom 4. Sept. 1758)
45 Siehe J. F. Blondel, Discours sur la nécessité de l'étude de l'Architecture ..., Paris 1754, S. 7, wo Blondel den Werdegang seiner ersten Kurse schildert.
46 Architecture Françoise ou Recueil des plans, élévations, coupes et profils ..., Paris 1752—1766, 4 Bände
47 Cours d'Architecture ou Traité de la Décoration, Distribution et Construction des Bâtiments; contenant les leçons données en 1750, et les années suivantes ..., Paris 1771—1777. Band V und VI wurden von *Pierre Patte* verfaßt. Patte hat selbst außer dem auf S. 59 genannten Discours 1755 einen Band *Etudes d'Architecture* herausgegeben, in dem er sich völlig als Anhänger Perraults und einer relativistischen Ästhetik zeigt. Die Proportionen sind etwas Unbestimmtes, nur vom allgemeinen Geschmack Abhängiges und haben die Unbill der Zeiten offenbar nur überstanden, „pour faire aujourd'hui le désespoir des interprêtes" (S. 3). Seine *Monuments érigés en France à la gloire de Louis XV* von 1765 enthalten den *Tableau du progrès des Arts et des Sciences sous ce règne* sowie eine Beschreibung verschiedener Monumente, sind aber für die Theorie unergiebig. In seinen 1769 erschienenen *Mémoires sur les objets les plus importants de l'Architecture* mokiert er sich in der Epitre an Marigny über die vielen Traktate: „Nous avons d'autant plus besoin de bons livres d'Architecture, que, si ce n'est la partie systématique des proportions, sur laquelle on a entassé volume sur volume sans avoir pu s'accor-

der. Tout le reste est pour ainsi dire à traiter. Sans cesse chacun a donné dans des spéculations vagues ..." Dementsprechend handeln die *Mémoires* von praktischen und technischen Problemen der Architektur, darunter auch von der „distribution vicieuse des Villes". Patte verweist in Blondels *Cours*, Bd. V, xii, der von ihm verfaßt wurde, auf seine *Mémoires* als „supplément nécessaire à cet Ouvrage".

48 Manche Partien sind wörtlich aus Boffrands *Livre d'Architecture* übernommen.
49 „M. Blondel avoit pris le parti de feindre qu'un autre que lui publioit son Cours avec son aveu." (Cours, Bd. V, Paris 1777, Avertissement von P. Patte, S. viii)
50 Die Bauakademie muß damals an öffentlichem Ansehen eingebüßt haben, sonst hätte sich Patte kaum die Bemerkung erlaubt: „peu importe au Public qu'un Auteur soit d'une Académie, pourvu que son ouvrage soit bon" (op. cit., S. ix)
51 Der oben genannte *Discours*; ein anderer von 1747 unter dem Titel *Discours sur la manière d'étudier l'architecture*
52 Discours, S. 16
53 Cours III, S. lxxviii
54 Cours I, S. 128
55 Architecture I, S. 23 ff.
56 Cours I, S. 448
57 Cours I, S. 452
58 Cours IV, S. xlv
59 Cours III, S. lvi
60 Cours III, S. lviii
61 Cours IV, S. liii
62 Cours I, S. 458
63 Cours III, S. liv
64 Cours I, S. 136
65 Cours I, S. 427
66 Architecture I, S. 28
67 Cours II, S. 229
68 Cours I, S. 373 ff.
69 Cours IV, S. lv
70 Cours I, S. 411 ff.
71 Œuvres d'Architecture de Marie-Joseph Peyre, Paris 1765. Einen zweiten Band mit Entwürfen und Texten aus dem Nachlaß gab sein Sohn heraus: Œuvres d'Architecture de Marie-Joseph Peyre ..., Supplément, composé d'un discours sur les monumens des anciens, comparés aux nôtres, et sur la manière d'employer les colonnes. Paris, an IV, 1795
72 Œuvres ... 1765, Avertissement, S. 3
73 Piranesis wichtigste Stichfolgen für unseren Zusammenhang sind: „Prima parte d'architetture et prospettive", 1743; „Antichità romane d' templi della Repubblica e d' primi imperatori", 1748; „Magnificenza dell'architettura d' Romani", 1761.

74 Œuvres 1795, S. 11
75 Œuvres 1765, Tafeln 16, 18, 19. Hierin steckt ein Ansatz zum Historismus des 19. Jahrhunderts, dessen Tendenz ja nicht nur darin bestand, moderne Bauten mit Elementen früherer Stile zu versehen, sondern historische Bautypen für moderne Aufgaben zu adaptieren (das Museum als Tempel, ein Wasserwerk als mittelalterliche Burg usw.).
76 Œuvres 1795, S. 5
77 Œuvres 1795, S. 9
78 Œuvres 1795, S. 10 und Œuvres 1765, S. 3
79 Œuvres 1795, S. 6
80 Œuvres 1765, Tafel 6
81 Œuvres 1795, S. 19 ff. Gondonis Ecole de Chirurgie fand begeisterte Aufnahme bei den Zeitgenossen. Vgl. hierzu L. Hautecœur, Histoire de l'architecture classique en France, Bd. IV, Paris 1953, S. 243 ff.
82 Œuvres 1795, S. 8
83 Der Ausdruck „romantischer Klassizismus" geht auf Sigfried Giedions „Spätbarocker und romantischer Klassizismus", München 1922, zurück.
84 Œuvres 1795, S. 20
85 Œuvres 1765, Tafeln 13, 14. Peyre legt dieses Projekt 1753 der Accademia di San Luca in Rom als Preisarbeit vor.
86 Œuvres 1765, S. 19
87 Œuvres 1765, Tafeln 3, 4
88 Es handelt sich bei diesem Akademieprojekt keineswegs um eines der üblichen Kollegien zur Erziehung junger Prinzen. Peyre vermeidet jede derartige Exklusivität. Die Räume für das Studium der Naturwissenschaften, der Dichtung, Malerei, Skulptur, Architektur und für Theater, Wettspiele usw. bilden den architektonischen Rahmen eines pädagogischen Idealprogramms.
89 Vgl. A. E. Brinckmanns (Baukunst des 17. und 18. Jahrhunderts in den romanischen Ländern, Berlin–Neubabelsberg 1919) Charakterisierung „eine verjüngte Abbaye de Thélème Rabelais'" (S. 269).
90 Die erste ausführliche monographische Darstellung Boullées verdanken wir Emil Kaufmann in der schon mehrfach zitierten Arbeit *Three Revolutionary Architects, Boullée, Ledoux, and Lequeu* (Transactions of the American Philosophical Society, New Series, Vol. 43, part 3, Philadelphia 1952). Kaufmanns letztes Buch: *Architecture in the Age of Reason*, Cambridge 1955, geht nur kurz auf Boullée ein.
91 Boullées Treatise on Architecture. A complete presentation of the „*Architecture, Essai sur l'art*" ..., ed. by Helen Rosenau, London 1953
92 Architecture, S. 30 fol. 73 f. Das Wort ‚génie' nimmt gegen Ende des 18. Jahrhunderts die romantisch gefärbte Nuance des deutschen ‚Genius' an, während es vorher mehr den Geist bezeichnet.
93 Architecture, S. 88, fol. 131
94 ibid., S. 27 fol. 70 f.
95 ibid., S. 27 fol. 71
96 ibid., S. 41 fol. 83
97 ibid. fol. 84

98 ibid., S. 39 fol. 82
99 ibid., S. 52 fol. 94
100 ibid., S. 46 fol. 89
101 ibid., S. 44 fol. 87
102 ibid., S. 80 fol. 123
103 ibid., S. 67 fol. 110
104 ibid., S. 48 fol. 90
105 ibid., S. 83 ff. fol. 126 ff.
106 Architecture, S. 68 fol. 110
107 Auf die Einzelheiten der Datierung von Stichen und Text ist hier nicht einzugehen, da sie im Zusammenhang mit der Architekturtheorie unerheblich sind.
108 Vgl. Emil Kaufmann, Three Revolutionary Architects ... (1952), S. 475
109 Wir zitieren nach der 1961 veranstalteten vollständigen Faksimile-Ausgabe von F. de Nobele, die außer ihren Ergänzungen nach der zweiten Ausgabe von 1847 in der Paginierung des Textes und der Numerierung der Tafeln mit der Ausgabe von 1804 übereinstimmt. Für die vorliegende Arbeit kommt nur dieser Teil des Ledouxschen Werkes in Betracht, da die Ergänzung nach der Ausgabe Ramées sich nur auf den Tafelteil beziehen.
110 Siehe vor allem die Arbeiten von Emil Kaufmann, G. Levallet-Haug, M. Raval-Moreux, Helen Rosenau und J. Langner.
111 Auch Ledoux war Schüler von Jacques François Blondel.
112 Architecture ..., S. 15 ff.
113 Prospectus, Paris 1802, S. 25
114 Architecture, S. 1
115 „Utopisch" im Sinne der ideellen Vorwegnahme einer Zukunft. Dieses Element fehlt bei Boullée.
116 Architecture, Tafel 33
117 ibid., Tafel 101, Text S. 198
118 ibid., S. 3
119 ibid., Tafel 40, S. 115
120 ibid., Tafel 105, Text S. 204
121 ibid., S. 91
122 Architecture, S. 135
123 ibid., S. 18
124 ibid., S. 70
125 ibid., S. 67
126 ibid., S. 86

4 Ideologie

Im Dezember 1967 lud der Architekt *Oswald Mathias Ungers* als Professor für Gestaltung und Entwerfen an der TU Berlin zu einem internationalen Kolloquium über Architekturtheorie ein. Das wäre an sich nicht weiter erwähnenswert, wenn nicht die Auswahl der Vortragenden und der Themen zugleich programmatisch auf einen Neubeginn der Architektur fixiert worden wäre. Die historische Architekturtheorie war durch Vorträger von *Antonio Hernandez* ‚J.-N.-L. Durand und die Anfänge einer funktionalistischen Architektur' und *Max Adolf Vogt* ‚Revolutionsarchitektur (Boullée, Ledoux) als Abbildende Architektu' vertreten. Wie eine Generation zuvor *Emil Kaufmann* in *Ledoux Le Corbusiers* historischen Protagonisten sah, so werden diesmal *Boullée, Ledoux* und *Durand* als historische Zeugen wider ‚Bauwirtschaftsfunktionalismus' und ‚Internationalen Stil' angerufen, um das Ziel einer rationellen und sprechenden Architektur historisch zu legitimieren. Lediglich *Joseph Rykwert* (1972/1983) sah hier einen verhängnisvollen Einfluß.
Die Verfügbarkeit der Entwürfe *Boullées, Ledoux'* und *Durands* im Spektrum der modernen Architekturgeschichte, die auch heute noch zu beobachten ist, liegt in deren zeitloser Repräsentanz eines immergültigen Traumes von einer besseren Welt mit einer besseren und durch eine bessere Architektur begründet. Gerade die Kugel als symbolisierte Perfektion — vergegenwärtigt in *Boullées* Newton-Kenotaph und Entwürfen von *Ledoux, Lequeu* und anderen — bot und bietet hier immer wieder Angriffspunkte, die zu einer generellen Standortbestimmung auffordern. An der Kugel als „kritischer Form", in der sich — nach der Definition *Hans Sedlmayrs* — „Eigentümlichkeiten enthüllen, die in gemäßigter und deshalb weniger auffallender Weise auch sonst das Schaffen einer Zeit bestimmen" (Verlust der Mitte, 1948), rieben sich denn auch die Architekturhistoriker.
Während *Emil Kaufmann* als Emigrant in den USA an der Wiederentdeckung des Œuvres von *Boullée, Ledoux* und *Lequeu* arbeitete, ging *Hans Sedlmayr* (1939/1940) zum Frontalangriff über, indem er die Revolutionsarchitektur neben die Architektur der russischen Revolu-

tion von 1918 und das Neue Bauen der zwanziger Jahre stellte und als „entartet" brandmarkte. Was sich *Kaufmann* als Geburtsstunde der Moderne darstellte, ist für *Sedlmayr*, der sich hier ganz unverblümt der nationalsozialistischen Rassenideologie bedient, der Beginn des „Verlustes der Mitte" in der Architektur. Als Architektur, die (wie *Ledoux'* Entwurf eines Kugelhauses, *El Lissitzky*s Wolkenbügel) den Boden negiert und zu schweben scheint, steht sie im ideologischen Widerspruch zur „Blut- und Boden-Politik" und gesuchten Erdenschwere der Architektur des „Dritten Reiches". Daß sich aber gerade *Albert Speer* (*Vogt* 1970) auf *Boullée* berief und sich auch in den Festungs- und Palastarchitekturen von *Pinnau*, *Kreis* oder *Tamms* Analogien zu dessen megalomanen Entwürfen entdecken lassen, belegt nur einmal mehr die freie Verfügbarkeit und immerwährende Aktualität dieser Entwürfe, deren elementare Formensprache die Problematik des Architektonischen schlechthin evozieren.

Adolf Max Vogt hat in mehreren Schriften (1973, 1974) den Ansatz von *Sedlmayr* aufgenommen und einen Vergleich zwischen russischer und französischer Revolutionsarchitektur gezogen; freilich mit einem anderen − positiven − Ergebnis als *Sedlmayr*. Doch mehr als einen „irrationalen Überschuß ins pathetisch Zeichenhafte" kann auch er letztlich nicht an Gemeinsamkeiten ausmachen. Ob tatsächlich Marxismus und Newtonismus auf die jeweilige Bauweise unmittelbar oder auch nur mittelbar einwirken, bleibt auf schwankendem theoretischen Boden.

Dies zeigt sich gerade an der immer wieder aufbrandenden Diskussion um *Boullée*s „Newton-Kenotaph" von 1784. *Ernst Schlee*s (1952) Interpretation des Kugelhauses als monumentalisierten Globus' mag für *Vaudoyer*s „maison d'un cosmopolite" (1785) oder *Lequeu*s „Temple de la terre" zutreffen, kann jedoch nicht auf das Newton-Kenotaph und andere Kugelhausentwürfe übertragen werden. *Werner Oechslin*s (1971) Sammlung von Kugelarchitekturen vor *Boullée* anerkannte *Jean-Marie Pérouse de Montclos* (1982/1983) ebensowenig wie *Vogt*s breit angelegten formalen und ideologisch-kosmographischen Ableitungsversuch (1969). *Pérouse*s eigene Interpretation, die Druidentempel und Zoroaster-Mythen in den Kugelentwürfen *Boullée*s gespiegelt sieht, scheint jedoch auch nicht des Rätsels letzte Lösung zu sein. Und *Vogt*s (1984) Überlegungen zum Verhältnis von *Orwell*s Roman ‚1984' zu *Boullée*s Kenotaph-Zeichnungen von 1784 wollen gewiß nur als feuilletonistischer Beitrag zu einem Gedenkjahr verstanden sein.

Die Kugel als Gebäude, oder: Das Bodenlose

Hans Sedlmayr

> *Arndt:* „Die Teufelei des transzendierenden Geistes, der den Leib der Erde überfliegt, und alles aus Begriffen *machen* will, worin er zuerst alles zerschneidet."

I Der Kugelbau als Symptom

Unter den Formen, durch die eine neue Epoche ihre neuen „Anschauungen" verkörpert, sind *radikal* neue immer sehr selten; weitaus die meisten charakteristischen Formen einer Zeit werden durch Umformungen älterer erzeugt. Und weil radikal neue Formen so selten sind, liegt es nahe, sie als bloße Absonderlichkeiten zu nehmen, als „Launen der Phantasie" oder als „Ausnahmen, welche die Regel bestätigen." Das gilt auch von der Idee, die Form der Kugel zur Grundform eines ganzen Gebäudes zu machen. Der Gedanke des Kugelbaus erscheint den meisten bloß als schlechter Scherz, Wohlwollenderen vielleicht als ein „Experiment mit der Form" und er ist – angewandt auf ein „Haus" – tatsächlich unter allen Umständen unsinnig. Wäre er nur das, dann stünde es nicht dafür, sich mit einer Geschichte des Kugelbaus zu befassen, am allerwenigsten in der Kunstgeschichte, und dieser Versuch wäre nicht geschrieben worden.
Eine unsinnige Idee muß aber nicht notwendig auch sinnlos sein. An solchen absonderlichen Formen können sich Eigentümlichkeiten enthüllen, die in gemäßigterer und deshalb weniger auffälliger Weise auch sonst das Schaffen einer Zeit bestimmen, dessen Eigenart in ihnen gleichsam auf die Spitze getrieben ist. Der vorzügliche französische Architekturhistoriker *Auguste Choisy* hat diese Vermutung auf die Formel gebracht: „Ce sont les abus qui caractérisent le mieux les tendances" – es sind die Mißstände, durch die die Neigungen sich verraten. Aber dieser Annahme ließe sich, wie mir scheint, eine sehr brauchbare, aufschlußreiche „Theorie der kritischen Formen" entwickeln – der *kritischen* weil sich durch sie und an ihnen die Anschauungen schei-

den. Von dieser Theorie wird hier nicht weiter die Rede sein. Das Kugelgebäude aber ist zweifellos eine solche kritische Form, die tief verräterisch die Untergründe eines ganzen Zeitalters offenlegt. Sie ist *Symptom* einer tiefgreifenden Krise der Baukunst, um deren Bewältigung gerade auch heute wieder leidenschaftlich gekämpft wird.
Daß die Idee des Kugelbaus aus denselben Gründen aufsteigt wie die Erscheinungen im politischen und sozialen Feld, die man als „französische Revolution" kennt, auf diese Vermutung könnte allein schon der kommen, der das gleichzeitige Auftreten dieser besonderen Form und der allgemeinen „Idee von 1789" bemerkt hat, die ich im folgenden kurz als „revolutionäre" bezeichne.
Vor dem Ende des 18. Jahrhunderts kenne ich kein einziges Beispiel des Kugelgebäudes. Die Idee erscheint in der Inkubationszeit der französischen Revolution zwischen 1770 und 1789 in Frankreich und wird in einer ganzen Anzahl von Entwürfen abgewandelt, die alle vor 1805 liegen. Im eigentlichen 19. Jahrhundert kommt der Gedanke nur mehr in Planungen für Ausstellungen vor, das heißt aber, er wird nicht ganz ernst genommen. Er erscheint wieder – in Rußland, aber auch in den Vereinigten Staaten und Deutschland – in der Zeit der zweiten, der bolschewistischen Revolution, in den zwanziger Jahren des 20. Jahrhunderts. Um 1930 ist die zweite Blütezeit vorüber. Wieder wird der Gedanke in die Ausstellung verdrängt, und in diesem Jahre 1939 wird den Mittelpunkt der Weltausstellung von Neuyork ein riesiger Kugelbau bilden.
Solches Zusammentreffen kann nicht zufällig sein. Es ist zu vermuten, daß ein innerer Zusammenhang zwischen der Idee des Kugelgebäudes und dem „bodenlosen" Geist jener Revolutionen besteht, die es erst seit der französischen gibt. Aber mit dieser Vermutung ist der Zusammenhang selbst noch nicht erklärt. Das Symptom ist nicht die Krankheit. Warum gibt es diese Form erst seit der französischen Revolution? Warum *kann* es sie erst seither geben? Warum ist sie vor ihr ausgeschlossen? Durch welche Wandlung wird sie der architektonischen Phantasie nahegelegt?

II Der Kugelbau entspringt aus der Gleichsetzung von Architektur und Geometrie

Wo dieser Gedanke auch nur als bloßer „Einfall" möglich sein soll, muß die Architektur mit der Geometrie gleichgesetzt worden sein.
Die Kugel ist eine unarchitektonische, ja eine antiarchitektonische

Form. Würfel, Pyramide, Zylinder, Kegel sind allerdings in einem sehr vagen Sinn „Urformen" des Bauens, nicht aber die Kugel, sondern allenfalls die Halbkugel. Es hat in älteren Epochen die Pyramide, es hat die Halbkugel als Grundform ganzer Bauwerke gegeben, die Kugel nie. Und auch bei den anderen Formen müssen Einschränkungen gemacht werden, um sie aus geometrischen und architektonischen Grundformen zu verwandeln. Ein Zylinder zum Beispiel ist architektonische Form nur, wenn er steht, nicht wenn er auf der Seite liegt, ein Kegel nur, wenn er auf seiner Kreisbasis aufruht, nicht wenn er auf der Spitze balanciert. Tektonisch ist, was die Erde als Basis anerkennt. Auch Architekturen, die zu schweben scheinen, wie manche gotische und barocke, erkennen die Erdbasis als ihre mögliche Standfläche an, zu der sie herabschweben oder auf die sie schwebend bezogen sind. Die Kugel leugnet sie.

Wo die Kugel zur Grundform eines Gebäudes wird, muß ein Dogma vorausgesetzt sein, das zwei Teilsätze in sich schließt:
Erster Satz: Die geometrischen Grundformen sind auch die architektonischen Grundformen;
zweiter Satz: Jede geometrische Grundform ist fähig, schon für sich die Grundform eines ganzen Gebäudes zu bilden.

Dieses Dogma ist, seit der französischen Revolution weit verbreitet, nicht nur an den Planungen abzulesen, sondern wiederholt in der neuen Architekturtheorie mit Worten niedergelegt. Es ist in die Handbücher und Lexika dieser Richtung geradezu als „Definition *der* Baukunst" eingedrungen. Man könnte, vor allen anderen Unterscheidungen, die nachrevolutionäre Baukunst danach scheiden, ob sie dieses Dogma – mit den Folgerungen, die sich daraus ergeben – annimmt oder nicht.

Die sogenannte „Revolutionsarchitektur" vor und um 1789 hat dieses Dogma gesetzt. Es war den Neuerern sehr wohl bewußt; 1793 forderte anläßlich einer vom Konvent ausgeschriebenen Konkurrenz *Dufourny*: „L'architecture doit se régénerer par la géometrie." So versteht man, daß in ihren Entwürfen die geometrischen Grundformen von Würfel, Pyramide, Zylinder, auch Kegel gleichberechtigt nebeneinander erscheinen, wie das nie vorher der Fall war. Und nur folgerichtig erscheint *deshalb* zum erstenmal auch die Kugel. Ebenso ist es von diesem Dogma her nur konsequent, wenn in einem Entwurf des Anführers der architektonischen Revolution, des *Ledoux*, auch der liegende Zylinder als Gebäudeform auftaucht.

Das Dogma ist wieder erneuert worden von dem extremistischen Bauen am Beginn und besonders in den zwanziger Jahren des 20. Jahrhunderts. Nun hat es zu kämpfen mit einem noch extremeren Dogma, das jeden Bau einer Maschine gleichsetzt.

Exkurs: Über die fälschlich sogenannte „autonome" Architektur

Emil Kaufmann, der Wiederentdecker des *Ledoux*, hat in seiner frühesten und besten Arbeit über dieses Gebiet schon erkannt, daß sich die Kugel als Gebäude aus einer Bevorzugung der geometrischen Formen ergibt. „So weit gingen die Architekten auf ihrem neuen Weg, daß sie *alle* einfachen stereometrischen Gebilde architektonisch verwendbar fanden." Auch das Unarchitektonische der Kugelform war von ihm gesehen: „selbst jene Form, die aller architektonischen Verwendung völlig widerstrebt, ... die Kugel."[1]
Es heißt aber diese beiden Einsichten aufheben, wenn *Kaufmann* später diese gemometrische Architektur „autonom" nennt und in der Kugel nur ein „Experiment mit der Form" sieht.[2] Er verkennt damit den Charakter dieser Baukunst vollständig, die ihm nun — und mit ihm vielen — als eine Art „Rückkehr zur Natur" des Architektonischen erscheint. „*Autonom*" soll sie heißen im Gegensatz zu den „heteronomen" Architektur der Renaissance und des Barock, die mit anthropomorphen und plastischen Vorstellungen durchtränkt war. Tatsächlich handelt es sich aber nicht um eine Rückkehr zu einfachen architektonischen Formen und, unabhängig davon, um Experimente mit der Kugel, sondern beide Dinge sind Seiten ein und desselben Vorgangs: der radikalen Gleichsetzung der architektonischen mit den geometrischen Grundformen. Damit hat sich aber die Architektur unter eine andere und viel unmenschlichere „Heteronomie" begeben: die der puren Geometrie. Die erwähnten Dogmen des „neuen Bauens" verleugnen das Wesen des Archi-Tektonischen viel tiefer als die Durchsetzung mit anthropomorphen Elementen seit der Renaissance und im Barock. Das hat *G. Hoeltje* in seiner Kritik des Kaufmannschen Buchs „Von Ledoux bis Le Courbusier" sehr richtig gefühlt.[3] „Das Unheimliche daran ist die tiefe innere Gerechtigkeit, mit der die Architektur, die, solange sie ihr gesetztes Abhängigkeitsverhältnis nicht durchbrach, in Wahrheit die ‚Architectura', die Erz- und Anfangskunst war und blieb, in dem Augenblick, in dem sie sich autonom erklärt, sofort in die Sklaverei, verfällt, in der sich alle scheinbare Selbständigkeit in ihr Gegenteil verwandelt."
Das geht so weit, daß in der zweiten Revolution, in den „zwanziger Jahren", der Gedanke auftreten kann, die Kategorie des Architektonischen überhaupt zur Auflösung zu bringen.
Es ist deshalb irreführend, von „autonomer" Architektur zu sprechen. Richtiger ist es, das, was damit gemeint ist, als „abstraktes Bauen" zu bezeichnen.

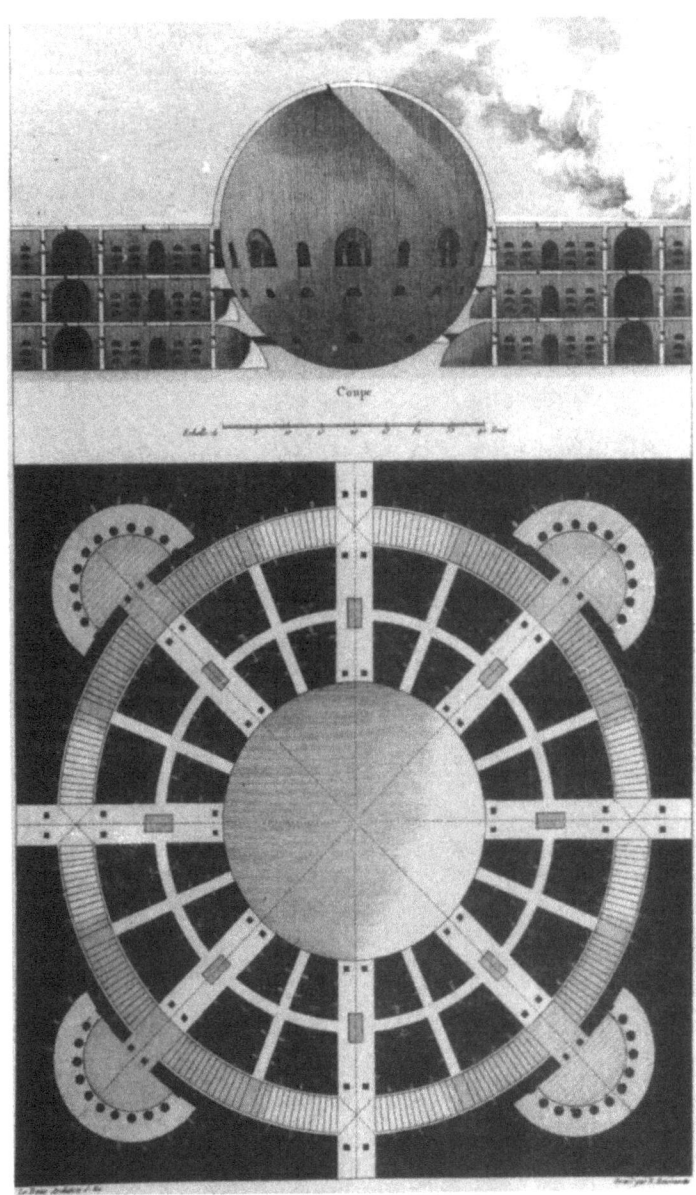

31 C.-N. Ledoux, Schnitt und Grundriß des Friedhofs von Chaux

32 C.-N. Ledoux, Haus der Flurwächter

33 C.-N. Ledoux, Haus der Köhler

III Die Erstlinge des Kugelbaus. Ledoux

„Cette machine ronde –
n'est-elle pas sublime?" (*Ledoux*)

Im Auftauchen des Kugelbaus verrät sich eine Umwälzung der Auffassung vom Bauen, die in der gesamten Geschichte der Baukunst schlechterdings ohne Beispiel ist. Nur der Übergang vom Bauen mit formlosen Elementen zum Bauen mit behauenen Steinen oder geformten Backsteinen greift so stark in die Wurzeln. Hat man das eingesehen, dann wird man die frühesten Entwürfe für Kugelgebäude mit neuer, unvergleichlich stärkerer Beteiligung betrachten.
Die beiden frühesten Entwürfe sind enthalten in dem ersten und einzigen Band des zum erstenmal 1804 veröffentlichten Stichwerks des *Claude Nicolas Ledoux* „L'architecture considerée sous le rapport de l'art, des moeurs et de la législation". Mit den Entwürfen, die dieses Werk vereinigt, ist *Ledoux*, geboren 1736, also etwas früher als *Goya* und *Goethe*, – obwohl selbst Royalist und Konterrevolutionär – der eigentliche Anführer der neuen „abstrakten", der *Revolutions*architektur geworden. Der Band enthält ausschließlich Entwürfe des *Ledoux*; alle sind zwischen 1768 und 1789 entstanden. Die Stiche des ersten Bandes wurden um einige Entwürfe vermehrt 1847 von *Ramée* neu herausgegeben unter dem Titel „Architecture de Claude Nicolas Ledoux". Ich spreche von dieser Ausgabe als „zweiter Auflage".
Die Ausgabe von 1804 enthält auf Tafel 99 in Grundriß und Schnitt einen Entwurf, der die Vollkugel zur Kernform eines Gebäudes macht: 31 den Friedhof der von *Ledoux* geplanten und begonnenen idealen Industriestadt Chaux, deren Ruinen zwischen Arc und Senans in der Franche-Comté heute noch zu sehen sind. Der Friedhof blieb unausgeführt. Die zweite Auflage bringt dazu einen zweiten Entwurf in Kugelform, die „maison des gardes agricoles", das Haus der Flurwächter. Die Tafel gibt davon Ansicht, Aufriß, Schnitt und die Grundrisse der drei Stockwerke. 32
Obwohl die Chronologie der Entwürfe des *Ledoux* noch in den Anfängen steckt[4], ist das chronologische Verhältnis dieser beiden Entwürfe außer Zweifel. Aus inneren Gründen ist der zweite Entwurf der ältere. Und da der erste, der Friedhof von Chaux, durch eine Fußnote in *Ledoux*' Stichwerk fest datiert ist – 1773, unglaublich früh –, muß der zweite zwischen 1768 (das ist die Zeit der frühesten Entwürfe) und 1773 entstanden sein. Diese Jahre waren für *Ledoux* entscheidend; sie haben ihn aus einem Architekten des Louis-Quinze zum Anführer einer der größten architektonischen Revolutionen gemacht. Der Weg aber

vom Flurwächterhaus zum Friedhof von Chaux führt von der unmotivierten Kugelform zu Versuchen ihrer Motivierung als „Symbol", im Formalen von der radikalen Leugnung der Erdbasis zu einer verhüllten Verneinung oder scheinbaren Bejahung.
Mit gleicher Entschiedenheit wie in dem „Haus der Flurwächter" ist der Gedanke des Kugelgebäudes bis in die Utopien der russischen Revolution nach 1917 nicht wieder formuliert worden. In einer friedlichweiten, ebenen Landschaft liegt in einer architektonisch gefaßten Vertiefung des Geländes wie in einem Bassin eine riesige Kugel – Durchmesser 10 Toisen, das ist rund 20 m – wie ein gelandetes Raumschiff, das vier Brücken ausgelegt hat. Die geschlossene Oberfläche der Kugel wird durch die vier Öffnungen im erweiterten Palladiomotiv durchbrochen, zu denen die Brückenstege führen; der Schnitt läßt erkennen, daß noch andere kleinere lukenförmige Öffnungen in drei Zonen vorgesehen waren. Die Palladiomotive sind etwas unter dem Äquator eingesetzt: ihre Pfosten nehmen – was im ersten Anblick nicht auffällt – an der sphärischen Krümmung teil, sie neigen sich also etwas über; ohne jedes Profil sind sie scharf in die Kugelfläche geschnitten.
Ich weiß nicht, wofür wir dieses Gebäude erklärt hätten, wenn seine Bestimmung nicht durch die Textzeile des Stichs festgelegt wäre – vielleicht für einen Tempel der (abstrakten) Vernunft. Als Behausung von Menschen ist die Kugel schon auf den ersten Blick absurd. Es gibt keine unsinnigere Hausform, darüber ist kein Wort zu verlieren. Die innere Einteilung kann daran nichts ändern. Hier ist sie rein schematisch aus quadratischen Entwürfen übertragen: je zwei Wände, horizontale und vertikale, kreuzen sich, schaffen drei Stockwerke und in jedem Stockwerk neun Abteilungen. Das mittlere Stockwerk, zu dem die Brücken führen, enthält in den Zwickelräumen Schlafzimmer, in der Mitte die gemeinschaftliche Küche; das obere Speicher; das untere in einer Achse zwei Stallungen und in den Ecken je eine „serre", also Gewächshäuser. Es ist nicht zu ersehen, wie diese Licht empfangen, nicht, wie die Pferde in ihre Ställe gebracht werden und dort Platz finden können. Das Ganze macht einen geradezu irrsinnigen Eindruck. Einen Rundblick, der den Bau gerade als Haus von Wächtern motivieren könnte, bietet die Form auch nicht. Es scheint müßig, sich mit einer solchen Verirrung wissenschaftlich abzugeben.
Und doch: Dieses Phantom enthüllt blitzartig die äußerste Abstraktheit *der* Auffassung von Bauten, deren Erzeugnis sie ist. Hier war die Form *vor* allem Zweck da. Die Kugel wird als eine der in sich vollkommenen geometrischen Grundformen um ihrer selbst willen zum Gebäude erhoben. Sie sucht erst nachträglich nach einer Zweckbestimmung. Die hier unterstellte paßt zu ihr so wenig, noch weniger, wie die Pyramide auf

Tafel 102 der „Architecture" für das Haus der Holzfäller paßt, das auf den ersten Blick aussieht wie ein romantisches Grabmal im Walde.[5] Verständlich wird die zunächst vollkommen absurd erscheinende Zusammenführung dieser Form mit diesem Zweck, wenn man eingesehen hat, daß es *Ledoux* darauf ankam, auch die schlichteste Bauaufgabe zu *adeln* durch Anwendung der gleichen „vollkommenen" Formen, die auch für die höchste Aufgabe – Denkmal, Tempel oder Grab – gut genug wären. Diese Absicht hat er gelegentlich auch mit Worten verraten: „Ici on verra pour la première foi sur la même échelle la magnificence du palais et de la guinguette."
Hier stößt man auf ein anderes Dogma der „abstrakten" Architektur, durch das ihre Auffassung der Bau*aufgaben* geregelt wird: das Prinzip, *alle* Bauaufgaben auf die gleiche Stufe zu heben – die Vorrechte gewisser Aufgaben auszutilgen. *Ledoux* sucht dabei dem *höchsten* Niveau, die zweite Revolution um 1920 wird ihn auf dem niedersten Niveau suchen. Dort gleichen sich alle Aufgaben mehr oder minder der höchsten an, dem Denkmal; hier der niedersten, dem Haus der Maschine. (Dazu unten einige Ergänzungen.) Diese Gleichmacherei hat ihre geistesgeschichtlichen Parallelen: „Der Saint-Simonismus verwandelt daher *Alles* in Gott, um in der Tat keinen zu haben, gleich wie wo alle Könige sind, eben darum niemand König ist; er verwandelt alle Gewerbe, alles Tun des Menschen in einen Kult" – die sichtbare Verkörperung davon ist *Ledoux'* Idealstadt –, „um des wahren und wirklichen entbehren zu können; eine religiöse Weltanschauung wird eingeführt, die mit der irreligiösen auf gleicher Linie steht"[6]. Bezeichnend ist auch die eherne Folgerichtigkeit, mit der aus dem gegebenen Grundsatz die Folgerungen, selbst die absurdesten, gezogen werden. Das Lächerliche eines Gebildes, wie des Flurwächterhauses, wird nicht empfunden, nur das Erhabene. Ein geschwächter Sinn für das Komische gehört tief zu der abstrakten, unmenschlichen Geistesart, die solche Gebilde hervorbringt.
Technisch gesehen ist der Entwurf eine *Utopie*. Es gab um 1800 keinen Werkstoff und keine Technik, die erlaubt hätten, ihn zu verwirklichen. Und utopisch ist der Entwurf auch im Hinblick auf die möglichen Bauherren. Er rechnet mit einer kommenden, vollkommenen Gesellschaft, für die das Bauen an sich eine Art Kult ist, der Architekt Rivale und Stellvertreter des Weltschöpfers, ein „Lebensreformer".
Der zweite Kugelentwurf des *Ledoux*, der Friedhof von Chaux, hat die Form eines sternförmigen Verbandes mehrgeschossiger unterirdischer Kolumbarien, dessen acht Gänge auf einen riesenhaften Kugelraum münden: lichte Weite, 40 Toisen, also fast 80m. Die Kugel steckt zur Hälfte in der Erde, zur Hälfte ragt sie über die Ebene auf. Der Ausgangs-

punkt dieses Gesichts ist wieder die Vollkugel, nunmehr als Kugel*raum*;
doch wird auch mit der Außenansicht der Halbkugel gerechnet. Diesmal
ist die Verwendung der Form motiviert durch ihren symbolischen Wert
und nur durch ihn, eine praktische Funktion hat sie nicht; der Kugelraum ist nicht etwa Kultraum, er kann und er soll überhaupt nicht betreten werden, man soll in ihn nur hinein*blicken*. Durch eine Rundöffnung (Opäon) im Kugelscheitel erhält er das einzige Licht. Er ist ganz
und gar in den Dienst symbolischer Erlebnisse gestellt: nach *Ledoux'*
eigener Erklärung symbolisiert er die Ewigkeit und, im Aufblick zur
Lichtöffnung, den Blick aus dem Totenreich ins Licht des Himmels.

Diese auch uns einleuchtende, aber darum nicht weniger frostig berührende Symbolik ist Gemeingut der Zeit, sie hat die Zeitgenossen sicherlich tief ergriffen. Nicht sie hat aber die Form hervorgebracht. Sondern
die Form hat zu ihrer Motivierung als Bauwerk diese Bedeutung herbeigezogen, mit der sie sich zweifellos besser verbindet, als mit der, Haus
der Flurwächter zu sein. Im Text dazu steht der Satz, den ich diesem
Abschnitt vorangeschickt habe.

Die gleichen Register der Symbolik werden auch vom Außenbau gezogen. Wie eine Pyramide ragt die Halbkugel über die Ebene, „kein
Baum, kein Gras, kein freundlicher Wasserlauf darf ringsum sein" –
nur Rauchwolken steigen aus den Verbrennungskammern auf wie aus
der Unterwelt –, „damit, wer sich dem Friedhof nähert, schaudernd
das Bild des Nichts empfange" – „l'image du néant".

5a, b Wie tiefen Widerhall diese symbolische Verwendung des Kugelbaus
6a, b, c hervorrief, zeigen *Sobres* Tempel der Unsterblichkeit, *Boullées* Kenotaph für *Newton*. *Ledoux* selbst läßt in der „Architecture" – die Folge der Entwürfe unterbrechend wie nur an *einer* anderen Stelle – auf
das Blatt mit dem Friedhof eines folgen, das das Weltall mit den kreisenden Planeten zeigt. Es trägt die Unterschrift „Elevation du cimétière de la ville de Chaux", soll also gedanklich auf jenen bezogen werden: nach dem Friedhof der Leiber der Friedhof des Geistes, symbolisiert durch die im Leeren kreisenden Kugeln.[7]

In diesem Entwurf ist die vorgegebene Kugelform sozusagen ideologisch
unterbaut worden. Sie ist auch technisch „unterbaut", denn der untere Teil der Kugel steckt in der Erde und ist durch das Skelett der Gänge
versteift. Die unverstrebte Halbkugelwölbung von 80 m Durchmesser
ist für 1800 Utopie, heute wäre sie verwirklichbar.

Gegenüber dem Flurwächterhaus zeigt der Friedhof eine stärkere Angemessenheit von Grundform und Aufgabe – wenn man die Aufgabe
nicht nur als praktischen Zweck, sondern als Idee sieht. In dieser Hinsicht ist der Friedhofsentwurf zweifellos ernster zu nehmen. Der Übergang von dem ersten zum zweiten Entwurf ist zugleich der Übergang

von der Bizarrerie und „Frivolität" der siebziger Jahre, mit dem letzten Rokoko gleichzeitig ist, zu dem neuen „weltbürgerlichen" Ernst der achtziger Jahre und ihrer beginnenden „Megalomanie", die er vorwegnimmt.
Der Ursprung der Kugelform ist aber auch im zweiten Falle derselbst: nicht die Symbolik hat die Form herbeigerufen, sondern die aus dem Grunddogma des neuen Bauens geborene Kugelform hat hier aus dem Symbolkreis der Zeit nachträglich eine ideologische Begründung für ihr Dasein gefunden, und zwar eine, die auch uns annehmbar erscheint.

IV Am Kugelhaus enthüllen sich die Tendenzen des abstrakten Bauens

„Rêver e'st prévoir" (*Hector Horeau*)

Allein an der Betrachtung des ersten Kugelgebäudes läßt sich eine ganze Anzahl charakteristischer Eigenschaften des abstrakten, nur vermeindlich autonomen Bauens, wie in einem Hohlspiegel gesammelt, aufdekken. Die Kugel als Gebäude zeigt diese Züge in Übertreibung, wie eine unfreiwillige Karikatur.
Zugleich aber formt sie Eigenschaften vor, die auf dieser ersten Stufe noch nicht durchbrechen, sondern erst dann, wenn auf der zweiten Stufe der Revolution nach 1900 und besonders nach 1920 neue technische Mittel den Spielraum der abstrakten Phantasie noch einmal erweitern.
Ganz unsymmetrisch greife ich einige dieser Tendenzen heraus:
1. Die Loslösung von der Erdbasis. Die *Kugel* tangiert die Erdbasis nur in einem Punkt. Das ist für diese Stufe der Extremfall. Nahe kommt ihm der liegende Zylinder. Die gleiche Tendenz ist auf die Spitze getrieben in dem höchst bizarren Entwurf *Ledoux*', der als „Haus der Reifenmacher" gedacht ist. Die großen Kreise sind nicht auf geschlossene quadratische Fassaden eines Würfelbaus aufgebaut, sondern die Fassaden selbst sind kreisförmig und berühren die Erdbasis nur an einem Punkt; man beachte, daß man in den Ecken unten durch das Haus durchsieht.
Auf der zweiten Stufe erscheinen „Gebäude", die die Erde nicht einmal mehr berühren, sondern frei aufgehängt sind: Aus der gleichen Tendenz erklärt sich die Vorliebe dieser Zeit, Häuser auf Piloten zu stellen, besonders *Le Corbusier*.
2. Die Vertauschbarkeit von Oben und Unten. Sie ist am Kugelhaus der Flurwächter extrem: nur das aus einer anthropozentrischen Baukunst übernommene Palladiomotiv verhindert es, die Form auf den Kopf zu stellen. Aber auch die Form mancher Würfelhäuser des *Ledoux*

läßt, von Zutaten abgesehen, oben und unten nicht unterscheiden. Daher die Vorliebe nicht nur für das horizontale Dach, sondern für den Abschluß ohne Gesims, rein in einer Kante, wie bei stereometrischen Körpern. Die Vertauschbarkeit wird ein höchst kennzeichnender Zug der zweiten Stufe. Das noch immer anthropomorphe Element der Fenster wird ganz aufgelöst, Glaswände oder durchgehende Fensterstreifen treten an seine Stelle. Oben und Unten wird in vielen Fällen schlechthin ununterscheidbar. In Vorlesungen habe ich öfters das Lichtbild eines Baus von *Le Corbusier* absichtlich verkehrt projizieren lassen, ohne daß die Zuseher die Vertauschung merkten.

3. Das Labile. Am Kugelbau neigen sich Teile seiner Wandung über. Das führt auf der zweiten Stufe zu Entwürfen, deren ebene Wände schräg nach außen vorgeneigt sind — auch das ein Verneinen der Erdbasis und der natürlichen Schwerkraft.[8]

4. Die Geschlossenheit der Grenzflächen. Die „Schönheit" der stereometrischen Grundformen liegt in ihren gleichsam monolithen Oberflächen. Es wäre ideal, sie so wenig wie möglich zu durchbrechen. Daher sind jetzt jene Bauaufgaben bevorzugt, die dieser Neigung entgegenkommen: Denkmal, Gefängnis, Museen (mit reinem Oberlicht), Scheunen. Andere Aufgaben gleichen sich, gegen ihre natürlichen Bedingungen, diesen an. In Entwürfen gibt man zunächst die reine geschlossene Grundform ohne Durchbrechungen: Flurwächterhaus, sehr charakteristisch auch *Ledoux'* „Oikema"[9]. Man empfindet Löcher in der Wand als Übel und spielt mit dem Gedanken, sie entbehren zu können. Die zweite Stufe bringt technische Mittel, die es erlauben, diesen Gedanken zu verwirklichen. Die Grenzfläche wird jetzt, im Extremfall, eine geschlossene Glashaut. Oder man kann den Gedanken fassen, die Wände undurchsichtig zu schließen und diese geschlossenen Räume mit künstlichem Sonnenlicht und Ozon zu erfüllen. Das Un-Menschliche, Lebensferne dieser abstrakten Phantasien kann nicht deutlicher zum Ausdruck kommen — die Irrungen verraten die Neigung.

5. Die Grenzflächen sind glatt, aus totem, amorphen Stoff. Diese Gesinnung ist schon da, ehe aus ihr heraus im Laufe des 19. Jahrhunderts die neuen amorphen Werkstoffe erfunden werden — Eisen, Stahl, Glas, Beton, — die keine gewachsene Form haben, die nicht aus Naturelementen (einzelnen gebrochenen Steinen) bestehen, sondern in Holformen *gegossen* werden. Lange vor diesen Erfindungen sind schon die abstrakten Formen da, die in innerer Wahlverwandtschaft zu jenen abstrakten Werkstoffen stehen. Bei *Ledoux* meint man überall die „Betonformen" von 1900 zu sehen.[10]

34–37

34 C.-N. Ledoux, Haus der Reifenmacher

35 C.-N. Ledoux, Landhaus

36 C.-N. Ledoux, Landhaus

37 C.-N. Ledoux, Landhaus

6. Weil der Stoff amorph empfunden wird, ist er unfähig, aus sich Gliederungen hervorzubringen. Die Öffnungen sind in ihn bloß eingeschnitten; alles, was über die Grundform da ist, wird als bloßes „Ornament", als entbehrliche Zutat empfunden. Das hat ein Anführer der zweiten architektonischen Revolution, *Adolf Loos*, klar ausgesprochen. Die antiken „Ordnungen", Fensterrahmen usw. sind auf die geometrischen Grundformen bloß aufgelegt, sie sind nach dem treffenden Wort *Kaufmanns* „Appliken". Es gibt keine echten „Profile"; wo Profile vorkommen, sind sie angeheftet wie die plastischen Ornamente auch. Weil aber Ordnungen, Einzelformen, Profile usw. als bloße *Verkleidung* der geometrischen Grundformen empfunden werden, können sie an ein und derselben Grundform gegen andere vertauscht werden. Schon *Dubut* (vor ihm der Engländer *Repton*, nach ihm, um ein Beispiel zu nennen, *Schinkel*) zeigt, wie die gleiche Grundform das eine Mal in ein gotisches, das andere Mal in ein Renaissancegewand gehüllt werden kann. Von hier aus läßt sich zum Teil mitverstehen, wieso auf das abstrakte Bauen der Historismus folgen konnte.

7. Geometrische Gebäude werden von Flächen im geometrischen, nicht im architektonischen Sinn begrenzt. Deshalb ist die Dicke der Wände gleichgültig. Schon in den Kugelentwürfen *Ledoux'* sind die Wandungen ohne Rücksicht auf einen bestimmten Werkstoff auffallend dünn angenommen.

Auf der zweiten Stufe der Revolution kann sich die Begrenzung eines Gebäudes in eine wenige Millimeter dicke Glashaut verwandeln.

8. Das Flurwächterhaus steht völlig unvermittelt in seiner Umgebung, es sieht aus wie von einem anderen Planeten heruntergefallen. Auch das ist eine allgemeine Tendenz; man liebt es, den Bau ohne Übergänge in die Landschaft zu setzen. Bauen ist oder sollte sein Anwendung der puren Geometrie. Landschaft ist oder sollte sein reine Natur. Eine Vermittlung wäre den Vorkämpfern der Revolutionsarchitektur als „unwahr" erschienen.

Auch das bleibt auf der zweiten Stufe ganz gleich: die Villa in Passy von *Le Corbusier*, um nur ein Beispiel zu nennen, liegt auf einer Parkwiese wie ein gelandetes Flugzeug auf Stützen.

Es verrät sich dabei eine für das abstrakte Denken überhaupt bezeichnende Tendenz zur Aussonderung unmenschlich „purer" Sphären.

9. Das Zusammenfügen geometrischer Grundformen zu architektonischen Gefügen höherer Art geschieht nicht in der Weise des Verbindens, der Verschmelzung; die Formen „entwickeln" sich auch nicht auseinander. Sondern das Prinzip des Zusammenfügens ist das Zusammenstellen, das Übereinanderlegen, das Schachtelprinzip.[11] Oder es kommt zu

kalten Durchstoßungen, Durchdringungen im Sinne der darstellenden Geometrie.[12]
Solche Grundsätze des „Kom-Ponierens" wurden in den bolschewistischen Akademien des neuen Bauens gelehrt.[13] Dabei kann es — da die Erdbasis nicht anerkannt ist — zu (scheinbar) vollständig labilen Gefügen kommen.
Alle diese Möglichkeiten sind mit der Kugel, das heißt mit der dogmatischen Anschauung, aus der sie entspringt, schon mitgesetzt. Es hängt von der Entwicklung der Technik ab, ob und wann sie zum Durchburch kommen.
Ledoux und seine Zeit rechnet wesentlich noch mit Stein und Ziegel. Die Entwicklung der neuen Technik in Eisen setzt genau gleichzeitig ein: die erste bedeutende Leistung ist die Eisenbrücke über den Severn von 1773. Bis sie aber so weit ist, um der abstrakten Baukunst die Mittel zuzubringen, nach denen diese verlangt, hat die Lage umgeschlagen; eine andere Auffassung ist zur Herrschaft gekommen. Sie entwickelt ihre architektonischen Lösungen wesentlich aus der Annahme, daß ihre Gegenwart eine Fortsetzung der „Renaissance" sei, also aus einer historischen Prämisse. Der Gegensatz zwischen der offiziellen Baukunst der Akademien und der Ingenieurkunst der Polytechnik, der am Beginn des Jahrhunderts noch überwindbar schien, wird jetzt unüberbrückbar. Die weitere Entwicklung der Technik verläuft abseits der offiziellen Architektur oder hinter Stilmasken. Und erst wenn zum zweitenmal die „revolutionäre" Auffassung vom Bauen siegt, um 1900, können beide sich vereinigen. Die neuen technischen Mittel verhelfen jetzt Ideen zum Durchbruch, die auf der ersten Stufe verhüllt geblieben waren.

V Rückbildung des Kugelbaus

Eine „Entwicklung" des Kugelbaus gibt es nicht. Über die Form, in der er zuerst erschienen ist, kann man nicht mehr hinausgehen, es gibt keine Steigerung, nur Milderung, Zurückweichen. Die Frühgeschichte des Kugelbaus ist die Geschichte der verschiedenen Richtungen dieses Rückzugs. Übrigens scheint mir dieses Beginnen mit einem Extrem und darauffolgendes Zurückgehen auf gemäßigtere Stellungen eine typische Bewegungsform des Geistes seit dem späten 18. Jahrhundert zu sein; diese Form des Fortschreitens ist „maximalistisch".
Die folgende Aufzählung ist gewiß unvollständig. Man hat sich mit dem Kugelbau bisher nicht ernstlich befaßt, ich kann nur die bisher veröffentlichten Beispiele heranziehen.

Schon *Ledoux'* Friedhof von Chaux war ein Schritt zum Gemäßigteren. Außen ist nur eine Halbkugel sichtbar, die fest, wenn auch ohne Sockel, auf der Erde aufliegt. Die Rückbindung an die Erde ist versucht und zugleich die Idee doch nicht aufgegeben, aber ins Symbolische gewendet. Von den zwei Entwürfen *Ledoux'* gehen alle mir bekannten Kugelhausentwürfe der ersten Revolutionsarchitektur aus. Das Haus der Flurwächter verwandelt sich in einen Entwurf des 1756 geborenen *Vaudoyer* in die „maison d'un cosmopolite", das Haus des Weltbürgers. Der Entwurf ist 1785 datiert.[14] Im Formalen ist er „gezähmt" dadurch, daß die Kugel zur Hälfte in eine kreisförmige Kolonnade eingesenkt ist; überdies wird sie von einem zweiten, niedrigeren Säulenring gestützt (Durchmesser der Kugel rund 20 m). Das Leugnen der Erdbasis, das ihr auf jeden Fall anhaftet, ist verschleiert. Was ihre Bestimmung betrifft, ist sie ein Musterbeispiel der „architecture parlante", der sprechenden Architektur, deren Form auf ihren Bewohner oder ihren Zweck anspielt. Der Bürger Debracq hatte, befragt, aus welchem Land er stamme, geantwortet, „qu'il n'en reconnaissait pas de particulier; que le plaisir de voyager lui faisait regarder la terre centière comme son domaine, et enfin qui'il était COSMOPOLITE". Das war, vorgeblich, der unmittelbare Anlaß für *Vaudoyers* Entwurf. Form und Bestimmung sind in eine wesenlose Übereinstimmung gebracht: in der Tat, wie könnte der „Kosmopolit", der heimat- und bodenlose Zukunftsmensch, anders hausen als in der Bodenlosigkeit des Kugelhauses, dessen Tyrannei er sich – Anbeter der geometrischen Vernunft – freiwillig unterwirft. Beide, Kugelhaus und Kosmopolit, sind Geschöpfe derselben abstrakten Phantasie. Genau so wird der kosmopolitische Snob der zwanziger Jahre gerne alle Unmöglichkeiten auf sich nehmen, die ihm das Wohnen in einem Haus von *Le Corbusier*, diesmal nicht nur am Papier, sondern in Wirklichkeit zumutet, um „auf der Höhe der Zeit" zu sein.
So wie das Haus des Weltbürgers das Haus der Flurwächter zur Voraussetzung hat, so hat *Sobres* „temple à l'immortalité" *Ledoux'* Entwurf für den Friedhof von Chaux zur Voraussetzung.[15] *Sobre*, geboren um 1770, ist im eigentlichen Sinn Schüler des *Ledoux*. Sein Entwurf hat die Form der Kugel aber nur mehr der Idee nach, nicht in Wirklichkeit. In der Außenansicht ruht – wie in *Ledoux'* Friedhofentwurf – eine riesige Halbkugel von 60 m auf einer idealen Fläche, hier dem Spiegel eines Sees, der sie von allen Seiten umgibt. Zur vollen Kugel ergänzt sie nicht eine zweite versenkte Kugelhälfte, sondern nur die Spiegelung im Wasser. Diese „optische" Ergänzung ist ein Wiederaufleben barocker Anschauungsweise, verwirklicht an gegenbarocken Formen. Die Kugel soll die Erdkugel vorstellen, „um im Menschen die unge-

heure, eindrucksvolle und wahre Idee der Unsterblichkeit" zu erwekken. Sie trägt auf ihrem Scheitel einen hypäthralen Rundtempel, den Tempel dieser Idee. Auf die Kugelfläche ist die Landkarte der nördlichen Hemisphäre graviert (an der man nebenbei auch Geographie studieren kann, wie der Herausgeber naiv-rationalistisch hinzufügt). Tierkreiszeichen, wie am Haus des Weltbürgers, und allegorische Reliefs mit den Hervorbringungen der Erde umgürten den Äquator. In die Halbkugel gelangt man nur im Nachen. Ihr Boden liegt tiefer als der Wasserspiegel, so ergibt sich im Innern die Form des Pantheons mit einem Übergewicht der Kuppel. Auch der Bestimmung nach ist der Tempel ein „Pantheon": er enthält die Standbilder der „großen Menschen", seine Wölbung stellt die Himmelswölbung vor. Ein amphitheatralisches Auditorium umgibt den Altar, der dem Kult des Ewigen und der großen Menschen gewidmet ist.

Sobres Entwurf gehört in die Reihe der reinen Halbkugel-, nicht der Vollkugelbauten. Der Gedanke, die vom Boden aufsteigende Halbkugel zur Form eines ganzen Gebäudes zu machen, ist nicht zu allen Zeiten möglich. Als Raumform gibt es diesen Gedanken in dem Typus der Kuppelgräber, deren bekannteste Beispiele die von *Mykene, Tyrins* usw. sind. Als Außenform kennt ihn der Spätbarock, so der Entwurf *Friedrich Ignaz Neumann*s für ein Gartenhaus. Der Gedanke ist also möglich in der Vorzeit einer anthropozentrischen Auffassung von Architektur und in der Endzeit, in der sich diese Auffassung auflöst. Er ist nicht möglich dazwischen. Denn indem die Wölbung unvermittelt von der Basis anhebt und die vertikale Zone der Träger ganz ausschaltet oder sehr einschränkt, gibt sie dem Menschen gewissermaßen keinen Spielraum, um sich − innerlich − voll aufzurichten. Daher ist die Form geeignet als Grab − in dem man nicht steht −, als Haus der Toten, nicht der Lebenden. Oder sie ist bloßes Formspiel. Immer liegt die Himmelssymbolik nahe. Für die Kuppelgräber ist sie erwiesen; die Rosetten der Wölbung sind die Sterne dieses steinernen Totenhimmels. Für den spätbarocken Entwurf ist sie zu vermuten in der Form von illusionistischen Malereien, die den Himmel bis unten herabziehen. Im Gegensatz zur Vollkugel bejaht der reine Halbkugelbau die Erde, auf der er als Himmelsglocke aufruht.

6a, b, c Auch *E. L. Boullée*s Entwurf für ein Kenotaph *Newton*s setzt *Ledoux*' Friedhofsentwurf voraus, auch er geht von der Halbkugel aus, die Vorstellung der Vollkugel wird nur durch die Kreiskurven zweier Treppenrampen angedeutet, auch hier nur in einer bestimmten Ansicht. Im ersten Anblick ruht scheinbar eine Vollkugel, dadurch stabil gemacht, in einer mächtigen Bettung, ähnlich wie der Zylinder im Stromwächterhaus des *Ledoux*. Tatsächlich aber ist es nur eine Halbkugel, die auf

einem mächtigen Sockel aus drei massiven Zylindern ruht, von denen der innere die Höhe des Kugelhalbmessers annimmt. Die Terrassen, die der Sockel bildet, sind mit Baumreihen bepflanzt — die Bäume treten in das Ganze als architektonische Einheiten ein, in kaltem Gegensatz sind lebende Pflanze und toter Stein zusammengebunden. Denn schwerer Stein ist offenbar der gemeinte Werkstoff. Ob der Bau einen halbkugelförmigen Hohlraum — oder gar eine Vollkugel — in sich birgt, kann ich nach dem mir allein zugänglichen Stich nicht entscheiden. Ganz ungewöhnlich sind die Ausmaße: die Kugel hat einen Durchmesser von genau 100 m. Es ist das Zeitalter der „Megalomanie". Aber der Entwurf ist nicht nur riesig, er ist wirklich monumental.
In seiner Symbolik werden zwei Register angespielt. Die Kugelform ist einmal, wie bei *Ledoux* und *Sobre*, bezogen auf den Gedanken des Todes, der Ewigkeit. Der Entwurf ist Totenmal, Denkmal wie die Pyramiden. Das gewaltige Leergrab ist aber nicht errichtet für einen der Mächtigen der Erde, sondern für den Geist, der die Gesetze des Alls und seiner Körper erkannte. Darauf spielt die Kugel an, und diese Überlagerung der Denkmalsidee und der Weltallsymbolik gibt dem Entwurf das Vielsinnige. Unter allen Gestaltungen des Kugelbaus ist er derjenige, den man sich am ehesten ohne Peinlichkeit verwirklicht denken kann, und insofern der künstlerischste. Aber er hat auch die Kugelidee so gut wie ganz geopfert der Rückwendung zu einer echten Architektur.
Nicht zufällig ist er das Werk eines Älteren, der der Zeit des *Ledoux* um ebensoviel voraus, wie er hinter ihr zurück ist. *Boullée* ist zwölf Jahre vor *Ledoux*, 1728, geboren und 1799 gestorben. Der Entwurf gehört in die neunziger Jahre.
Am Ende des Rückbildungsprozesses steht der preisgekrönte Entwurf des „Temple décadaire" von *Durand* und *Thibault*. Er ist eine Umformung von *Sobres* Tempel der Unsterblichkeit; das zeigt nicht nur die Kugelfläche mit der eingravierten Landkarte, sondern im Inneren das eingesenkte Auditorium. Das Anlaufen der Halbkugel von der Erde auf wird jetzt abgelehnt und deshalb durch eine Kolonnade verhüllt; ein anderer Entwurf des Temple décadaire versenkt die Halbkugel in ein zylindrisches Massiv.[16] Aber der Ausgangspunkt der Vorstellung ist noch immer die halbe Kugel, die von der Erde aufsteigt; man sieht sie gleichsam noch durch die Verhüllungen hindurch. — Der Bestimmung nach ist der Tempel ein „lieu d'assemblée pour la réunion des citoyens d'une commune, à l'effet d'y exerer un culte quelconque (!), ou d'y traiter des affaires publiques."
Alle diese ganzen und halben Kugelentwürfe sind französisch; alle sind unausgeführt geblieben. Halbkugelräume kommen, in Pyramiden eingebaut, bei *Gilly* vor, die Halbkugel als Außenform nie.

Die Gesinnung, die das Kugelgebäude hervorgebracht hat, wird nach 1804 auf rund 100 Jahre unterirdisch. Mit dem Ende der Revolution hören die Entwürfe auf, das Jahr 1804 ist die natürliche Grenze auch der architektonischen Revolution: *Ledoux* stirbt — *Boullée* war schon 1799 gestorben — und der 1804 gekrönte Napoleon hatte eine Abneigung gegen die Ideologen. Von da ab bis zum Ende des 19. Jahrhunderts sind Kugelentwürfe äußerst selten.

VI Der Kugelbau am Ende des 19. Jahrhunderts. Die „Ausstellung"

Das erstemal verwirklicht worden ist der Kugelbau in einer Ausstellung. Zur Verwirklichung verholfen hat ihm die neue Technik des Eisen-, des Stahlgerippebaus, dessen Entwicklung sich zum großen Teil in der Ausstellung abspielt. Schon der Seher der Bauten aus Eisen und Glas, *Hector Horcau* — eine Gestalt *Ledoux* vergleichbar —, hatte eine riesenhafte Ausstellungshalle aus Eisen und Glas geplant[17]. Der Entwurf ist von 1848, früher als *Paxtons* „Krystallpalast" der Londoner Weltausstellung 1851. Auf der Weltausstellung in Paris von 1889 ist — hundert Jahre nach der Revolution — mit den Bauten *Eiffels* und *Cottancins* eine Stufe erreicht, die in gewissem Sinn nicht mehr überboten worden ist. Elf Jahre später kann auf der Grundlage, die damit gegeben war, der Kugelbau zum erstenmal Gestalt annehmen. Auf der Weltausstellung von 1900 bildete eine Sensation der Kugelbau von etwa 50 Metern Durchmesser, der den Erdball selbst darstellte — ein Globus im großen. Auf dem Scheitel der Kugel — wo in *Sobres* Entwurf der Tempel Platz gefunden hatte — trug er eine Aussichtsterrasse für die Besucher.

Damit übersiedelt die Idee aus dem noch scheinbar architektonischen Bezirk der Geometrie elementarer Formen in die Sphäre der Ingenieurkunst, des „Konstrukteurs". Und alle ihre künftigen Verwirklichungen werden sich in dieser Sphäre vollziehen.

Zugleich aber gehört sie nun zur Sphäre der „Ausstellung". Hier hat sie ihre eigentliche Heimat gefunden, sie steht in einer Art geistigen Wahlverwandtschaft zur Idee dieser Veranstaltungen.

Die Idee der großen „Ausstellungen" ist um die gleiche Zeit entstanden wie die abstrakte Architektur selbst und wie die Anfänge der neuen Konstruktion: in der Zeit der französischen Revolution. Seit London 1851 gibt es dann die Form der „Weltausstellungen", die für die Lage des 19. Jahrhunderts tief kennzeichnend ist. Sie kann, wenn man nicht nur von den Leistungen der Kunst, sondern auch von ihren Gefährdungen spricht in einer Kunstgeschichte des 19. Jahrhunderts so wenig

außer Betracht bleiben, wie die Kaiserthermen[18] für die Beurteilung der spätrömischen Kunst nicht entbehrt werden können. Sie ist in gewissem Sinn geradezu *die* Gesamtgelegenheit für den Ingenieur, der der Rivale des Architekten geworden ist, und sie ist äußerster symbolischer Ausdruck des kapitalistischen Zeitalters.[19] Hier hat sich unter der Verhüllung entwerteter Ornamente die neue Eisen- und Stahlarchitektur gebildet. Hier ist der Spielraum für die Utopien der Konstrukteure. Hier entsteht eine neue Kunst der „Beleuchtung". Ein großer Teil der Malerei des 19. Jahrhunderts ist, bewußt oder unbewußt, für die Ausstellung geschaffen. Hier beobachtet man zuerst die neuen Surrogate für das Künstlerische: den Trieb zur „Schau", zur „Sensation", zum Verblüffenden, noch nicht Dagewesenen, zum Neuen um jeden Preis. Und so wie die neuen Formen und Anschauungen der Kathedralkunst überall das mittelalterliche Leben durchdringen, so bleibt der Geist der Ausstellung nicht auf diese beschränkt, sondern greift über auf fast alle Bezirke des Lebens. Er schafft die „Auslage" der Geschäfte — eine Ausstellung im kleinen —, das Plakat mit seinen neuen Möglichkeiten, die neuen Feuerwerke der Lichtreklamen. Die Art, wie man heute in fast allen Städten Europas Architekturen anleuchtet, ist Geist der „Ausstellung". Er dringt als „Inszenierung", als „Show", als „Revue" in das Theater; er dringt bis in das Privathaus mit einer bestimmten Gattung des „Innenarchitekten", dem Bruder des Auslagendekorateurs.
In der Ausstellung findet der Kugelbau, dessen Zeit als Denkmal oder Tempel der Vernunftreligion vorüber ist, eine neue Aufgabe. Er verkörpert hier zunächst das Genie des Ingenieurs, der imstande ist, wozu der Architekt von sich aus nicht kommen konnte: die Bindung an die Erde, die Schwerkraft gleichsam aufzuheben. Er verkörpert in dem Symbol der Weltkugel den planetarischen, „kosmopolitischen" Geist dieser Veranstaltungen und seine Bodenlosigkeit, wie nichts anderes. Und er ist nun offen, was er heimlich seit dem ersten Auftauchen der Idee gewesen ist: eine „Sensation" unter den „Sensationen" der Ausstellung. (Diese Idee des Sensationellen ist ein neues Surrogat für die Idee des Schöpferischen.) Er stellt sich hier in den Dienst der „Reklame". Und er bleibt von diesen Zügen imprägniert, wenn er die Ausstellung wieder verläßt, um sich mit der russischen Revolution in den Dienst der bolschewistischen Propaganda zu stellen.

38 Vaudoyer, Haus eines Kosmopoliten (1785)

39 I. I. Leonidow, Kugelbau für das Lenininstitut (1927)

40 M. Stam, Restaurant am Felsabhang (1922)

VII Der Kugelbau in der zweiten architektonischen Revolution

„Dieser Umbau der früheren Lebensgestaltung begann unbemerkbar und als er begann, verspürten viele ein unbestimmt-schauriges Gefühl, als verschwände der Grund unter ihren Füssen." (*V. Iwanov*)

Die zweite Blütezeit des abstrakten Bauens, dessen Symptom und Symbol der Kugelbau ist, ist die Zeit nach 1917. So wie Frankreich die erste, so führen jetzt die Utopien russischer Entwürfe die zweite Revolution an.[20] Der Kugelbau rückt wieder an hervorragende Stelle. Es ist nicht anzunehmen, daß den russischen Futuristen der Architektur die Kugelpläne des *Ledoux*-Kreises bekannt waren. Die Form erscheint wieder, weil die Auffassung vom Bauen überhaupt eine ähnlich abstrakte, bodenlose ist.
Der Entwurf, der alle Tendenzen auf ähnliche Weise in einem Brennpunkt sammelt, wie *Ledoux'* Flurwächterhaus, ist der Plan für ein Lenin-Institut von *Leonidow*. Der Sowjetarchitekt und Schriftsteller *El Lissitzky* (ein Jude?) erläutert ihn 1929 so: „Eine unserer Zukunftsideen [39] ist die Überwindung des Fundaments (!), der Erdgebundenheit (!). Wir haben in einer Reihe Entwürfe [sic!] diese Idee entwickelt (Wolkenbügel, Tribünen des Stadions, Garage in Paris). Diese Aufgabe stellt sich auch der Entwurf für das Lenin-Institut auf den Lenin-Bergen in Moskau. Der Baukomplex besteht aus einem Turmbau (Bibliothek für 15 000 000 Bücher), Flachbauten mit Lese-, Arbeitsräumen, einem *Kugelbau (in die Luft gehoben)* als Zentralauditorium für 4000 Leser. Er ist in einzelne Abschnitte aufteilbar, wobei die Kugel als Planetarium benutzt wird. Aufgabe der Technik ist es, diese elementaren Volumen, die neuen Beziehungen im Raum schaffen, statisch zu sichern. – Die Überwindung des Fundaments, der Erdgebundenheit, geht noch weiter und verlangt die *Überwindung der Schwerkraft* an sich (!). Verlangt die *schwebenden Körper* (!), die physisch-dynamische Architektur. – Wenn auch die aktuelle Wirklichkeit noch die Reduktion dieser Zukunftspläne und Planungen verlangt, so zeigt sich doch schon ihr gesunder (!) Kern für den heutigen Tag (!)."
Die ungeheure Abstraktheit der ersten Revolutionsarchitektur wird in diesem Entwurf und in den Sätzen, die seine Ideologie enthalten, tatsächlich noch überboten.
Die Kugel berührt die Erde nicht mehr, sie schwebt, ein Ballon aus Eisen und Glas, scheinbar nicht getragen, sondern nur unterfangen von

einem spinnwebdünnen Metallgespinst in Form eines Kegels, der die Erde nur mit der Spitze berührt. Stahltrossen verspannen den Bau. Wüßten wir nicht den Zweck, der diesem Gebäude zugedacht ist – und ebenso nachträglich zugedacht wie vor 150 Jahren –, wofür würden wir dann dieses Gebilde halten? Wohl für eine technische Utopie: ein Sonnenkraftwerk, einen Sender oder etwas Ähnliches. Tatsächlich ist aber die Kugel das Auditorium einer Bibliothek, und das Ganze ein unarchitektonisches Denkmal für *Lenin*. Sowohl als Hörsaal wie als Lenin-Denkmal ist das Gebilde ein unfreiwilliges und deshalb um so schauerlicheres Symbol für den Geist, der die Erde verneint. Darin liegt das Bedeutsame des Entwurfs, der sonst nur absurd wäre.

Darüber hinaus enthüllen sich an diesem Gebilde die Grundtendenzen der zweiten architektonischen Revolution ebenso wie an *Ledoux'* Flurwächterhaus die der ersten.

Es zeigt zunächst, daß die Vorliebe für Bauelemente rein geometrischer Form noch immer da ist. Beim Durchblättern der Entwürfe aus den zwanziger Jahren findet man sie alle wieder: Würfel, Pyramide, Zylinder, Kegel und Kugel. Aber erst jetzt ziehen sie die letzten Folgerungen aus der Gleichsetzung von Geometrie und Architektur. Das Dogma sagt nichts darüber, in welcher Lage zur Erde sich ein geometrisches Gebilde befinden muß, um zu einer architektonischen Form zu werden. So kann die zweite Revolution den Kegel auf die Spitze stellen und einen Würfel auf die Kante.

Die geometrischen Formen sind auch jetzt das erste, das an sich den abstrakten Geist verlockt. Die Motivierung wird dazu gesucht. Die Kugel findet ihre Bestimmung zum Beispiel in einem kreisförmigen Auditorium (untere Halbkugel) oder mit besonderer Vorliebe in einem Planetarium (obere Halbkugel). Die Idee des Planetariums hat eine eigentümliche Faszination für den Geist, der die Erde überfliegt; nicht zufällig hatte schon *Ledoux'* Blick sich mit kalter Andacht in diese eisigen, von vollendeten geometrischen Körpern bevölkerten und nach mechanischen Gesetzen bewegten Räume erhoben.

Das Abstoßen von der Erde ist stärker geworden. Der Kugelraum des Lenin-Instituts scheint zu schweben, Bauten werden an Trägern, wie an Kranen, aufgehängt im Leeren (auch ein unfreiwilliges Symbol).

Die Grenzflächen sind ganz körperlos geworden, hautdünn, aus den kältesten und totesten Stoffen.

Die Gleichsetzung der Architektur mit der Geometrie wird aber noch überboten durch das neue Dogma, das das ältere mit einschließt, aber auch überwältigt. Es heißt: *jeder „Bau" ist eine Maschine*. An Stelle der geometrischen tritt die „physisch-dynamische" Architektur.

Dieses offen ausgesprochene oder verhüllt vorausgesetzte Dogma bringt, wo es anerkannt ist, eine Reihe von neuen Folgen. Ganzen Bauten wird eine Form gegeben, die Maschinen vortäuscht oder an sie wenigstens gemahnt; das gleiche gilt für die Baubestandteile, hinab bis zu den kleinsten, einem Stuhl oder einer Türklinke. Sahen auf der ersten Stufe der Revolutionsarchitektur alle Bauten mehr oder minder Denkmälern ähnlich, so kann jetzt ein Denkmal der dritten Internationale aussehen wie das Gerippe einer „Scenic Railway".[21] Das Lächerliche, das das Anklingen solcher Assoziationen mit sich bringt, wird nicht empfunden oder geflissentlich nicht beachtet.

Zum Wesen der Maschine gehört es, beweglich zu sein: am Ort oder von Ort zu Ort. Darum erscheinen jetzt — in Amerika schon früher vorgeahnt — die Utopien der fahrbaren Häuser, die mit Schiff und Flugzeug auf eine Stufe gehoben werden sollen; klarstes Symbol dafür, daß der Mensch keinen Ort mehr haben soll, wo er bleiben, auf den er „bauen" kann. Es erscheint die Idee des drehbaren Hauses, das seine Fronten verändern kann. Im festen Haus wird alles Beweglich-Maschinelle betont: die kleinen Hausbahnen der Fahrstühle und Elevatoren, die Vorrichtungen der Küchen oder der Badezimmer; die Wände werden verschiebbar, Türen und Fenster maschinell bedient. Das Material der Maschinen wird mit einem gewissen Pathos auf Gegenstände übertragen, die bis dahin immer aus Holz oder Stein waren.

In der zugehörigen Architekturtheorie kommt dieses Dogma unverhüllt zum Ausdruck in Prägungen wie „Wohnmaschine" für das Haus usw. Auch die Möbel werden als maschinenartig aufgefaßt. Die bolschewistische Theorie spricht von einem Dorfklub (der die Kirche ersetzt) als einem „Kraftwerk".

Auf dem Höhepunkt dieser Auffassung, der in der ganzen Welt in den zwanziger Jahren liegt, wird die Architektur von den Extremisten als eine bloß historische Kategorie aufgefaßt — wie die Religion bei *Comte* —, die bestimmt ist, auf der erreichten neuen Stufe des Menschengeistes als Sonderfall im Schaffen des Konstrukteurs aufzugehen.

VIII Der Rückzug in die Ausstellung

> „Man weise möglichst genau jedem
> Gedicht seinen Bezirk an, und dies
> wird Kritik genug für den Wahn ihrer
> Verfasser sein." (*Novalis*)

Ausgeführt ist von allen diesen Gedanken nur verhältnismäßig wenig worden, und die wenigen Verwirklichungen vollziehen sich in den „Ausstellungen" oder sind gleichsam aus ihnen entlaufen. Das gilt auch für die Beispiele des Kugelbaus, die ich jetzt anführe.

Auf der Hygieneausstellung von Dresden 1928 ist das *Kugelhaus* zum erstenmal verwirklicht worden.[22] Aber die Maße sind gering – ungefähr 17 m Durchmesser – und die Motivierung ist sehr vorsichtig. Der Gedanke hat etwas Unsicheres, er ist, ohne an ihn zu glauben, „zur Diskussion" gestellt worden. Ihm fehlt ganz das Pathos der „revolutionären" Entwürfe, die bewußt die Erdgebundenheit überwinden wollten. Neuerdings ist der Bau abgebrochen worden.

Anspruchsvoller ist ein amerikanisches Beispiel, das ich nur aus einem Zeitungsbild kenne: ein Sanatorium in Form einer Stahlkugel von schätzungsweise 50 m Durchmesser. Der Entwurf stammt aus dem Beginn der dreißiger Jahre und ist wahrscheinlich von dem Dresdner Kugelhaus abhängig. Auch hier wird eine praktische Motivierung versucht, für die – übrigens fadenscheinige – physikalische Gründe geltend gemacht werden. Das eigentliche Motiv ist zweifellos das Sensationelle, die Reklame. Aber der Einfall schlägt von selbst ins unfreiwillig Symbolische um: das Kugelhaus erscheint nun als Haus der kranken Menschen, die unter künstliche Lebensbedingungen versetzt werden müssen.

Das jüngste Beispiel ist die Kugel, die in diesem Jahre 1939 den Mittelpunkt und die Sensation der Weltausstellung von Neuyork bilden soll. Mit 60 m Durchmesser wird sie der größte Kugelbau sein, der bisher erreicht wurde, von derselben Größenordnung wie der Friedhof des *Ledoux* und des Newton-Denkmal des *Boullée*. Sie wird scheinbar auf den Strahlen von acht kolossalen Springbrunnen – in deren Wassersäulen die Stahlträger verborgen sind – schweben, wie eine Seifenblase. Eine Illusion, ein Trick wird zu Hilfe gerufen, um wenigstens scheinbar die Kugel von der Erde abzulösen. Neben der Kugel steht eine nadelartige dreiseitige Pyramide, über 200 m hoch. „Kugel und Pyramide sind die einfachsten geometrischen Raumgebilde, und die Wahl dieser einfachen Körper zum Symbol der Ausstellung, die die ganze Welt und alles von Menschenhand Geschaffene einbegreift, mag jedermann vor Augen führen, daß letzten Endes auch das verwickeltste Gebilde oder

Geschehen im Leben aus einfachen Elementen zusammengesetzt ist"[23].
Das ist 1939 wie hundertfünfzig Jahre früher die Überzeugung des Geistes, der den Leib der Erde überfliegt.
Im Inneren der Kugel geht der Blick von zwei ringförmigen Plattformen hinab auf ein Modell der „Stadt der Zukunft", die tief unten zu liegen scheint, wie von einem Flugzeug aus 3000 m Höhe erblickt. Kein Zweifel: hier ist man „auf der Höhe der Zeit", ja „der Zeit voraus". So nennen sich selbst die Elemente dieser Konstruktion mit neu geformten „words of to-morrow": die Kugel heißt Perisphere, die Pyramide Trylon, die Rampe Helicline. Die „city of to morrow" aber heißt „Democracity" (!).
Die Zusammenstellung eines Vertikalbaus mit der Kugel hatte schon das Lenin-Institut. Überhaupt sind als Form wie als Symbol die Neuyorker Gebilde eine Verharmlosung des Kugelentwurfs von *Leonidow*. Die Idee ist im Grunde dieselbe, und hinter ihr stehen dieselben Voraussetzungen, aber hier im Rahmen einer Ausstellung ist sie nicht mehr ernst zu nehmen.
Damit ist die Idee des Kugelhauses zum zweitenmal zurückgekehrt in den Bezirk, in dem sie innerlich beheimatet ist. Dieser Vorgang ist von allgemeinerer Bedeutung, der Kugelbau steht auch hier für die abstrakte Architektur überhaupt. Auch diese zieht sich in die Ausstellung zurück.
Diese Wendung vollzieht sich mit der Stockholmer Ausstellung von 1930. Ihr Entwerfer *Asplund* hebt das abstrakte Bauen tatsächlich dadurch auf, daß er es in die Ausstellung verweist, während er andere Bauaufgaben nach ihrer Art behandelt.[24] Hier in diesen ephemeren Veranstaltungen, in denen der Mensch nicht lebt, sondern sich nur bewegt wie in einem Traum, kann alles das, was an der abstrakten Architektur so fragwürdig ist, sich ins Positive verkehren. Das Leugnen der Erdbasis, die Durchsichtigkeit der Wände, das Schwerelose, das Verspielte der Einfälle, das Improvisierte, das Experiment, das unvermittelte Stehen in der Landschaft, alles das hat in diesem technisch aufgewerteten Jahrmarkt seinen guten Sinn. Was aufs Leben angewendet gefährlich wäre, ist hier zur Laune eines Sommertags, der Schaulust und des Witzes umgedeutet. Die abstrakte Architektur, die das Leben zu beherrschen beanspruchte, ist hier vom Leben mit leichter Hand an die Zügel genommen und entfaltet ihre geheime Sprengwirkung nur zu einem „reizvollen" Feuerwerk. Ihre Bodenlosigkeit braucht in diesem vergänglichen Reich kein Einwand mehr zu sein, sondern kann unter Umständen sogar zu einem Vorzug werden.
Und das Werk des Künstlers? Von ihm selbst ist in diesen Betrachtungen nirgends die Rede gewesen. Unter allen Entwürfen und Verwirklichun-

gen des Kugelhauses ist kein einziges Kunstwerk im vollen und unerschütterlichen Sinn. Der Friedhofsentwurf des *Ledoux* und das Newton-Kenotaph kommen ihm verhältnismäßig am nächsten, weil an ihnen der „Ausdruck" (die „Stimmung"), den die Kugelform hergibt, am besten im Einklang ist mit der Idee, als deren Symbol sie genommen wird: des Todes, der Unvergänglichkeit und Abgeschlossenheit und ihrer erhabenen Kälte.
Aber auch wenn kein Kunstwerk aus dieser Form entspringt, gehört das Kapitel vom Kugelbau doch in die Geschichte der Kunst. Es deckt den Zustand auf, mit dem seit dem Ende des 18. Jahrhunderts die Baukunst so oder so zu rechnen hat — zustimmend oder ablehnend. Und dieser Zustand ist viel allgemeiner, als man annimmt. Seit *Ledoux* ist der Baukunst gleichsam ein neuer Stoff gegeben, nicht ein neuer Werkstoff — der tritt erst später hinzu —, sondern ein neuer geistiger Stoff: eine Summe von Vorstellungen, die nun da sind, sich aufdrängen, das Vorstellen bewußt oder unbewußt durchdringen und so lange da sein werden, als irgendwo der innere Zustand dauert, der sie hervorgerufen hat.
Von da her läßt sich der sogenannte „Klassizismus" nach 1800 und die neu-klassische Bewegung von heute tiefer verstehen. Was man so nennt, ist eine starke Gegenbewegung gegen das abstrakte Bauen und daher bei äußerlicher Ähnlichkeit mancher Formen im Grunde etwas anderes als der „Klassizismus" des 16., 17. oder 18. Jahrhunderts, der diese Gefährdung der Baukunst nicht kannte. Es ist der Versuch, das abstrakte Bauen zu überwinden, indem man die Erde, das Tektonische, die Schwere des Stoffs, den Stein wieder bejaht, das Unmenschliche, das der abstrakten Konstruktion anhaftet, zu überwinden, indem man die „Ordnungen" beschwört, die die Erde als Standfläche und den Mensch als Maß der Dinge anerkennen. Der Gegensatz dieser Richtungen wird am deutlichsten dort, wo von beiden dieselbe Aufgabe angefaßt wird: die Tribünen eines russischen Stadionentwurfs lösen sich vom Boden, sie scheinen labil bis aufs äußerste[25], das Reichssportfeld *Werner March*s senkt den Bau zur Hälfte in die Erde und faßt ihn in einer Ordnung, die, ohne historisches Zitat zu sein, dem Bau das Maßvolle gibt.
Der Anführer der Gegenbewegung war um 1800 und ist heute Deutschland. Und diese Bewegung steht jedesmal vor einer titanischen Aufgabe. Denn eine bodenlos gewordene Baukunst innerlich, nicht nur äußerlich an den Boden zurückzubinden, ist eine Aufgabe, nicht weniger schwer als die, den bodenlos gewordenen Menschen an die Erde zurückzubringen, von der er sich losgelöst hat.
Der Kugelbau enthüllt nicht nur die Lage der Baukunst, sondern er ist Signal eines noch allgemeineren Zustands der „Bodenlosigkeit", der in den verschiedensten Gebieten des Lebens und des Schaffens zu beob-

achten ist.²⁶ Man findet ihn zum Beispiel in dem Bereich der Sprache wieder: „Uns droht die Gefahr der Loslösung vom Mutterboden der Sprache. Die Sprache ist die Erde; ein dichterisches Werk wächst von der Erde auf. Es vermag seine Wurzeln nicht in die Luft zu erheben²⁷." Denselben Zustand gibt es seit 1770 überall, er beunruhigt am stärksten in der Erscheinung der „Landflucht".

Die weit über den Bereich der Kunstgeschichte hinausreichende Bedeutung des Kugelbaus liegt darin, daß er diesen allgemeinen Zustand in einer unheimlich einfachen symbolischen Form *sichtbar* macht.

Anmerkungen

1 Zeitschrift für bildende Kunst 1929, Seite 41 f.
2 Von *Ledoux* bis *Le Corbusier*. Wien 1933. Dort weitere Literatur. – Den inneren Zusammenhang der „Revolutionsarchitektur" mit dem „Neuen Bauen" des frühen 20. Jahrhunderts hat *Kaufmann* als erster erkannt, nicht aber ihre Gefahren.
3 Deutsche Literatur-Zeitung 1935, Spalte 1696–1701.
4 Vgl. Kunstwissenschaftliche Forschungen Bd. II (1933), Seite 132.
5 Der Entwurf gehört, auch zeitlich, in eine Gruppe von Entwürfen, die Behausungen für jene Menschen schaffen, die „in der Natur" stehen: Haus der Waldhüter, der Stromhüter, der Holzfäller usw.
6 *J. A. Möller*, Gesammelte Schriften und Aufsätze, Bd. II (1840), Aufsatz über den Saint-Simonismus Seite 34 ff., besonders Seite 49.
7 In der Ansicht der Planetenwelt (Abb. 5) steht die Erde bezeichnenderweise auf dem Kopf: der Nordpol ist im Bild unten! Vgl. dazu die nächste Seite 289, Punkt 2.
8 Neues Bauen in der Welt, Bd. I, Abb. 55.
9 Abb. in *Kaufmann*, Von Ledoux bis Le Corbusier, Seite 37. – *Ledoux* Tafel 103.
10 Das hat schon *Kaufmann* betont.
11 Neues Bauen in der Welt, Bd. I, Abb. 35.
12 Vgl. *G. Levallet-Haug*, C. N. Ledoux (Straßburg 1934), Tafel I.II.
13 *Hubert Schrade* macht mich darauf aufmerksam, daß im „Neuen Bauen" – z. B. in der Theorie bei *W. Gropius* – die „Kombination" von „Elementen" den rationalistischen Ersatz für die Phantasie darstellt.
14 Veröffentlicht wurde er 1802 im 2. Band des von *Landon* verlegten Jahrbuchs „Annales du Musée et de l'école moderne des beaux-arts".
15 Abb. veröffentlicht 1802 im 3. Band der „Annales du Musée".
16 Veröffentlicht im 5. Band der „Annales du Musée" 1803.
17 Über ihn vgl. Gazette des beaux-arts 1914, S. 11.
18 Vgl. meine Bemerkungen zu *Krenckers* Buch über die Trierer Kaiserthermen in der italienischen Zeitschrift „Palladio" 1937, Bibliografia Seite 1–8.

19 Für die offizielle Neurenaissancekunst ist dagegen die bezeichnendste Gesamtgelegenheit des Schaffens das Opernhaus.
20 Vgl. den Bilderband „Neues Bauen in der Welt", Bd. I, Wien, bei Anton Schroll u. Co., 1930.
21 Entwurf von *W. Tatlin*, 1920. Neues Bauen in der Welt, Bd. I, Abb. 38 und 39.
22 10 Jahre Dresdner Ausstellungsarbeit. Dresden 1931.
23 So erläutert den Sinn dieser Formen ein Beitrag in der „Neuen Basler Zeitung" Nr. 101 vom 2. Mai 1939.
24 Über die Ausstellung *Asplund*s, über die ich einmal genauer sprechen möchte, vgl. „Der Städtebau", 1930, und Schweizerische Bauzeitung 96 (1930), Seite 143.
25 Neues Bauen in der Welt, Bd. I, Abb. 18.
26 Und was bodenlos ist, kann unter Umständen „geistvoll" sein, es wird aber immer blutlos und seelenlos bleiben.
27 *V. Iwanov*, Klüfte. Über die Krisis des Humanismus, Berlin o. J. (vermutlich 1920 oder 1921). Und ist nicht auch die Architektur des *Ledoux* eine wurzellose, „futuristische" Sprache, ein architektonisches Volapük?

Die französische Revolutionsarchitektur und der Newtonismus

Adolf Max Vogt

Unter den Baugedanken, die die französische Revolutionsarchitektur hervorgebracht hat, ist immer noch der Kugelgedanke die eigentlich irritierende, herausfordernde neue Form. Zwei Fragen sollen hier kurz zur Diskussion gestellt werden 1. die Erörterung von Vorstufen zum Kugelbau, 2. die Frage, ob eine Ikonologie des Kugelbaus möglich sei.

I

Eigentlich müßte man einsetzen bei den Zentralbauten der Renaissance, so wie sie *Rudolf Wittkower* in seinen „Architectural Principles" sieht[1] – doch wir können nur das erörtern, was unmittelbare Vorstufe war.
1. Erd- und Himmelsgloben als Vorstufe. Der zunächst verblüffende Vorschlag von *Ernst Schlee*[2], die sogenannten Riesengloben mit dem Kugelbau in Verbindung zu bringen, bewährt sich je länger je mehr. Die Gottorfer Riesenkugel des Olearius kann betreten werden, ist innen Himmelskugel, außen Erdkugel. Das Innenbild wirkt somit wie eine Vorstufe zu *Boullée*s Newton-Cénotaphe. 6a, b, c
Auf meine Anfrage teilt mir *Dr. Schlee* mit, daß eine Zeitungsnotiz 1946 festhält: „Durch kleine Löcher scheint das Licht an den Stellen durch das Innere hinein, an denen die einzelnen Sterne stehen." Falls diese Löcher ursprünglich wären, wäre der Gottorfer Globus auch die Vorausnahme von *Boullée*s Schalendurchlöcherung, rund 130 Jahre früher. *Schlee* glaubt aber, daß die Durchlöcherung erst später dazu kam. Riesengloben in dieser Art hat um 1703 auch *Coronelli* für Paris gebaut. Eine direkte Einwirkung auf die uns interessierenden Architekten ist also denkbar.
Eine kleine Bestätigung dafür, daß mindestens *Boullée* derartige astronomische Geräte geschätzt hat, sehe ich in der Stelle seines „Essais", wo er (in Zusammenhang mit Bibliotheken und Archiven) von den „magnifiques globes" spricht.[3]
Man übersehe nicht, daß die Verknüpfung von Kugelbau mit astronomischem Modell etwas architekturgeschichtlich Neues darstellt; die Gattung der Geräte, der Modelle wird hier relevant.

2. Amphithéâtres de chirurgie und Spital-Rotonden als Vorstufe. Französische Spitäler waren traditionsgemäß auf eine zentrale Rotonde hin organisiert, die auch als Kapelle diente. Derartige Rundbauten (z. B. das Hôtel-Dieu von Mâcon[4]) können wie Vorstufen zu *Ledoux'* Friedhof von Chaux wirken.
Eine weitere Anwendung von Rundbauten bringen die Amphithéâtres de chirurgie. Dasjenige von Paris ist 1744, dasjenige von Montpellier 1752 begonnen worden[5] — *Jacques Gondoin* steigert den Typus in der Pariser Ecole de Chirurgie (Auftrag 1769, Einweihung 1775) zu eigentlichem Ruhm.
3. Englische Vorstufen? Da so viele entscheidende künstlerische und wissenschaftliche Neuerungen des 18. Jahrhunderts ihre Wurzel oder Quelle in England haben, muß man sich fragen, ob nicht auch der Kugelbau dort seine Vorstufen finde.
Man denkt an die *Radcliffe* Camera in Oxford, 1749 beendet[6] und an *Hawksmore*s Mausoleum für Castle Howard, beendet 1742[7], vielleicht auch an *James Wyatt*s „Pantheon" in London, 1770–72, das in seinen Rundformen den merkwürdigsten Kompromiß aus römischem Pantheon und byzantinischer Hagia Sophia darstellt.
*James Gandon*s „Four Courts" in Dublin hingegen, mit ihrer schmucklos-kraftvollen Zentralkuppel, sind offenbar nicht mehr als Vorstufe, sondern bereits als Nachwirkung von *Boullée* her zu betrachten[8], ähnlich wie *Bernard Poyet*s Plan für ein Nouvel Hôtel-Dieu in Paris (1785).
— Ich möchte hier ausdrücklich zur Diskussion stellen, ob nicht weitere, deutlichere Kugelform-Vorstufen in England zu finden seien.
4. Die „Fabrics" als Vorstufe. Der jüngste mir bekannte Verknüpfungsvorschlag stammt von *Johannes Langner.* Er sieht „die Voraussetzungen der Revolutionsarchitektur im Landschaftsgarten"[9].
Der Kreis im Aufriß, als zentrales Motiv, wird von *Langner* überzeugend auf *Chambers'* China-Exotismus zurückgeführt. Und dieser Exotismus konnte zunächst und am leichtesten in den Fabrics der Landschaftsgärten Gestalt finden.
Die schönste Verknüpfung gelingt *Langner* meines Erachtens, wenn er

34 *Belangers* Chinesischen Pavillon mit *Ledoux'* Haus für die Reifenmacher vergleicht.
32 Sicherlich gehört auch *Ledoux'* Flurwächterhaus (das bald allzuviel diskutierte) „in die Sphäre des Landschaftsgartens"[10].
Gerade aber der bedeutendste Kugelentwurf von *Ledoux*, sein Cimetière de Chaux, und natürlich auch *Boullées* Newton-Cénotaphe, werden von *Langner* nicht einbezogen — doch wohl darum, weil sie mit dem seltsamen Zwerggeschlecht der Fabrics nun einfach nichts mehr zu tun haben. „Zwerggeschlecht" sage ich, obwohl ich weiß, daß beispiels-

weise der Pagodenturm von *Chambers* in Kew zwar groß, und dennoch eine Fabric ist.
Die Definition von Fabric ist ebenso schwierig wie dringlich geworden für die weitere Forschung. Die einleuchtendste Umschreibung der Epoche selbst scheint mir jene von *Hirschfeld* zu sein, die *Langner* zitiert: Die Fabrics „hören auf, Wohnungen zu sein und sind bloß reizende Gegenstände". Also 1. unbewohnbar, 2. „reizender Gegenstand" — der damalige Wortsinn von „reizend" müßte uns weiterhelfen zur näheren Bestimmung. Grob vereinfacht: weil die Fabric nicht ein bewohnbares Bauwerk ist, sondern zwischen Denkmal, Gerät und Spielzeug eine höchst eigenartige, historisch neuartige Sonderstellung einnimmt, weil sie nicht ein Bewohnen oder Benützen bezweckt, sondern bloß ein In-Erinnerung-Rufen-von-etwas (sie *ist* ja nicht griechischer oder persischer oder Hindu-Tempel, sondern bloß das In-Erinnerung-Rufen daran!) — darum haben die meisten Fabrics einen gegenüber der „Lebensgröße" leicht verminderten Maßstab.
Schon wegen der beim Newton-Cénotaphe und beim Friedhof von Chaux beidemal beanspruchten Größenordnung allein können wir diese beiden so repräsentativen Kugelentwürfe nicht mit den Fabrics in Verbindung sehen.
Offenbar läßt sich mit Rückführung allein der Kugelgedanke nicht ausreichend erklären. Es müssen andere Impulse mit im Spiele gewesen sein — nicht nur die formalen Vorstufen, wie sie bisher erörtert wurden.

II

Fragen wir uns, ob *Boullée* und *Ledoux* ihre Kugelgedanken nicht irgendwo *selber* erklärt, kommentiert haben — z. B. in Texten oder in Zeichnungen. *Boullée* bezieht in seinem Selbstkommentar, dem „Essai", seinen Kugelgedanken ganz eindeutig auf *Newton*. *Helen Rosenau*, die Editorin des „Essai", hat als erste an mancher Stelle auf *Newton*-Einflüsse bei *Boullée* hingewiesen.
Ledoux' Selbstkommentar hingegen ist schwieriger; *Newton* wird erwähnt, aber nicht prononciert. — Um so klarer hat er sich indessen als Zeichner geäußert, denn seine „Elevation du Cimetière" zeigt, daß er Kugeln sehr eindringlich in Zusammenhang sieht mit dem Planetensystem. Die Planeten schweben auf den von unten aufsteigenden Sonnenstrahlen wie Bälle auf einem Springbrunnen. Eine neue Art von Himmelsbetrachtung — die Newtonische Art! Resultat: Mindestens die beiden Hauptvertreter des Kugelgedankens haben selber (der eine in der Radierung, der andere im geschriebenen Kommentar) ihre Werke

mit der „Newtonischen Weltwissenschaft" verknüpft, ganz ähnlich wie 30 Jahre früher der junge *Immanuel Kant* seine Philosophie mit den „Newtonischen Grundsätzen" verknüpft hat.[11] Ich möchte somit die These aufstellen: Daß der Newtonismus, der so sehr auf Philosophie und Dichtung eingewirkt hat, in der bildenden Kunst ein spezifisches *Pathos der schwebenden Kugel im leeren Raum* erweckte. Aus diesem Impuls kam die Familie der Kugelentwürfe zustande.

Sollte diese These Zustimmung finden, dann wäre damit auch gesagt, daß die Kugelentwürfe ihrer Art nach zur kosmologisch bestimmten Architektur zu zählen sind. In ihrem Artikel über „Cosmological Ideas and symbolic Images in the Occident" erwähnt denn auch *Susanne Lang Ledoux* und *Vaudoyer* (wenn auch nicht *Boullée*).[12] Es sind zwar nur Entwurfsgedanken, und daß sie nicht ausgeführt wurden, hat mehr als nur zufällige Gründe. Aber einen ganz bestimmten Stellenwert beanspruchen sie dennoch innerhalb der europäischen Reihe der kosmologisch bestimmten Architektur.

Zum Schluß: Die Einwirkung des Naturwissenschaftlichen Denkens auf die bildende Kunst — seit der Renaissance zunehmend wichtig — bleibt bis heute ein ungenügend erwogener Faktor oder Impuls. *Marjorie Hope Nicolson* erwähnt in ihrem „Newton demands the Muse"[13] (in dem alle dichterischen Reaktionen auf *Newtons* „Opticks" zusammengestellt werden) auch erste Spaltungen zwischen Naturwissenschaft und Kunst. Sie meint, daß *Voltaire* zu den ersten gehörte, die eine spezifische Unüberbrückbarkeit erkannten: „Voltaire's belief that Newton's ‚geometry' was not a fitting subject for poetry was shared by the better English Newtonian poets, though the poetasters sometimes attempted to versify Newtons mathematics"[12].

Sicherlich stellt sich nicht nur für die Dichtung, sondern auch für die Architektur die Frage, ob die Newtonische Geometrie für sie je habe ein „fitting subject" werden können. Ein weitläufiges Problem! Wer die These aufstellt von einem Newton-Impuls auf die Revolutions-Architektur, der muß notgedrungen auch vor dieses Spaltungs- und Überbrückungsproblem gelangen. Eben weil der Newtonismus nur zum Teil „fitting subject" sein kann, ist die Revolutionsarchitektur damals und bis heute immer nur zum Teil anerkannt worden.

Anmerkungen

1 *Rudolf Wittkower:* Architectural Principles in the Age of Humanism, London 1962 (3. überarbeitete Auflage)

2 *Ernst Schlee*, Die Herkunft des Kugelhauses und der Gottorfer Globus, Jahrbuch „Nordelbingen", 20. Band, 1952
3 *Helen Rosenau*, Boullées Treatise on Architecture, London 1953, S. 79
4 Vgl. *Hautecœur*, Architecture classique, Tome 3, Paris 1950, S. 534
5 Vgl. *Hautecœur*, Architecture classique, Tome 3, Paris 1950, S. 538 ff.
6 *Summerson*, Architecture in Britain 1530–1830, London 1953, S. 213; *Susanne Lang*, By Hawksmore out of Gibbs (the Radcliffe Library), Architectural Review, April 1949
7 *Kerry Downes*, Hawksmoor, London 1959, S. 222 f.
8 *Summerson*, op. cit., S. 273: „Evidently Gandon had seen something of the most advanced French Neo-Classicism, possibly works or designs by E. L. Boullée, Chalgrin, or Brogniart."
9 *Joh. Langner*, Ledoux und die „Fabriques", Voraussetzungen der Revolutionsarchitektur im Landschaftsgarten, Zeitschr. f. Kunstgeschichte, 1963, Heft 1
10 *Joh. Langner*, op. cit., S. 25
11 *I. Kant*, Allgemeine Naturgeschichte und Theorie des Himmels oder Versuch von der Verfassung und dem mechanischen Ursprunge des ganzen Weltgebäudes nach Newtonischen Grundsätzen abgehandelt, Königsberg 1755 (Später bekannt als Kant-Laplacesche Theorie)
12 Encyclopedia of World Art, Vol. III., 1960
13 History of Ideas Series No. 2, Princeton 1946

Bibliographie

Sind Autoren mit mehreren Titeln vertreten, so sind diese, wie auch die Ausstellungskataloge, in chronologischer Folge aufgeführt.

Abkürzungen

Bolletino	= Bolletino del Centro di Studi di Architettura Andrea Palladio
BSHAF	= Bulletin de la Société de l'Histoire de l'Art Français
ECS	= Eighteen-Century-Studies
GBA	= Gazette des Beaux-Arts
JSAH	= Journal of the Society of Architectural Historians
JWCI	= Journal of the Warburg and Courtauld Institutes

Actes du Colloque Piranèse et les Français. Colloque tenu à la Villa Médicis 12–14 mai 1976. Etudes réunis par Georges Brunel, Rom 1978 (= Académie de France à Rome. Vol. 1.)

Actes du Colloque Soufflot et l'architecture des lumières. Colloque international du C.N.R.S. organisé par l'Institut d'Histoire de l'Art de l'Université de Lyon II, Lyon 18–22 juin 1980, Lyon Paris 1980

Archer, John: Character in English Architectural Design, in: ECS 12, 1978/1979, 339–371

ders.: The Beginnings of Association in British Architectural Esthetics, in: ECS 16, 1982, 241–264

Architekturtheorie, Internationaler Kongreß in der TU Berlin, 11. bis 15. Dezember 1967, Berlin 1967 (= Veröffentlichung zur Architektur, hg. an der TU Berlin vom Lehrstuhl für Entwerfen VI, o. Prof. Dipl.-Ing. O. M. Ungers)

Ausstellungskataloge

Les architectes visionnaires de la fin du XVIIIe siècle, ed. Jean-Claude Lemagny, Paris, Bibliothèque Nationale, Paris 1964

Visionary Architects. Boullée, Ledoux, Lequeu, ed. Dominique de Ménil & Jean-Claude Lemagny, Houston 1968

Revolutionsarchitektur, Boullée, Ledoux, Lequeu, hg. in Zusammenarbeit mit dem Institut for the Arts, Rice University, Houston, Baden-Baden 1970
The Age of Neo-Classicism, The Royal Academy and the Victoria & Albert Museum London 9.9.–19.11.1972, The fourteenth Exhibition of the Council of Europe, London 1972
Piranèse et les Français 1740–1790, Académie de France à Rome, Rom, Dijon, Paris 1976
Charles de Wailly, Peintre-architecte dans l'Europe des Lumières, Paris 1979
Englische Architekturzeichnungen des Klassizismus 1760–1830, Galerie Caroll, München 1979
Soufflot et son temps, 1780. 1980. Paris 1980
Germain Boffrand 1667–1754, L'aventure d'un architecte indépendant, Paris 1986
Alexandre-Théodore Brogniart 1739–1813. Architecture et décor. Paris, Musée Carnevalet, Paris 1986
Der Traum vom Raum. Gemalte Architektur aus 7 Jahrhunderten. Ausstellung der Albrecht-Dürer-Gesellschaft in Zusammenarbeit mit der Kunsthalle Nürnberg, Marburg 1986
Paestum and the Doric-Revival 1750–1830. Essential outline of an approach. New York, National Academy of Design, Florenz 1986
Baltrušaitis, Jurgis: Essai sur la légende d'un mythe. La quête d'Isis. Introduction à l'égyptomanie, Paris 1967
Bandiera, John D.: The City of the Dead: French Eighteenth-Century Design for Funerary Complexes, in: GBA 125, 1983, 25–32
Baumgart, Fritz: Ägyptische und klassizistische Baukunst. Ein Beitrag zu den Wandlungen architektonischen Denkens in Europa, in: Humanismus und Technik 1, Heft 2, 1953, 70–90
Benoit, François, L'art français pendant la Révolution et l'Empire. Les Doctrines, les idées, les genres, Paris 1897
Bouché, Jeanne: Servandoni (1695–1766), in: GBA 52, 1910, 121–146
Boullée, Etienne-Louis: Architecture. Essai sur l'art, Paris, Bibliothèque Nationale Ms. 9153. Editionen: Helen Rosenau, London 1953; Jean-Marie Pérouse de Montclos, Paris 1968; Übersetzungen: Architettura. Saggio sull'Arte, von Aldo Rossi, Padua 1967; Architektur, Abhandlung über die Kunst, hg. v. Beat Wyss, mit einer Einführung v. Adolf Max Vogt, aus dem Französischen von Hanna Böck, Zürich 1987
Boyer, Ferdinand: Projets des salles pour les assemblées révolutionnaires à Paris, in: BSHAF 1933, 170–183
ders.: Le Conseil des Cinq-Cents au Palais Bourbon, in: BSHAF 1935, 59–82
ders.: Les salles d'assemblée sous la Révolution française et leurs répliques en Europe, in: BSHAF 1952, 88–93
Braham, Allan: Drawings for Soufflot's Sainte Geneviève, in: Burlington Magazin 113, 1971, 582–590
ders.: The Architecture of the French Enlightment, Berkeley and Los Angeles 1980
ders.: L'architecture des Lumières de Soufflot à Ledoux, Paris 1982
Brönner, Wolfgang Dieter: Blondel-Perrault. Zur Architekturtheorie des 17. Jahrhunderts in Frankreich, phil. Diss. Bonn 1972 (Maschinenschr.)

Brües, Eva: Die Schriften des Francesco Milizia (1725–1798), in: Jahrbuch für Ästhetik und allgemeine Kunstwissenschaft 1961, 69–113

Busch, Werner: Piranesis „Carceri" und der Capriccio-Begriff im 18. Jahrhundert, in: Wallraf-Richartz-Jahrbuch 39, 1978, 209–224

Carrot, Richard G.: The Egyptian Revival. Its Sources, Monuments and Meaning 1808–1858, Berkeley, Los Angeles, London 1978

Caso, Jacques de: „Venies ad tumulos. Respice sepulcra". Remarques sur Boullée et l'architecture funéraire à l'âge des Lumières, in: Revue de l'Art 32, 1976, 15–22

Chapeaurouge, Donant de: „Das Auge ist ein Herr, das Ohr ein Knecht." Der Weg von der mittelalterlichen zur abstrakten Malerei, Wiesbaden 1983

Clark, H. F.: Eighteenth Century Elysiums. The Rôle of ‚Association' in the Landscape Movement, in: JWCI 6, 1943, 165–189

Conard, Serge: De l'Architecture de Claude-Nicolas Ledoux, considerée dans ses rapports avec Piranèse, in: Actes du Colloque Piranèse ... 1978, 161–175

ders.: Notes pour une herméneutique de l'Architecture ... de C.-N. Ledoux, in: Actes du Colloque Soufflot ... 1980, 278–289

Corboz, André: Peinture militante et architecture révolutionnaire. A propos du thème du tunnel chez Hubert Robert, Bâle 1970

Curl, James Stevens: A Celebration of Death. An Introduction of some of the Buildings, Monuments, and Settings of Funerary Architecture in the Western European Tradition, London, New York 1980

ders.: The Egyptian Revival. An Introductory Study of a Precurring Theme in the History of Taste, London 1982

Deming, Mark K.: La Halle au Blé de Paris 1762–1813. „Cheval de Troie" de l'abdondance dans la capitale des Lumières, Bruxelles 1984

Didier, Beatrice: Ledoux écrivain, in: Actes du Colloque Soufflot ... 1980, 252–259

Dobai, Johannes: Die Kunstliteratur des Klassizismus und der Romantik in England, Bd. 2, Bern 1976

ders.: Die bildenden Künste in Johann Georg Sulzers Ästhetik. Seine „Allgemeine Theorie der Schönen Künste", Winterthur 1978

Duboy, Philippe: Lequeu, an Architectural Enigma, London 1986

Duthoy, Jean Jacques: Un architecte néo-classique: François Verly, Lille, Anvers, Bruxelles; contribution à l'étude de l'architecture „révolutionnaire", in: Revue Belge d'Archéologie et d'Histoire de l'Art 41, 1972, 119–150

Erichsen, Johannes: Antique und Grec – Studien zur Funktion der Antike in Architektur und Kunsttheorie des Frühklassizismus, phil. Diss. Köln 1980 (Maschinenschr.)

Erouart, Gilbert: L'architecture au pinceau. Jean-Laurent Legeay; un Piranésien français dans l'Europe des Lumières, Paris, Milano 1982

Etlin, Richard A.: The Architecture of Death: The Transformations of the Cemetery in Eighteenth-Century Paris, Cambridge Mass. 1984

Fischer, Manfred F.: Columna Rostrata C. Duilii. Überlieferung und Bedeutungswandel einer antiken Ehrensäule, in: Storia dell'Arte 4, 1969, 369–387

Fliedl, Gottfried: Architektur als zweite Natur. Bemerkungen zur Architektur von C.-N. Ledoux und E.-L. Boullée, in: Wiener Jahrbuch für Kunstgeschichte 30/31, 1977/1978, 239—258

Gallet, Michel: Demeures parisiens, l'époque de Louis XVI, Paris 1964

ders.: Paris Domestic Architecture of the 18th Century, London 1972

ders.: Claude-Nicolas Ledoux 1736—1806, Paris 1980

ders.: Claude-Nicolas Ledoux, Leben und Werk des französischen Revolutionsarchitekten; deutsch von B. Witsch-Aldor, Stuttgart 1983

Gaus, Joachim: Boullées Bildbegriff in der Architektur, in: Kunstgeschichtliche Aufsätze von seinen Schülern und Freunden des KhIK Heinz Ladendorf zum 29. Juni 1969 gewidmet, hg. von J. Gaus, Kunsthistorisches Institut der Universität Köln 1969, 112—138 (Maschinenschr.)

ders.: Die Urhütte. Über ein Modell in der Baukunst und ein Motiv in der bildenden Kunst, in: Wallraf-Richartz-Jahrbuch 33, 1971, 7—70

Gerken, Rosmarie: Von der Repräsentationskunst zur Sozialkunst. Der Funktionswandel der Kunst im ausgehenden 18. Jahrhundert in der Architecture considérée sous le rapport de l'art, des mœurs et de la législation von Claude-Nicolas Ledoux, München 1987

Germann, Georg: Einführung in die Geschichte der Architekturtheorie, Darmstadt 1980 (2. Aufl. ebenda 1987)

Giedion, Sigfried: Spätbarocker und romantischer Klassizismus, München 1922

Gromort, Georges: Handliche Häuser — Petites Constructions. Entwürfe aus Frankreich um 1800 von Bélanger, Bruyère, Chalgrin, Ledoux, Seheult etc., Berlin 1981 (frz. Originalausg., Paris 1953)

Guillerme, Jacques: Lequeu et l'invention du mauvais goût, in: GBA 66, 1965, 153—166

Harris, John: Le Geay, Piranesi and International Neo-classicism in Rome 1740—50, in: Essays in the History of Architecture presented to Rudolf Wittkower, I, London 1967, 189—196

Hautecœur, Louis: Histoire de l'architecture classique en France, Vol. V: Révolution et Empire 1792—1810, Paris 1953

Hederer, Oswald: Klassizismus, München 1976

Hernandez, Antonio: Jean-Nicolas-Louis Durand und die Anfänge einer funktionalistischen Architekturtheorie, in: Architekturtheorie ... 1967, 135—151

ders.: Grundsätze einer Ideengeschichte der französischen Architekturtheorie von 1560—1800, Basel 1972 (= phil. Diss. Basel 1965; Maschinenschr.)

ders.: Konzeptuelle Architektur: Boullée und Ledoux, in: Baugeschichte und europäische Kultur, Bd. 2, Berlin 1986 (= Forschung und Information; Bd. 38), 50—58

Herrmann, Wolfgang: Laugier und the 18th Century French Theory, London 1962

Hersey, G. L.: Associationism and Sensibility in Eighteenth-Century Architecture, in: ECS 4, 1970, 71—89

Hesse, Michael: Klassizismus als Auflösung des klassischen Architekturkonzeptes. Vier Exkurse zur Architekturtheorie Marc-Antoine Laugiers, in: G. Boehm, K. Stierle, G. Winter (Hg.), Modernität und Tradition, Festschrift für Max Imdahl zum 60. Geburtstag, München 1985, 105—124

ders.: Aufklärerische Baugedanken in der „Aufklärungsarchitektur", in: Studien zu Renaissance und Barock, Manfred Wundram zum 60. Geburtstag. Eine Festschrift, hg. v. M. Hesse und M. Imdahl, Frankfurt/M., Bern, New York 1986, 197–219
Hitchcock, Henry-Rusell: Architecture. Nineteenth and Twentieth Centuries, Hardmondsworth 1958
Hoeltje, Georg: Rezension E. Kaufmann, Von Ledoux bis Le Corbusier ... 1933, in: Deutsche Literatur-Zeitung 56, 1935, 1696–1701
Jeble, Werner: Vesuv, in: Fünf Punkte in der Architekturgeschichte (Festschrift für Adolf Max Vogt), hg. v. K. Medici-Mall, Basel, Boston, Stuttgart 1985, 56–75
Kaufmann, Emil: Die Architekturtheorie der französischen Klassik und des Klassizismus, in: Repertorium für Kunstwissenschaft 44, N.F. 8, 1924, 197–237
ders.: Architektonische Entwürfe aus der Zeit der Französischen Revolution, in: Zeitschrift für bildende Kunst 63, 1929/30, 38–46
ders.: Klassizismus als Tendenz und als Epoche, in: Kritische Berichte zur kunstgeschichtlichen Literatur III–IV, 1930–32, 201–214
ders.: Die Krise der Baukunst um 1800 (Französische Revolutionsarchitektur), in: XIII. Congrès international d'Histoire de l'Art, Résumés des communications présentées au congrès, Stockholm 1933, 184–186
ders.: Die Stadt des Architekten Ledoux. Zur Erkenntnis der autonomen Architektur, in: Kunstwissenschaftliche Forschungen 2, 1933, 131–160
ders.: Von Ledoux bis Le Corbusier. Ursprung und Entwicklung der autonomen Architektur, Wien 1933
ders.: Etienne-Louis Boullée, in: Art Bulletin 21, 1939, 213–227
ders.: Claude-Nicolas Ledoux. Inaugurator of a new architectural System, in: JSAH 3, 1943, 12–20
ders.: At an Eighteenth Century Crossroads: Algarotti vs. Lodoli, in: JSAH 4, N° 2, 1944, 23–29
ders.: Jean-Jacques Lequeu, in: Art Bulletin 31, 1949, 130–135
ders.: Three Revolutionary Architects, Boullée, Ledoux and Lequeu, in: Transactions of the American Philosophical Society N.S. Vol. 42, part. 3, 1952, 431–564 (Reprint 1968)
ders.: Architecture in the Age of Reason. Baroque and Postbaroque in England, Italy and France, Cambridge Mass. 1955
Kimball, Fiske: Les influences anglaises dans la formation du style Louis XVI, in: GBA pér. 6, 5, 1931, 29–44
Knabe, Peter-Eckhard: Schlüsselbegriffe des kunsttheoretischen Denkens in Frankreich von der Spätklassik bis zum Ende der Aufklärung, Düsseldorf 1972 (= phil. Diss. Bochum 1970)
Knight, W.: Jacques-François Blondel, in: JSAH 11, 1952, 16–19
Kristeller, Paul Oskar: The modern Systems of the Arts. A Study in the History of Aesthetics, in: Journal of the History of Ideas 12, 1951, 496–527 und 13, 1953, 17–46 (deutsch, in: ders., Humanismus und Renaissance, hg. E. Kessler, Bd. II, München 1976, 164–206)

Kruft, Hanno-Walter: Geschichte der Architekturtheorie. Von der Antike bis zur Gegenwart, München 1985
ders.: Revolutionsarchitektur für Deutschland?, in: Jahrbuch des Zentralinstituts für Kunstgeschichte 3, 1987, 277–289
Lang, Suzanne: The Early Publications of the Temples at Paestum, in: JWCI 13, 1950, 48–64
Langner, Johannes: Claude-Nicolas Ledoux, die erste Schaffenszeit 1762–1774, phil. Diss. Freiburg/Breisgau 1959 (Maschinenschr.)
ders.: Ledoux' Redaktion der eigenen Werke für die Veröffentlichung, in: Zeitschrift für Kunstgeschichte 23, 1960, 136–166
ders.: Ledoux und die „Fabriques". Voraussetzungen der Revolutionsarchitektur im Landschaftsgarten, in: Zeitschrift für Kunstgeschichte 26, 1963, 1–36
ders.: La vue par-dessous le pont, fonctions d'un motiv Piranésien dans l'art français de la seconde moitié du XVIIIe siècle, in: Actes du Colloque Piranèse ... 1978, 293–302
ders.: Fels und Sphäre. Bilder der Natur in der Architektur um 1789, in: Daidalos 12, 1984, 92–103
Lankheit, Klaus: Der Tempel der Vernunft. Unveröffentlichte Zeichnungen von Etienne-Louis Boullée, Basel und Stuttgart 1968
Lawrence, Lesley: Stuart and Revett: Their Literary and Architectural Careers, in: JWCI 2, 1938/39, 128–146
Le Corbusier, Ausblick auf eine Architektur, Berlin Frankfurt/M. Wien 1963 (= Bauwelt-Fundamente 2.)
Ledoux, Claude-Nicolas: L'architecture considérée sous le rapport de l'art, des mœurs et de la législation, Vol. 1, Paris 1804 (davon Nachdruck: Hildesheim 1980); Vol. 2, Paris 1846/1847 (davon Nachdruck: Paris 1962, Nördlingen 1984)
Ledoux et Paris, Cahiers de la Rotonde 3, Paris 1979
Lehner, Dorothea: Architektur und Natur. Zur Problematik des „Imitatio-Naturae-Ideals" in der französischen Architekturtheorie des 18. Jahrhunderts, München 1987
Leith, James A.: Entwürfe für ein revolutionäres Zentrum. Verlys Pläne für Lille, in: Daidalos 7, 1983, 56–63
Lemonnier, Henry: Quelques notes sur Germain Boffrand (1667–1754), architecte, ingénieur, homme des lettres, inventeur, etc., in: BSHAF 1922, 106–107
Levallet-Haug, Geneviève: C.-N. Ledoux, Paris Strasbourg 1934
Madec, Philipp: Boullée, Paris 1986
Marconi, Paolo; Cipriani, Angela; Valeriani, Enrico: I disegni di architettura dell'archivio storico dell' Accademia di San Luca, 2 Vol., Roma 1974
Matteo, Colette di: Servandoni, decorateur d'opéra, in: Information d'histoire de l'art 16, 1971, 40–43
McCarthy, Michael: Documents on the Greek Revival in Architecture, in: Burlington Magazin 114, 1972, 760–769
Metken, Günther: Jean-Jacques Lequeu ou l'architecture rêvée, in: GBA 65, 1965, 213–230

ders.: Prophet des 19. Jahrhunderts – die Architekturphantasien Jean-Jacques Lequeus, in: Das Kunstwerk 3–4/XXII, 1968/69, 26–36

Meyer-Schapiro: Rezension E. Kaufmann, Von Ledoux bis Le Corbusier ... 1933, in: Art Bulletin 18, 1936, 265–266

Messerer, Wilhelm: Zu extremen Gedanken über Bestattung und Grabmal um 1800, in: Kunstgeschichte und Kunsttheorie im 19. Jahrhundert, Berlin 1963, 172–194

Middelton, Robin: Jacques-François Blondel und die Cours d'Architecture, in: JSAH 18, 1959, 140–148

ders.: The Abbé de Cordemoy and the Graeco-Gothic-Ideal: A Prelude to Romantic-Classicism, in: JWCI 25, 1962, 278–320 und 26, 1963, 70–123

Mosser, Monique; Rabreau, Daniel: Nature et architecture parlante. Soufflot, De Wailly et Ledoux touchés par les Lumières, in: Actes du Colloque Soufflot ... 1980, 222–238

Mosser, Monique: Le rocher et la colonne: un thème d'iconographie architecturale au XVIIIe siècle, in: Revue de l'Art 58/59, 1982/1983, 53–74

Neumeyer, Alfred: Monuments to ‚genius' in German Classicism, in: JWCI 2, 1938/1939, 159–163

Oechslin, Werner: Pyramide et sphère. Notes sur l'architecture révolutionnaire du XVIIIe siècle et ses sources italiennes, in: GBA 113, 1971, 201–238

ders.: Bildungsgut und Antikenrezeption im frühen Settecento in Rom. Studien zum römischen Aufenthalt Bernardo Antonio Vittones, Zürich 1972

ders.: Il contributo dei Bibiena: Nuove attività architettoniche, in: Bolletino 17, 1975, 131–159

ders.: L'interêt archéologique et l'expérience architectural avant et après Piranèse, in: Actes du Colloque Piranèse ... 1978, 395–418

ders.: Zu Mythos und Wirkung der archäologischen Publikationen im frühen Klassizismus, in: Englische Architekturzeichnungen ... 1979, 10–18

ders.: Vitruvianismus in Deutschland, in: Architekt und Ingenieur, Baumeister in Krieg und Frieden, Ausstellungskatalog Herzog-August-Bibliothek Wolfenbüttel 1984, 53–59

ders.: „Rendering" – Die Darstellungs- und Ausdrucksfunktion der Architekturzeichnung, in: Daidalos 25, 1987, 68–77

ders.: Emouvoir – Boullée und Le Corbusier, in: Daidalos 30, 1988, 42–55

Pace, Claire: Gavin Hamilton's „Wood and Dawkins Discovering Palmyra": The Dilettante as Hero, in: Art History 4, 1981, 271–290

Pérouse de Montclos, Jean-Marie: Etienne-Louis Boullée (1728–1799). De l'architecture classique à l'architecture révolutionnaire, Paris 1969

ders.: Etienne-Louis Boullée (1728–1799). Theoretician of revolutionary Architecture, London 1974

ders.: „De nova stella anni 1784", in: Revue de l'Art 58/59, 1982/83, 75–84

ders.: „Les Prix de Rome". Concours de l'Académie royale d'architecture au XVIIIe siècle. Inventaire général des monuments et des richesses artistiques de la France, Paris 1984

Pesco, Daniela del: L'architecture considerée sous le rapport de l'art, des mœurs et de la législation et la méthode de projettation de C.-N. Ledoux, in: Actes du Colloque Soufflot ... 1980, 260−277

Petzet, Michael: Soufflots Sainte Geneviève und der französische Kirchenbau des 18. Jahrhunderts, Berlin 1961

Pevsner, Nikolaus; Lang, Suzanne: The Doric Revival, in: The Architectural Review 104, 1948

dies.: The Egyptian Revival, in: The Architectural Review 119, 1956

Picon, Antoine: Architectes et ingénieurs au siècle des Lumières, Marseille 1988

Poisson, Georges: L'art de la Révolution à Paris; architecture et decors, in: GBA 76, 1970, 337−358

Rabreau, Daniel; Steinhauser, Monika: Le théâtre de l'Odéon de Charles de Wailly et Marie-Joseph Peyre, 1767−1782, in: Revue de l'Art 19, 1973, 8−49

Rabreau, Daniel; Szambien, Werner: Ein verkanntes Monument: Die Rue des Colonnes in Paris, in: Daidalos 24, 1987, 80−89

Rambaud, Mireille: Un projet de Marie-Joseph Peyre pour l'opéra de Paris, 1781−1786, in: BSHAF 1976, 241−253

Raval, M.; Moreux, J.-C.: Claude-Nicolas Ledoux, architecte du roi, Paris 1945

Reudenbach, Bruno: G. B. Piranesi, Architektur als Bild. Der Wandel in der Architekturauffassung des 18. Jahrhunderts, München 1979

Reutersvärd, Oscar: De „sjunkande" cenotafierna hos Moreau, Fontaine, Boullée och Gay. Ett nyidentifierat motiv i de franska 1700-tals utopisternas arkitektur, in: Konsthistorisk Tidskrift 28, 1959, 110−126

ders.: De sjunka bagarna hos Ledoux, Boullée, Cellerier och Fontaine, in: Konsthistorisk Tidskrift 29, 1960, 98−118

Revel, Jean-François: Précurseurs ou utopistes?, in: L'Oeil 87, 1962, 30−39 und 112

Rittaud-Hutinet, Jacques: La vision d'un futur: Ledoux et ses théâtres, Lyon 1982

Rosenau, Helen: Claude Nicolas Ledoux, in: Burlington Magazin 88, 1946, 163−168

dies.: The Engravings of the Grand Prix of the French Academy of Architecture, in: Architectural History, The Journal of the Society of Architectural Historians of Great Britain 3, 1960, 15−180

dies.: Boullée and Ledoux as Town-Planners. A Re-assessment, in: GBA 106, 1964, 173−190

dies.: Boullée and visionary Architecture, London 1976

dies.: Ledoux (1736−1806). An Essay in Historiography, in: GBA 125, 1983, 177−186

Rykwert, Joseph: Der verhängnisvolle Einfluß der neoklassizistischen Architekten Boullée und Durand auf die moderne Architektur, in: ders.: Ornament ist kein Verbrechen. Architektur als Kunst, Köln 1983, 97−106 (Erstdruck: 1972)

ders.: Lodoli on Function and Representation, in: Architectural Review 160, 1976, 21−26

Saisselin, Rémy G.: Architecture and Language: the Sensationalism of Le Camus de Mézières, in: British Journal of Aesthetics 15, 1975, 239−253

Schlee, Ernst: Die Herkunft des Kugelhauses und der Gottorfer Globus, in: Nordelbingen 20, 1952, 72–89

Schütte, Ulrich: „Als wenn eine ganze Ordnung da stünde...". Anmerkungen zum System der Säulenordnungen und seiner Auflösung im späten 18. Jahrhundert, in: Zeitschrift für Kunstgeschichte 44, 1981, 15–37

ders.: Ordnung und Verzierung. Untersuchungen zur deutschsprachigen Architekturtheorie des 18. Jahrhunderts, Braunschweig, Wiesbaden 1986 (= phil. Diss. Heidelberg 1979)

Schumpp, Mechthild: Stadtbau-Utopien und Gesellschaft. Der Bedeutungswandel utopischer Stadtmodelle unter sozialem Aspekt, Gütersloh 1972 (= Bauwelt-Fundamente 32.)

Sedlmayr, Hans: Die Kugel als Gebäude, oder : Das Bodenlose, in: Das Werk des Künstlers 1, 1939/40, 279–310

Steinhauser, Monika: Das Theater bei Ledoux und Boullée. Bemerkungen zur sozialen Funktion einer Bauaufgabe, in: Bolletino 17, 1975, 337–359

dies.: Etienne-Louis Boullée „Architecture. Essai sur l'art". Zur theoretischen Begründung einer autonomen Architektur, in: Idea 2, 1983, 7–47

Stern, J.: A l'ombre de Sophie Arnould. François-Joseph Bélanger. Architecte des menus-plaisirs. Premier architecte du Comte d'Artois, 2 Vol., Paris 1930

Stoloff, Bernard: Die Affäre Ledoux. Autopsie eines Mythos, Braunschweig 1983 (= Bauwelt-Fundamente 60.) (Originalausgabe Bruxelles, Liège 1977)

Szambien, Werner: Notes sur le receuil d'architecture privée de Boullée (1792–1796), in: GBA 96, 1981, 111–124

ders.: Jean-Nicolas-Louis Durand 1760–1834. De l'imitation à la norme, Paris 1984

ders.: Symmétrie, goût, caractère. Théorie et terminologie de l'architecture à l'âge classique 1550–1800, Paris 1986

ders.: Les projets de l'An II, concours d'architecture de la période révolutionnaire, Paris 1986

Tintelnot, Hans: Barocktheater und barocke Kunst. Die Entwicklungsgeschichte der Fest- und Theaterdekoration in ihrem Verhältnis zur barocken Kunst, Berlin 1939

Vidler, Anthony: The Writing of the Walls – Boullée, Ledoux, Lequeu, Princeton 1987

ders.: Claude-Nicolas Ledoux, Cambridge Mass. 1988

Villari, Sergio: J.-N.-L. Durand (1760–1834). Arte e scienza dell' architettura, Roma 1987

Vogel, Hans: Aegyptisierende Baukunst des Klassizismus, in: Zeitschrift für bildende Kunst 57, 1928, 160–165

Vogt, Adolf Max: Der Kugelbau um 1800 und die heutige Architektur, Zürich 1961

ders.: Revolutionsarchitektur (Boullée und Ledoux) als Abbildende Architektur, in: Architekturtheorie ... 1967, 202–208 (im Inhaltsverzeichnis als „Das geometrische Ideal der französischen Revolutionsarchitekten Boullée, Ledoux" angekündigt)

ders.: Die französische Revolutionsarchitektur und der Newtonismus, in: Akten des 21. Internationalen Kongresses für Kunstgeschichte in Bonn 1964, Berlin 1967, 229–232

ders.: Boullées Newton-Denkmal. Sakralbau und Kugelidee, Basel und Stuttgart 1969

ders.: Revolutionsarchitektur und Nazi-Klassizismus, in: Argo. Festschrift für Kurt Badt, hg. v. M. Gosebruch und L. Dittmann, Köln 1970, 354–363

ders.: Sozial-Utopie und Architektur-Utopie. Bemerkungen zur russischen und französischen Revolutionsarchitektur, in: Festschrift Klaus Lankheit, hg. v. W. Hartmann, Köln 1973, 60–66

ders.: Russische und französische Revolutionsarchitektur 1917/1789. Zur Einwirkung des Marxismus und des Newtonismus auf die Bauweise, Köln 1974

ders.: Orwell's Nineteen Eighty-Four and E. L. Boullées Drafts of 1784, in: JSAH 43, 1984, 60–64

Wiebenson, Dora: Sources of Greek Revival Architecture, London 1967

dies.: ‚L'architecture terrible' and the ‚jardin anglo-chinois', in: JSAH 27, 1968, 136–139

Wittkower, Rudolf: Piranesi and Eighteenth-Century Egyptomania, in: ders.: Studies in the Italian Baroque, London 1975, 259–273

Zucker, Paul: Die Theaterdekoration des Klassizismus. Eine Kunstgeschichte des Bühnenbildes, Berlin 1925

Die Autoren

Fritz Baumgart (1902–1983)
Studierte Kunstgeschichte, Archäologie, Philosophie und Geschichte in München und Berlin. 1926 Promotion bei Adolph Goldschmidt in Berlin über Hans Holbein d. J. als Bibelillustrator. Bis zur Habilitation 1934 an der Biblioteca Hertziana in Rom tätig. 1934 bis 1938 als Privatdozent in Bonn; 1938 Berufung an die Universität Jena; 1949 Berufung auf den Lehrstuhl für Kunstgeschichte an der TU Berlin. Wichtigste Schriften: Geschichte der abendländischen Malerei (1952); Geschichte der abendländischen Baukunst (1960); Renaissance und Kunst des Manierismus (1963); Vom Klassizismus zur Romantik 1750–1832 (1974)

John Harris (geb. 1931)
Bedeutender englischer Architekturhistoriker. Seit 1960 an der „British Architectural Library's Drawing Collection and Heinz Gallery" tätig. Zahlreiche Publikationen und Beiträge in wissenschaftlichen Zeitschriften zur englischen Architektur der Neuzeit. Wichtigste Schriften: Sir William Chambers. Knight of the Polar Star (1970); The Artist and the Country House. A History of Country House and Garden View Painting in Britain 1540–1870 (1979); diverse Kataloge aus dem Zeichnungsbestand des „Royal Institut of British Architects" in London

Antonio Hernandez (geb. 1923)
Studierte in Basel zunächst Medizin, später Kunstgeschichte, Archäologie und Literaturgeschichte. Promotion 1965 bei J. Gantner in Basel (Dissertation: Grundsätze einer Ideengeschichte der französischen Architekturtheorie von 1850–1800). Von 1970 bis 1988 Professor für Baugeschichte und Bauaufnahme an der Universität Stuttgart. Forschungsschwerpunkte im Bereich der Architekturtheorie vom 18. bis 20. Jahrhundert. Wichtigste Schriften: siehe Bibliographie

Emil Kaufmann (1891–1953)
Studierte in Wien Geschichte, klassische Archäologie und Kunstgeschichte. Dissertation über das Œuvre von C.-N. Ledoux. Emigrierte 1938 in die USA, wo er bis zu seinem Tod Architekturgeschichte des 18. Jahrhunderts lehrte. Wichtigste Schriften: siehe Bibliographie.

Hans Sedlmayr (1896–1984)
Promovierte 1923 in Wien mit einer Arbeit über Johann Bernhard Fischer von Erlach. Lehrte an den Universitäten Wien, München und Salzburg. Als herausragender Exponent der kunstwissenschaftlichen Strukturanalyse wirkte er, auch über seine Lehrtätigkeit hinaus, schulbildend. Wichtigste Schriften: Verlust der Mitte (1948); Die Entstehung der Kathedrale (1950); J. B. Fischer von Erlach (2., neubearb. u. erw. Aufl. 1976); Epochen und Werke, 3 Bde. 1959–1982

Adolf Max Vogt (geb. 1920)
Studierte Kunstgeschichte, Archäologie und Germanistik in Zürich, Lausanne und Glasgow. 1950 Dissertation in Zürich über Grünewalds Darstellung der Kreuzigung. Redakteur für das Kunstressort der Neuen Zürcher Zeitung. Lehrte von 1961 bis 1985 am Institut für Geschichte und Theorie der Architektur der ETH Zürich. Wichtigste Schriften: siehe Bibliographie

Drucknachweise

Fritz Baumgart, Ägyptische und klassizistische Baukunst. Ein Beitrag zu den Wandlungen architektonischen Denkens in Europa, in: Humanismus und Technik 1, Heft 2, 1953, 70–90

John Harris, Legeay, Piranesi und der internationale Neoklassizismus in Rom 1740–1750. Unter dem Titel „Le Geay, Piranesi and the International Neoclassicism in Rome 1740–1750", in: Essays in the History of Architecture presented to Rudolf Wittkower. First published 1967, Phaidon Press Ltd., 189–196

Antonio Hernandez, Französische Architekturtheorie von Briseux bis Ledoux entn. aus: ders.: Grundzüge einer Ideengeschichte der französischen Architekturtheorie von 1560 bis 1800, Basel 1972 (Maschinenschr.), 93–130 und 164–175 (Anmerkungen)

Emil Kaufmann, Architektonische Entwürfe aus der Zeit der Französischen Revolution, in: Zeitschrift für bildende Kunst 63, 1929/30, 38–46

Hans Sedlmayr, Die Kugel als Gebäude, oder: Das Bodenlose, in: Das Werk des Künstlers (Kunstgeschichtliche Zweimonatsschrift, hg. v. H. Schrade) 1, 1939/1940, 279–310

Adolf Max Vogt, Die französische Revolutionsarchitektur und der Newtonismus in: Epochen europäischer Kunst, Bd. 1: Stil und Überlieferung in der Kunst des Abendlandes (Akten des 21. internationalen Kongresses für Kunstgeschichte in Bonn 1964), Berlin 1967, 229–232

Abbildungsnachweise

Im folgenden sind als Quellen lediglich Kurztitel und Erscheinungsjahr aufgeführt. Die vollständigen Angaben finden sich in der Bibliographie.

1	Harris (1967), Abb. 37	16	Harris (1967), Abb. 1
2	Pérouse de Montclos (1969), Abb. 121	17	Harris (1967), Abb. 2
3	Ledoux (1804), Pl. 40	18	Harris (1967), Abb. 7
4	Ledoux (1804), Pl. 6	19	Harris (1967), Abb. 18
5a	Sedlmayr (1939/1940), Abb. 11	20	Harris (1967), Abb. 13
5b	Sedlmayr (1939/1940), Abb. 12	21	Harris (1967), Abb. 16
6a	Pérouse de Montclos (1969), Abb. 81	22	Harris (1967), Abb. 11
6b	Pérouse de Montclos (1969), Abb. 83	23	Harris (1967), Abb. 10
6c	Pérouse de Montclos (1969), Abb. 82	24	Harris (1967), Abb. 23
		25	Harris (1967), Abb. 25
		26	Harris (1967), Abb. 29
7	Kaufmann (1929/1930), S. 44	27	Harris (1967), Abb. 30
8	Kaufmann (1929/1930), S. 45	28	Harris (1967), Abb. 32
9	Ledoux (1804), Pl. 69	29	Harris (1967), Abb. 31
10	Gallet (1980), Abb. 120	30	Harris (1967), Abb. 35
11	Baumgart (1953), Abb. 4	31	Ledoux (1804), Pl. 99
12	Baumgart (1953), Abb. 10	32	Gallet (1980), Abb. 18
13a	Pérouse de Montclos (1969), Abb. 145	33	Ledoux (1804), Pl. 102
		34	Ledoux (1804), Pl. 88
		35	Ledoux (1804), Pl. 24
13b	Pérouse de Montclos (1969), Abb. 146	36	Ledoux (1804), Pl. 55
		37	Ledoux (1804), Pl. 29
14	Baumgart (1953), Abb. 13	38	Sedlmayr (1939/1940), Abb. 9
15	Baumgart (1953), Abb. 15	39	Sedlmayr (1939/1940), Abb. 15
		40	Sedlmayr (1939/1940), Abb. 17

Bauwelt Fundamente

1 Ulrich Conrads (Hrsg.), Programme und Manifeste zur Architektur des 20. Jahrhunderts
2 Le Corbusier, 1922 – Ausblick auf eine Architektur
3 Werner Hegemann, 1930 – Das steinerne Berlin
4 Jane Jacobs, Tod und Leben großer amerikanischer Städte*
5 Sherman Paul, Louis H. Sullivan*
6 L. Hilberseimer, Entfaltung einer Planungsidee*
7 H. L. C. Jaffé, De Stijl 1917–1931*
8 Bruno Taut, Frühlicht 1920–1922*
9 Jürgen Pahl, Die Stadt im Aufbruch der perspektivischen Welt*
10 Adolf Behne, 1923 – Der moderne Zweckbau*
11 Julius Posener, Anfänge des Funktionalismus*
12 Le Corbusier, 1929 – Feststellungen
13 Hermann Mattern, Gras darf nicht mehr wachsen*
14 El Lissitzky, 1929 – Rußland: Architektur für eine Weltrevolution
15 Christian Norberg-Schulz, Logik der Baukunst
16 Kevin Lynch, Das Bild der Stadt
17 Günter Günschel, Große Konstrukteure 1
18 nicht erschienen
19 Anna Teut, Architektur im Dritten Reich 1933–1945*
20 Erich Schild, Zwischen Glaspalast und Palais des Illusions
21 Ebenezer Howard, Gartenstädte von morgen
22 Cornelius Gurlitt, Zur Befreiung der Baukunst*
23 James M. Fitch, Vier Jahrhunderte Bauen in USA*
24 Felix Schwarz und Frank Gloor (Hrsg.), „Die Form" – Stimme des Deutschen Werkbundes 1925–1934
25 Frank Lloyd Wright, Humane Architektur*
26 Herbert J. Gans, Die Levittowner. Soziographie einer »Schlafstadt«
27 Günter Hillmann (Hrsg.), Engels: Über die Umwelt der arbeitenden Klasse
28 Philippe Boudon, Die Siedlung Pessac – 40 Jahre*
29 Leonardo Benevolo, Die sozialen Ursprünge des modernen Städtebaus*

30 Erving Goffman, Verhalten in sozialen Strukturen*
31 John V. Lindsay, Städte brauchen mehr als Geld*
32 Mechthild Schumpp, Stadtbau-Utopien und Gesellschaft*
33 Renato De Fusco, Architektur als Massenmedium*
34 Gerhard Fehl, Mark Fester und Nikolaus Kuhnert (Hrsg.), Planung und Information*
35 David V. Canter (Hrsg.), Architekturpsychologie
36 John K. Friend und W. Neil Jessop (Hrsg.), Entscheidungsstrategie in Stadtplanung und Verwaltung
37 Josef Esser, Frieder Naschold und Werner Väth (Hrsg.), Gesellschaftsplanung in kapitalistischen und sozialistischen Systemen*
38 Rolf-Richard Grauhan (Hrsg.), Großstadt-Politik*
39 Alexander Tzonis, Das verbaute Leben
40 Bernd Hamm, Betrifft: Nachbarschaft
41 Aldo Rossi, Die Architektur der Stadt*
42 Alexander Schwab, Das Buch vom Bauen
43 Michael Trieb, Stadtgestaltung*
44 Martina Schneider (Hrsg.), Information über Gestalt
45 Jörn Barnbrock, Materialien zur Ökonomie der Stadtplanung*
46 Gerd Albers, Entwicklungslinien im Städtebau*
47 Werner Durth, Die Inszenierung der Alltagswelt
48 Thilo Hilpert, Die Funktionelle Stadt*
49 Fritz Schumacher (Hrsg.), Lesebuch für Baumeister
50 Robert Venturi, Komplexität und Widerspruch in der Architektur
51 Rudolf Schwarz, Wegweisung der Technik und andere Schriften zum Neuen Bauen 1926–1961
52 Gerald R. Blomeyer und Barbara Tietze, In Opposition zur Moderne
53 Robert Venturi, Denise Scott Brown und Steven Izenour, Lernen von Las Vegas
54/55 Julius Posener, Aufsätze und Vorträge 1931–1980
56 Thilo Hilpert (Hrsg.), Le Corbusiers „Charta von Athen". Texte und Dokumente. Kritische Neuausgabe
57 Max Onsell, Ausdruck und Wirklichkeit
58 Heinz Quitzsch, Gottfried Semper – Praktische Ästhetik und politischer Kampf
59 Gert Kähler, Architektur als Symbolverfall
60 Bernard Stoloff, Die Affaire Ledoux

61 Heinrich Tessenow, Geschriebenes
62 Giorgio Piccinato, Die Entstehung des Städtebaus
63 John Summerson, Die klassische Sprache der Architektur
64 F. Fischer, L. Fromm, R. Gruber, G. Kähler und K.-D. Weiß, Abschied von der Postmoderne
65 William Hubbard, Architektur und Konvention
66 Philippe Panerai, Jean Castex und Jean-Charles Depaule, Vom Block zur Zeile
67 Gilles Barbey, WohnHaft
68 Christoph Hackelsberger, Plädoyer für eine Befreiung des Wohnens aus den Zwängen sinnloser Perfektion
69 Giulio Carlo Argan, Gropius und das Bauhaus*
70 Henry-Russell Hitchcock und Philip Johnson, Der Internationale Stil – 1932
71 Lars Lerup, Das Unfertige bauen
72 Alexander Tzonis und Liane Lefaivre, Das Klassische in der Architektur
73 Elisabeth Blum, Le Corbusiers Wege
74 Walter Schönwandt, Denkfallen beim Planen
75 Robert Seitz und Heinz Zucker (Hrsg.), Um uns die Stadt
76 Walter Ehlers, Gernot Feldhusen und Carl Steckeweh (Hrsg.), CAD: Architektur automatisch?
77 Jan Turnovský, Die Poetik eines Mauervorsprungs
78 Dieter Hoffmann-Axthelm, Wie kommt die Geschichte ins Entwerfen?
79 Christoph Hackelsberger, Beton: Stein der Weisen?
80 Georg Dehio und Alois Riegl, Konservieren, nicht restaurieren, Herausgegeben von Marion Wohlleben und Georg Mörsch
81 Stefan Polónyi, . . . mit zaghafter Konsequenz
82 Klaus Jan Philipp, Revolutionsarchitektur
83 Christoph Feldtkeller, Der architektonische Raum: eine Fiktion
84 Wilhelm Kücker, Die verlorene Unschuld der Architektur
85 Ueli Pfammatter, Moderne und Macht
86 Christian Kühn, Das Schöne, das Wahre und das Richtige
87 Georges Teyssot, Die Krankheit des Domizils
88 Leopold Ziegler, Florentinische Introduktion
89 Reyner Banham, Die Revolution der Architektur

*vergriffen

Bei Fragen zur Produktsicherheit wenden Sie sich bitte an:
If you have any questions regarding product safety,
please contact:

Birkhäuser Verlag GmbH
Im Westfeld 8
4055 Basel, Schweiz
productsafety@degruyterbrill.com